本书为国家社会科学基金教育学西部项目
"企业作为职业教育重要办学主体的发展变迁与制度重构研究"
（立项编号：XJA190287）的研究成果

现代职业教育体系下的企业办学

企业作为职业教育重要办学主体的
发展变迁与制度重构研究

马君 等 著

社会科学文献出版社
SOCIAL SCIENCES ACADEMIC PRESS (CHINA)

前　言

　　进入新时代以来，党和国家大力发展职业教育的决心意志更加坚定，对职业教育规律的认识更加深刻，对职业教育的发展战略重点任务更加明确，这使职业教育不断焕发出新的生机和活力。从世界各国的职业教育发展历程来看，企业与职业教育具有天然的"亲缘"和利益关系，举办职业教育离不开企业的支持，企业始终被看作举办职业教育的重要力量。2022年5月1日起正式实施的新《中华人民共和国职业教育法》第九条第二款将"国家发挥企业的重要办学主体作用"首次以法律形式予以明确，这对于推动企业深度参与职业教育，解决职业教育产教融合、校企合作不深、不实、不透问题，以及鼓励企业参与举办高质量职业教育具有重大意义。然而，就当前我国企业作为职业教育重要办学主体的现实情况来看，其成效仍不尽如人意。在实际工作中依然存在"政府主导、学校本位、企业缺位"的现象，企业办学实际成果与其在现有制度环境中拥有的地位还不尽相符，企业的办学积极性还未被完全激活。因此，为企业办学营造良好的制度生存环境十分必要。本书针对企业作为职业教育重要办学主体的制度问题进行了系统研究，内容设计上呈现如下研究理路。

　　（1）聚焦理论与实践问题，突出学理分析。职业教育校企合作是职业教育的生命力所在，只有更好地发挥企业作为职业教育重要办学主体的作用，才能使我国职业教育办出特色，凸显职业教育类型属性。本书以职业教育校企合作的政策为指向，着眼于现代职业教育体系下的企业办学问题，深入分析了关于企业作为职业教育重要办学主体存在的诸多理论与实践问题。研究表明，将企业作为职业教育重要办学主体，对于有效推动职业教育高质量发展、实现中国式职业教育现代化目标具有重要作用。

（2）基于历史制度主义视角，提出问题解决策略。本书是国家社会科学基金"十三五"规划 2019 年度教育学西部项目"企业作为职业教育重要办学主体的发展变迁与制度重构研究"（编号：XJA190287）的结题成果。本书依据"提出问题—分析问题—解决问题"的逻辑理路，从历史制度主义的视角梳理了我国企业作为职业教育重要办学主体的发展变迁历程及演进逻辑，分析了企业作为职业教育重要办学主体的制度障碍，提出了企业作为职业教育重要办学主体的制度重构路径。

（3）进行比较研究，梳理可资借鉴的经验。本书还重点研究了德国、日本、美国、新西兰，以及欧洲其他职业教育发达国家和地区的企业发挥职业教育重要办学主体作用的实践，对职业教育发达的国家与地区的先进经验进行了梳理与比较研究。

本书是团队研究的成果，汇聚了课题组所有成员的智慧与汗水。全书由课题组负责人马君统一设计、团队成员协作完成，马君全程参与撰写、修改和定稿工作。成员具体贡献如下：王志远、李姝仪、王艺霏、王盼盼参与了第一章部分内容的撰写工作；王志远、张玉凤、张苗怡参与了第二章部分内容的撰写工作；张玉凤、李姝仪参与了第三章部分内容的撰写工作；王志远参与了第四章部分内容的撰写工作；李姝仪、余雅兰、刘文倩参与了第五章部分内容的撰写工作；余雅兰、王志远、张玉凤参与了第六章部分内容的撰写工作。

感谢社会科学文献出版社的编辑同志，他们为本书的顺利出版付出了辛勤劳动。

本书具有较强的理论性和应用价值，可为政府部门和相关企业制定校企合作政策提供决策参考，可供职业教育研究者、职业院校教师、职业教育管理者参阅，也可作为职业技术教育学专业方向研究生的参考用书。

　　限于著者的学识与水平，书中难免存在疏漏和不足之处，敬请读者批评与指正。

马　君

2022 年 11 月于陕西师范大学

目　录

· 1 ·

绪　论

新中国成立以来，我国国家建设各方面取得的成就，在一定程度上受益于职业教育的发展。然而在现实中，职业教育在满足国家高质量发展要求上与人们的期望还有一定的距离。如何让职业教育在国家建设新的历史时期更好地发挥作用，是党和政府以及全社会关注的议题。对于当前我国职业教育而言，有很多制约其发展的现实问题亟待我们去解决，其中，企业如何更好地发挥办学主体的作用最为重要和迫切。

一　问题的提出

（一）企业作为职业教育重要办学主体是国家重要的战略规划的体现

职业教育作为与就业密切联系的一种教育类型，其发展状况与企业的参与程度密切相关。综观当今世界职业教育比较发达的国家或地区，企业都在不同程度上参与了办学。但是在 20 世纪 90 年代，我国却出现了校企疏远的问题。1993 年印发的《中共中央关于建立社会主义市场经济体制若干问题的决定》提出要减轻"企业办社会"的负担，在此要求下，企业举办职业教育作为"企业办社会"职能的一部分被剥离，职业教育校企关系由"亲密"走向"疏离"。① 企业作为职业教育重要办学主体，是

---

① 王志远、祁占勇：《"去企业化"与"再企业化"的博弈：企业举办职业教育政策的历史透视及其反思》，《职教论坛》2020 年第 11 期。

职业教育高质量发展的基本规律。为了重建企业与职业教育的关系，我国进行了诸多的探索与尝试。2010 年 7 月《国家中长期教育改革和发展规划纲要（2010—2020 年）》出台，首次提出政府、行业、企业三方参与职业教育办学；① 2014 年 5 月出台的《国务院关于加快发展现代职业教育的决定》中提出，职业教育要"研究制定促进校企合作办学有关法规和激励政策，深化产教融合，鼓励行业和企业举办或参与举办职业教育，发挥企业重要办学主体作用"，② 首次在国家语境中确立了企业的办学主体地位，企业作为职业教育重要办学主体制度迈入了新制度化阶段；2019 年 2 月，由国务院印发的《国家职业教育改革实施方案》进一步明确提出，"发挥企业重要办学主体作用，鼓励有条件的企业特别是大企业举办高质量职业教育，各级人民政府可按规定给予适当支持"；③ 2022 年 4 月 20 日，第十三届全国人民代表大会常务委员会第三十四次会议通过《中华人民共和国职业教育法》（以下简称《职业教育法》，其他法律文件同样省略）的修订，其中第九条第二款将"国家发挥企业的重要办学主体作用"④ 以法律形式予以明确，这对于推动企业深度参与职业教育、解决职业教育校企关系问题以及鼓励企业举办高质量职业教育具有重大意义。从国家层面来看，企业作为职业教育重要办学主体，是中国特色社会主义进入新时代以来国家对职业教育校企关系的新认识、新定位，使企业成为职业教育办学主体的目标和指向已经很明确。

---

① 《国家中长期教育改革和发展规划纲要（2010—2020 年）》，中华人民共和国中央人民政府网，2010 年 7 月 29 日，http://www.gov.cn/jrzg/2010 - 07/29/content_1667143.htm，最后访问时间：2022 年 6 月 30 日。

② 《国务院关于加快发展现代职业教育的决定》，中华人民共和国中央人民政府网，2014 年 6 月 22 日，http://www.gov.cn/zhengce/content/2014-06/22/content_8901.htm，最后访问时间：2022 年 6 月 9 日。

③ 《国务院关于印发国家职业教育改革实施方案的通知》，中华人民共和国中央人民政府网，2019 年 1 月 24 日，http://www.gov.cn/zhengce/content/2019-02/13/content_5365341.htm，最后访问时间：2022 年 6 月 3 日。

④ 《中华人民共和国职业教育法》，中华人民共和国中央人民政府网，2022 年 4 月 21 日，http://www.gov.cn/xinwen/2022-04/21/content_5686375.htm，最后访问时间：2022 年 4 月 30 日。

（二）　企业作为职业教育重要办学主体符合职业教育的本质要求

职业性与生产性是职业教育的独特本质，决定了职业教育的发展方向，即培养符合国家与社会发展需要的技术技能人才。因此，从本质上来说，职业教育在办学过程中也要凸显职业性与生产性。企业是技术技能人才进行产品生产的中介。增强人才与生产的适配性，进而提升生产效率，是企业发展的重中之重。相较于从人才市场招聘熟练人才或应届毕业生，如企业能直接参与职业教育办学，培养毕业即就业的技术技能人才，无疑是企业降低人力资源成本、提升招聘效率的重要途径，更是符合职业教育生产性本质的重要举措。职业教育保持持久生命力和高质量发展的关键是提升人才培养的适应性。接受职业教育的学生理应具有更高的技术技能水平，才能在企业生产中发挥自身独特价值。相较于单纯的学校教育，如果企业能在人才培养过程中充分发挥自身参与职业教育办学的功能，无疑有助于将学生掌握的技术技能与企业需求相对接，提升学生的生产能力，从而促进人才高质量就业，这无疑符合职业教育的本质要求。从企业与职业教育的历史发展来看，我国一直都有企业举办职业教育的传统，只是在建立现代企业制度的过程中，我国校企之间历经了短暂的剥离。但不可否认的是，企业作为职业教育重要办学主体是利于企业与职业教育的双赢之举。本书以企业作为职业教育重要办学主体的制度建设为切入点，试图分析制度设计与安排的意图，剖析制度变迁内核，进而稳固企业的办学主体地位，最终推动实现校企命运共同体愿景。

总而言之，职业教育保持持久生命力的关键在于企业深度参与职业教育办学。企业参与举办职业教育的方式和程度，在很大程度上决定了职业教育的发展质量。确立企业作为职业教育重要办学主体的地位是新时代我国经济建设和社会发展的需要，是党的人才工作的重要内容，是职业教育的本质要求。

（三）　制度完善是企业作为职业教育重要办学主体的根本保障

第一，制度是企业作为职业教育重要办学主体的重要影响因素。一项制度能被人们选择并发挥作用，根本上是由于制度能发挥的正效应。同时，一项制度被确立，也就意味着确立了某些调节性规则与约束，框定着行动者的行动范围，影响个体或群体的行为。当前，我国经济已由高速度发展向高质量发展转变，同时职业教育办学从规模式扩张向内涵式高质量发展转型，劳动力市场越来越需求高质量、高水平、高层次的技术技能人才，这一需求特征不断调整与重构着人才结构。企业作为职业教育重要办学主体的这一制度作为历史的选择与时代的产物，使企业举办职业教育以及发挥企业办学主体作用成为制度规范与约束下的重要教育活动。制度从本质上决定着企业能否充分发挥办学的主动性与能动性、企业发挥办学主体作用的程度、企业能否真正落实办学主体地位等。因此，研究企业作为职业教育重要办学主体的制度是分析职业教育发展的时代性课题，具有重大的现实意义与研究价值。

第二，制度变迁影响企业作为职业教育重要办学主体的地位。企业举办职业教育与发挥办学主体作用是培养具有适应性的高质量技术技能型人才的重要举措。我国近代以来开创的"厂校合一、厂校一体"职业教育办学新体制是企业作为职业教育重要办学主体制度的历史渊源；新中国成立以来，企业作为职业教育重要办学主体的制度走过了一段曲折的变迁道路。因此，回顾与审视企业作为职业教育重要办学主体的制度变迁史，进一步探析制度为何变迁、何以能变迁、变迁的结果如何等，可以为探寻制度变迁逻辑、探究制度变迁规律、解释企业办学主体地位变动原因等指明方向。

第三，制度缺陷制约企业作为职业教育办学主体作用的发挥。最大化的利益追求是企业作为理性经济人参与社会活动的出发点与归宿。从企业举办职业教育的目的来看，企业作为职业教育办学主体的收益回报点在于人才资源与知识产权的有效获取，终极目标在于市场竞争力的提高。一般而言，职业教育存在与发展的目标在于满足并适应经济社会发展的基本需要。基于此，企业与职业教育实质上存在一种功能性高度双向互补的关系。例如，职业教育具有促进企业发展的作用，如助推"企业技术化"

和"技术企业化";同时，企业对人才的职业素质结构、知识结构与技术技能的要求等深刻影响着职业教育的办学方向与办学内容。但相关制度中存在的缺陷，一方面导致企业举办职业教育的投入成本与回报收益失衡，另一方面使企业作为举办职业教育主体的权利与义务不匹配，影响了企业办学主体作用的发挥。因此，制度完善是企业作为职业教育重要办学主体的根本保障。

二　理论基础

（一）历史制度主义

作为新制度主义三大流派之一的历史制度主义，从理论成型、范式确立到深入拓展，前后经历了"国家回归""行动者回归""资本主义回归""理念回归"四次"回归"；提取了理性选择制度主义和社会学制度主义的"算计途径"和"文化途径"价值内涵，消解了"本体论"中"机械主义"的争议。基于此，历史制度主义从不同角度建构起制度变迁的动力系统和分析框架，从"为何""何时""如何"等视角关注制度及其变迁，其对中层制度变迁的解释具有很强的说服力。

历史制度主义从"结构"和"历史"两个维度构建理论分析框架，形成"结构分析"和"历史分析"两种分析范式。"结构分析"实际上是探讨推动制度变迁的动力因素，即深层结构要素，从制度内外部结构要素之间的互动中探寻制度变迁的逻辑；"历史分析"则是分析制度变迁过程中存在的"关键节点"及"路径依赖"的内在机理。

历史制度主义的"结构分析"一般从三个层面展开研究。其一是"制度—背景"（宏观制度背景）层面，关注宏观制度背景与具体制度设计安排之间存在的结构性关系，寻找制度背后的深层因素以解释复杂的制度现象。其二是"制度—变量"（中观政治变量）层面。历史制度主义认为"原因只能被理解为复杂整体之中各区域性结构以及要素之间的多元决定"，① 其关注制度与其他变量间的因果关系，探究制度形成与变迁过程中其他重要变量的作用。因此，"制度—变量"层面的研究根本上是分析各种政治变量（如经济水平、利益结构、文化价值理念等）如何影响制度安排和推动制度变迁，探究政治现象背后的多重变量。其三是"制度—行为"（微观行动者）层面，关注行动者与制度的互动行为。制度与行动者不是二元对立或单向制衡的关系，而是双向互动、双向制约的关系。行动者内在的意识形态、目标偏好、文化理念、利益诉求等能动因素对制度具有维持、突破或重构的作用，而制度通过共同的规范、价值、观念对行动者施加影响，二者形成作用与反作用的关系。可以说，制度的生成与变迁最终嵌入于制度与行动者的双向互动过程。

历史制度主义的"历史分析"包括制度的"关键节点"分析与制度的"路径依赖"分析。"历史分析"主要关注制度在相对稳定的状态下发生"均衡—裂变"的内在机理，即"关键节点"；探究制度产生自我维持与自我强化机制背后的原因，即"路径依赖"。其一，关键节点。历史最大的特征就是在看似不变的过程中悄然变化。历史制度主义认为，制度并非永恒不变的实体。当制度受到外部力量的巨大冲击或内部矛盾激化时，制度原本的均衡状态将会发生变化，推动制度达成"均衡—裂变"。其中，"关键节点"的出现是制度发生"均衡—裂变"的基础条件。"关键节点"既是一个时间概念——制度发展的关键时期或特殊时间点，亦是一个事件概念——制度发展的起点、拐点。"关键节点"的出现对淘汰旧制度、重塑新制度发挥着重要作用，影响制度变迁的轨迹。其二，路径依赖。制度的生成并非一个突发性事件，制度具有历史继承性。因此，"路径依赖"成为历史制度主义制度变迁研究的又一重要内容，其本质上是制度的自我维持与自我强化效应。美国经济学家诺思（North，又译诺斯）指出，一旦某种结果占据主导地位，将会对某种发展起决定性作用，进而

---

① 何俊志：《结构、历史与行为——历史制度主义的分析范式》，《国外社会科学》2002 年第 5 期。

使这种发展步入特定的运行轨道。同时，在集体行动的主导作用、制度的密集性、权力的非对称性等因素的影响下，在退出成本机制、学习效应、协作效应和适应性预期等的作用下，扭转制度路径更加困难。因此，可认为制度的"路径依赖"是指在历史发展过程中，某种制度一旦生成，就会产生自我强化机制与自我维持效应，遵照制度既定的初衷，进而不断拔高制度的个体优势地位，对其后新制度的形成与选择产生重要的影响，形成一种依赖性。[①]

（二）利益相关者理论

现在所使用的"利益相关者"这个词首次出现在斯坦福大学研究中心（现称 SRI 公司）的一篇管理学论文中，最初被定义为"没有其支持，组织就不可能生存的团体"。[②] 随后，经弗里曼（Freeman）、唐纳森（Donaldson）、克拉克森（Clarkson）等学者的共同努力，利益相关者理论形成并渐趋成熟，广泛应用于社会其他领域。

利用利益相关者理论分析、解决教育问题的前提是，对利益相关者进行分类，即理清哪些群体算作利益相关者，他们在教育发展过程中处于何种位置。国内外已有的分类研究多集中于高等教育领域。一是一维分析法。这一分析法以"与大学关系密切及重要程度"为分类的主要依据，将大学的利益相关者划分为"最重要群体、重要群体、部分拥有者和次要群体"等四个层次。其中，最重要群体包括教师、行政主管和学生这些影响学校发展的主要相关群体；重要群体包括董事、校友和捐赠者，作为正式做出决策或投入资金的群体，他们非常关心"他们的"学校的声誉；部分拥有者包括向学校提供科研经费的政府、为学生和学校提供贷款的银行家，他们只在特定条件下才成为利益相关者；最后是次要群体，包

---

① Paul Pierson, "Increasing Returns, Path Dependence, and the Study of Politics," *American Political Science Review* 94（2000）：252.

② 〔美〕弗里曼：《战略管理——利益相关者方法》，王彦华、梁豪译，上海译文出版社，2006，第 37 页。

括市民、社区、媒体等利益相关者中最边缘的一部分。① 国内的李福华、潘海生等研究者分别参照类似标准，对高校的利益相关者进行了分类。二是多维分析法。美国学者米切尔和伍德（Mitchell & Wood）提出可以根据合法性、权力性和紧急性，对利益相关群体进行评分，并根据分值高低确定某一群体是否属于或属于哪一类型的利益相关者。② 其依据主要针对利益关系是否有合法来源，是否具有足够的影响力，是否具有紧迫感。根据上述三个属性，胡子祥对高校利益相关者进行了分类，包括确定性利益相关者、预期性利益相关者、潜在利益相关者：第一类同时具有合法性、权力性和紧急性，包括政府部门、教学人员、研究人员、高校学生等；第二类拥有上述属性中的两项，同高校保持密切联系，如高校资助者、评议组织；第三类如中学生、家庭、社区、工商界人士、校友、媒体等，只拥有其中一个属性，高校往往不需要关注他们，除非他们拥有一定的合法性或获得某种权力。③

随着利益相关者理论的广泛运用，这一理论的运用范围已经超出了简单的企业管理领域，在经济组织以外更是得到越来越广泛、具体的运用，各类"事业单位、组织和团体都相继运用这种方法来解决类似问题"。④对于企业来讲，与之相关的职业教育或者与职业教育相关的一切个人和组织都是其利益相关者；对于职业教育而言，企业必然也是其最为重要的利益相关者之一。换句话说，企业与职业教育互为利益高度相关者。除此之外，企业作为一种以营利为主要目的的经济组织，在其作为职业教育重要办学主体的过程中，必然也会面临如政府、职业学校、学生等诸多利益相关团体和个人的影响，而制度设计又影响着团体和个人发挥作用的效力。

---

① 胡赤弟：《教育产权与现代大学制度构建》，广东高等教育出版社，2008，第161页。

② 陈宏辉、贾生华：《企业利益相关者三维分类的实证分析》，《经济研究》2004年第4期。

③ 胡子祥：《高校利益相关者治理模式初探》，《西南交通大学学报》（社会科学版）2007年第1期。

④ 〔美〕约瑟夫·W.韦斯：《商业伦理：利益相关者分析与问题管理方法》，符彩霞译，中国人民大学出版社，2005，第46页。

由此，制度影响着职业教育发展，也影响着企业的职业教育办学，即制度在很大程度上影响着企业是否愿意成为职业教育重要办学主体，影响着企业参与职业教育办学的程度。因此，利益相关者理论能够为本书研究的顺利开展提供理论依据，探析哪些制度在何种层面影响着企业作为职业教育重要办学主体。

三　研究意义

（一）理论意义

第一，丰富企业作为职业教育重要办学主体研究的理论分析工具，廓清企业作为职业教育重要办学主体的科学内涵。企业与职业教育的复杂关系一直是职教界关注的重点对象，但是从历史制度主义视角以制度变迁为研究对象来探究企业作为职业教育重要办学主体相关问题的研究甚少。企业举办职业教育不仅是一种社会行为，更是一种价值观念，是一种区别于一般意义上的产教融合与校企合作的办学模式。企业作为职业教育重要办学主体这一制度作为历史的选择与时代的产物，对保障企业举办职业教育、发挥企业的办学主体作用具有重要的指导与规范意义。历史制度主义以历史为研究基础，以制度为分析中轴，建构了大事件分析法，对研究制度变迁和制度稳定具有重要的工具性价值。因此，本书借助历史制度主义的分析视角，以制度为研究对象，力求将历史与现实结合，厘清企业作为职业教育重要办学主体的发展演进逻辑，丰富企业作为职业教育重要办学主体研究的理论分析工具，从而廓清企业作为职业教育重要办学主体的科学内涵。一方面拓宽了职业教育研究的分析视角，另一方面有助于促进理论创新与学术升华，丰富理论研究成果。

第二，有助于呈现新中国成立至今，企业作为职业教育重要办学主体制度变迁的历史轨迹、深层结构因素，以及该制度的功能与存在的缺陷，为企业作为职业教育重要办学主体提供历史支撑。企业作为职业教育重要办学主体地位的确立离不开有效制度的强有力推进。首先，本书从不同时代的行动者对制度的设计、安排及其有效性等方面，探寻企业作为职业教育重要办学主体的历史轨迹及深层次原因。其次，本书从制度变迁的轨迹和深层结构因素中总结和归纳出制度的功能与存在的缺陷。最后，本书从历史规律出发，提出企业作为职业教育重要办学主体的制度重构路径，为企业成为职业教育重要办学主体提供历史支撑，为我国未来"办好、办强"职业教育提供理论依据。

第三，有助于丰富产教融合、校企合作的理论内涵。1996年颁布的《职业教育法》已有相关内容。该法第二十三条要求职业教育实行产教结合，与企业密切联系，培养实用人才。之后的一系列政策都从不同角度阐述了产教融合。所谓产教融合就是指教育与产业相互融合、互相支持，实质是两者形成一体化互动关系，从而将学校变成融人才培养、科学研究及社会服务为一体的产业型经营实体基地，形成校企合作教学模式。企业作为产教融合中的重要一环，其参与职业教育办学的制度建设是一个亟待有所突破的理论问题。从企业在职业教育办学中的身份演变出发，通过对我国企业参与职业教育办学相关制度的历史进行梳理和综合分析，结合当代世界发达国家的先进经验，厘清企业作为职业教育重要办学主体的诸多制度障碍，有助于进一步完善该领域的相关研究。将企业作为职业教育重要办学主体纳入产教融合理论，可以丰富产教融合的理论内涵，也为助推企业更好地发挥职业教育重要办学主体作用提供扎实的理论依据，为产教融合、校企合作提供先进的理论支撑。

（二）实践意义

第一，有助于在实践中破除低效与无效制度的藩篱，为党和政府不断完善相关制度设计与制度安排提供意见和建议。"以铜为镜，可正衣冠；以史为鉴，可知兴替。"本书从历史制度主义的分析视角出发，以历史上的相关制度、政策等为分析文本，在梳理企业作为职业教育重要办学主体制度变迁轨迹的基础上，关注影响制度变迁的深层结构因素和制度变迁过程中存在的路径依赖现象。与此同时，关注相关制度实施的效果与存在的缺陷，进一步为党和政府积极调整和重构相关制度提供建议和意见，竭力破除低效与无效制度在企业参与职业教育办学过程中的负面效应藩篱。

第二，为牢固树立企业作为职业教育重要办学主体地位、引导企业深度参与职业教育办学过程、构建"企业—职业教育"命运共同体、促进职业教育高质量发展提供学术支持。企业参与职业教育办学的作用是双向的。对于职业教育而言，企业深度参与职业教育办学是职业教育具有持久生命力的关键所在，但企业在职业教育办学过程中地位的模糊性和不稳定性导致其缺乏话语权与管理权，以致企业逐渐产生退出行为，降低了职业教育办学效率。对于企业而言，从人力资本视角看，企业人力资源教育投资的效益远远超过单纯物质化投资的效益，而职业教育可以从根本上改善企业员工的素质，促进"企业技术化"和"技术企业化"，增强企业参与市场竞争的优势与实力。本书通过分析企业作为职业教育重要办学主体的制度在不同时期产生的影响和发挥的作用，查探何种制度才能有效地稳固企业作为职业教育重要办学主体地位并发挥"企业—职业教育"合作效益最大化的优势，最终实现构建"企业—职业教育"命运共同体的愿望。

第三，有助于提高职业教育办学质量，从而有利于优化企业人力资源，提升企业的市场竞争力。人才是企业的核心资源，企业间竞争的实质是人才的竞争。根据人力资本理论，人力资本包括量与质两个方面，其中质的方面指人的技艺、知识、熟练程度与其他类似可以影响人从事生产性工作能力的东西。[①] 对企业成为职业教育办学主体的路径进行研究，有助于探索提升人才"质"的道路，从而优化企业人力资源，提升企业市场竞争力。

第四，提高企业的办学积极性，从而有利于解决人才供需不匹配等社会实际问题，促进人才培养供给侧和产业需求侧结构要素全方位融合。技

---

① 江涛：《舒尔茨人力资本理论的核心思想及其启示》，《扬州大学学报》（人文社会科学版）2008 年第 6 期。

术技能型人才的培养既离不开职业教育，也离不开企业。更重要的是，职业院校要把人才培养的目标与企业的需求相对接，构建符合教育学方法论的、符合市场需求与企业需求的现代职业学校课程，从而解决人才供需不匹配的问题。

四　文献综述

（一）国内企业办学相关研究

目前，国内外学术界关于"企业作为职业教育重要办学主体"或"企业举办职业教育"的研究相对较少。已有的研究多是以企业参与职业教育办学为抓手，探讨校企合作、产教融合的理论和机制。笔者通过整理现有研究文献发现，主要研究内容集中于以下几个方面。（1）企业参与职业教育办学的价值意蕴。有学者认为，企业参与职业教育办学是技能人才培养质量的重要保障，[①] 是我国职业教育走向市场化办学的内在要求及提升我国职业教育人才培养质量的必然要求。[②]（2）企业参与职业教育办学的制度。祁占勇和王羽菲分析了职业教育产教融合政策发展的阶段特点及未来政策走向与趋势；[③] 葛道凯分析了办学政策的特点、问题及未来走向；[④] 董仁忠运用新制度经济学的相关观点，阐述了制度变迁及其路径依赖原理，探讨了企业参与职业教育办学的作用。[⑤]（3）企业参与职业教育办学的影响因素及障碍。冉云芳研究了影响企业参与职业教育办学的企业

① 潘海生、张梦云、王宁：《企业参与职业教育的动机偏好及政策效度的实证研究》，《教育发展研究》2017 年第 Z1 期。
② 徐畅、解旭东：《产教融合视角下职业教育政校行企协同育人机制构建》，《教育与职业》2018 年第 19 期。
③ 祁占勇、王羽菲：《改革开放 40 年来我国职业教育产教融合政策的变迁与展望》，《中国高教研究》2018 年第 5 期。
④ 葛道凯：《中国职业教育二十年政策走向》，《课程·教材·教法》2015 年第 12 期。
⑤ 董仁忠：《职业教育观念与职业教育制度的变迁——新制度经济学的解释》，《江苏技术师范学院学报》2008 年第 1 期。

自身因素，包括企业规模、企业性质、企业在市场中的竞争力和企业的需求等；① 路平基于利益相关者的视角分析了企业参与职业教育办学的影响因素及建议；② 刘志民和吴冰从新制度经济学的视角分析了企业参与产学合作培养人才的机理；③ 王红英等学者研究了影响企业参与职业教育办学的外部环境因素，包括企业所处行业的性质、政府的相关政策、企业所处区域的经济发展水平及职业院校的发展水平等。④ 此外，有关企业参与职业教育办学的障碍方面，现有的研究表明我国企业主要面临以下问题：一是缺少政府相关政策引导及系统的保障机制，导致企业参与职业教育办学的积极性较弱；二是企业举办职业教育的职能也被弱化，尤其是企业的办学主体地位被削弱。（4）企业参与职业教育办学的实现路径。学者们的主要观点如下：一是应当强化发挥企业重要办学主体作用的政策设计，完善政府政策保障体系及激励举措，包括构建校企合作政策监测体系、建立利润代替补偿机制、创新设计职业资格准入制度；⑤ 二是要完善支持和考核机制，发挥国有企业举办职业教育的示范作用；三是推进企业参与职业教育办学有关管理与运行机制的创新，打通育人和用人之间的"最后一公里"。⑥（5）职业教育办学主体的研究。一是谁是职业教育的办学主体。"企业是职业教育重要办学主体"已是不争的社会事实与共识，且要充分稳固企业的职业教育办学主体地位，发挥企业举办职业教育的中坚力量。唐以志认为职业教育办学主体具有多元性和复杂性，政府、企业、公民个

---

① 冉云芳：《企业参与职业教育办学的成本收益及差异性分析》，《教育发展研究》2018 年第 19 期。

② 路平：《企业参与校企合作的影响因素和对策——基于利益相关者理论》，《中国高校科技》2016 年第 10 期。

③ 刘志民、吴冰：《企业参与产学合作培养人才的机理研究——基于新制度经济学的分析》，《高教探索》2013 年第 5 期。

④ 王红英、滕跃民、黄静：《企业参与高职教育合作办学的影响因素分析》，《教育发展研究》2014 年第 19 期。

⑤ 祁占勇、王志远：《企业作为重要办学主体的机制障碍与政策设计》，《高教探索》2018 年第 10 期。

⑥ 赵哲、宋丹、徐琪：《工科优势高校与企业协同育人模式及深化路径——基于辽宁五所省属高校的调查》，《高等工程教育研究》2018 年第 6 期。

人都应成为办学主体。① 牛征提出非公有制经济要成为占有职业教育办学份额 50% 以上的重要办学主体。② 黄晓玲认为企业主体角色多样性是企业在职业教育办学过程中的重要外在表征。例如，企业在职业教育办学中的角色从社会支持主体向办学主体与培养主体转化，实现了对办学的实质性深度参与。二是职业教育办学主体是什么。如何定位"主体"、"主体地位"如何体现是研究企业作为职业教育重要办学主体这一主题不可回避的关键问题。③ 潘海生、马晓恒等认为"举办主体"与"管理主体"是"主体"的内核。④ 高鸿、刘旺生等拓展了"主体"内涵，即"主体"不仅是职业教育的"举办主体"，而且是包括职业教育的投资主体、培养主体、管理主体、评价主体和利益主体、法律主体、责任主体、行为主体等在内的逻辑综合体。⑤

（二）外国企业办学相关研究的学术史梳理及研究动态

有些国家很早就将"企业作为职业教育的办学主体"，充分肯定了多元主体举办职业教育的价值，并把校企合作上升到国家战略高度，这也为本书的研究提供了国际经验。具体而言，学者们主要从以下几个方面进行了研究。（1）关于企业作为职业教育办学主体的研究。鞠传文、黄日强、邓志军通过对多个国家职业教育办学模式进行比较，发现企业举办职业教育已成为发达国家社会的普遍现象。⑥ （2）关于企业作为职业教育办学主体的主要制度模式研究。英国的企业职业教育办学主要实行现代学徒制，采用"三明治"模式，即"理论—实践—理论"模式，理论学习和实践

---

① 唐以志：《走向职业教育办学体制改革的新阶段》，《职教通讯》1998 年第 4 期。

② 牛征：《职业教育办学主体多元化的研究》，《教育研究》2001 年第 8 期。

③ 黄晓玲：《职业教育发展中企业角色的三重逻辑》，《职业技术教育》2018 年第 7 期。

④ 潘海生、马晓恒：《职业教育中企业办学主体地位的内涵解读及政策启示》，《职教论坛》2014 年第 22 期。

⑤ 高鸿：《如何发挥企业的主体作用》，《中国教育报》2014 年 7 月 14 日，第 6 版；刘旺生：《高职教育校企合作中企业主体内涵探究》，《教育与职业》2015 年第 26 期。

⑥ 鞠传文：《五国中等职业教育的办学模式比较》，《比较教育研究》2001 年第 6 期；黄日强、邓志军：《国外企业如何参与职业教育》，《中国职业技术教育》2004 年第 5 期。

工作交替进行，政府、行业协会作为管理监督主体，学徒、家长作为权责主体。[①] 有学者认为，日本企业举办职业教育的主要模式有企业与职业院校合作模式、企业与大学合作办学模式、企业内职业教育办学模式。[②]（3）关于企业规模和参与职业教育办学意愿关系的研究。当前，较多的大中型企业在职业教育办学过程中影响力日渐增加。托马斯·贝利（Tomas Bailey）等人研究发现，大型企业参与职业教育办学的可能性远大于小型企业。除此之外，较中小型企业而言，大型企业更倾向于通过提供工作实习项目、工作见习项目参与职业教育办学。[③] 美国国家劳动力教育质量中心调查发现，企业参与职业教育的意愿与程度和企业规模成正比。例如，50 人以下规模的企业参与职业教育项目的比例远不及 1000 人以上规模的企业，两类企业的参与比例分别占同类企业的 24% 和 60%。[④] 需要注意的是，在有些国家，并非所有企业均有机会参与或举办职业教育，企业参与或举办职业教育前须获得职业教育资格。

（三）评价与反思

通过总结以上的研究成果，我们可以发现，近年来，企业作为职业教育办学主体始终是国内外学者关注的热点话题。国外学者首先从法律层面肯定了企业作为职业教育重要办学主体的合理性。国内学者已注意到现代职业教育的高质量发展与体系构建需要企业的深度参与，并试图从学理上论证如何更好地调动企业参与职业教育办学的积极性，这为本书的研究提供了丰富的成果基础，不仅廓清了研究边界，也开拓了研究思路。但总体上来看，还存在以下不足。（1）尚未结合新时代社会经济发展的新特征、

---

① 樊大跃：《再谈英国三明治教育模式的特点及启示》，《深圳职业技术学院学报》2016 年第 5 期。

② 李博：《基于"产学官合作"的日本实践型高职教育模式》，《教育与职业》2017 年第 13 期。

③ Thomas Bailey, Katherine Hughes and Tavis Barr, "Achieving Scale and Quality in School-to-Work Internships: Findings from an Employer Survey," *Educational Evaluation and Policy Analysis* 22（2000）：41-46.

④ Peter Cappelli, Daniel Shapiro and Nichole Shumanis, "Employer Participation in School-to-Work Programs," *Annals of the American Academy of Political and Social Science* 599（1998）：109-124.

新变革来探讨企业作为职业教育重要办学主体的时代价值。（2）从时间节点上来说，学者对1978年以来企业参与职业教育办学的关注较多，而对新中国成立至1978年这一时段的关注较少。（3）研究过多停留于学校主体如何与企业沟通合作层面，而忽视了企业在职业教育发展中主体作用的发挥。企业不应是"旁观者"，而应是职业教育的实施主体。只有这样，才能实现职业教育产教融合、校企合作、双主体协同育人的愿景和目标，但这样的研究还较少，且代表作不多。因此，现有研究亟须转变思路，从企业"参与"职业教育办学范式转换到企业作为职业教育办学"主体"的范式之下进行深度思考，而本书正是基于这一思路，试图厘清企业作为职业教育重要办学主体的科学内涵、时代价值，以及新中国成立70余年来企业作为职业教育重要办学主体的发展变迁，并结合对国内外典型个案的分析和数据调研结果，对企业作为职业教育重要办学主体的制度进行全方位、宽领域、深层次的剖析。当然，这也是本书的重难点所在。

五　研究设计

（一）研究目标

1. 厘清新中国成立以来企业作为职业教育重要办学主体的制度变迁轨迹

制度指导着职业教育的发展，是职业教育发展的主要推动力。因此，进行职业教育政策与制度研究，有利于对政策与制度进行完善，对推进职业教育的改革、发展和繁荣具有重要的意义。本书通过利用历史制度主义的分析范式，梳理新中国成立至今我国企业作为职业教育重要办学主体制度变迁的历史轨迹，厘清企业作为职业教育重要办学主体政策在我国的变迁轨迹，从而起到以史为镜的效果，为企业作为职业教育重要办学主体提供历史依据。

2. 探究企业从参与职业教育办学到成为职业教育重要办学主体的转变机理

历史的螺旋上升规律，是许多历史学家认同的一种关于人类历史发展规律的理论观点，该规律在职业教育中同样有效。因此，对新中国成立以来企业作为职业教育重要办学主体制度的变迁轨迹进行梳理，厘清其变迁轨迹，有助于探索企业参与职业教育办学的发展规律，寻找其转变节点，分析其转变机理。

3. 探析企业作为职业教育重要办学主体的体制机制障碍

通过对新中国成立以来关于企业作为职业教育重要办学主体的政策进行系统梳理，可以探析其中存在的体制机制障碍，进而找出企业作为职业教育重要办学主体制度变迁的深层结构因素，剖析制度变迁的路径依赖和均衡裂变的过程与影响因素，从而明确企业作为职业教育办学主体的体制障碍。

4. 提出推动企业作为职业教育重要办学主体的政策建议和制度设计初步框架

通过对企业作为职业教育重要办学主体相关政策的梳理，把握其转变机理及体制机制障碍，进一步总结和归纳企业作为职业教育办学主体的制度缺陷，为党和政府重构制度提供意见和建议，以期能不断完善制度设计与制度安排，从而发挥制度在企业的职业教育办学过程中的重要作用，充分激发企业的职业教育办学积极性与主动性，构建"企业—职业教育"命运共同体，实现企业和职业教育的双赢、共赢。

（二）研究内容

本书以历史制度主义的制度变迁理论为思想基础，把我国企业作为职业教育重要办学主体发展变迁、政策演进放在新中国成立 70 余年来社会政治经济变革的大背景下，基于政策制度文本，结合重要历史文献与教育改革事件，回顾和总结我国企业作为职业教育重要办学主体的历史轨迹与经验教训，厘清企业作为职业教育重要办学主体的体制机制障碍和面临的现实困境，同时结合国外职业教育发达国家的相关发展经验，为我国企业作为职业教育重要办学主体的制度建构提供政策咨询。具体框架和内容设计如下。

1. 企业作为职业教育重要办学主体的时代价值研究

主要研究内容包括以下几点。（1）企业作为职业教育重要办学主体的时代内涵。"企业"是指以利益最大化为终极目标的，能够投资举办、管理经营职业教育，承担职业教育社会责任的经济实体与社会载体，主要是国有企业、其他大中型企业以及相关行业组织，是广义上的"企业"；职业教育办学主体指的是通过投资举办、经营管理等方式参与职业教育活动的一种综合实体，是依法享有基本办学权利和承担基本办学责任与义务的组织或个体。（2）结合不同时期我国社会经济发展情况，探析新时代背景下企业作为职业教育重要办学主体的时代特点。企业在参与职业教育办学过程中，既要符合职业教育的目的，进行人才培养，凸显企业作为职业教育重要办学主体的教育性；又要将学校人才培养与行业对人才的需求相关联，凸显企业作为职业教育重要办学主体的关联性。因此，培养内容具有复杂性。此外，企业、学校等办学主体会受到现行制度的影响，现有制度与企业作为职业教育重要办学主体的适配程度决定了制度对企业作为职业教育重要办学主体的保障效力。因此，企业作为职业教育重要办学主体必然具有关联性、教育性、适配性以及复杂性的特点，是四者统一的主体。（3）结合新时代背景下职业教育发展的需求，探讨企业作为职业教育重要办学主体的时代紧迫性。一方面，企业作为重要办学主体是企业和职业教育发展的客观需要。企业参与职业教育既是现代企业发展的自身需要，又是其社会责任不断明晰的产物，还是对国家政策的响应。而对职业教育而言，它的产生与发展离不开行业企业，企业作为重要办学主体是推进职业教育人才培养与产业协同发展的重要突破口，企业作为重要办学主体是职业教育产教融合、校企合作的助推器。另一方面，企业作为重要办学主体是职业教育校企合作的必由之路。从宏观上讲，企业成为职业教育重要办学主体有利于更好地为国家建设做贡献，有利于培养我国社会主义建设急需的技术型人才。从中观上讲，企业成为职业教育重要办学主体有利于职业教育的高质量发展。一者有利于降低职业学校办学成本，提高办学效率；再者有利于学校培养与企业用工直接挂钩，避免人才培养的盲目性。从微观上讲，企业成为职业教育重要办学主体有利于个人发展，不仅有利于培养学生的实践能力，还有利于促进师生技术技能和创新水平的提高。

2. 新中国 70 余年来企业作为职业教育重要办学主体的制度变迁研究

主要研究内容包括以下几点。（1）结合新中国成立 70 余年来我国校企合作相关重要法律、规定、条例、章程、政策文本，基于重要教育改革事件，对新中国 70 余年来企业作为职业教育重要办学主体的演进过程进行阶段划分，并提炼出各发展阶段的变迁特征与发展脉络。从制度演进阶段来说，主要分为制度生成阶段（1949~1991 年）、制度调适阶段（1992~2002 年）、制度创新阶段（2003 年至今）。从企业成为职业教育重要办学主体的演变逻辑来看，主要有从"外生强制"到"自发内生"的理念变迁、从"被动封闭"到"合作开放"的环境变迁、从"政府主导"到"市场引导"的路径变革、从"传统管制"到"多元治理"的管理变革。（2）对企业作为职业教育重要办学主体的动力机制进行分析。本书从历史制度主义的视角出发，从"制度—背景""制度—变量""制度—行为"三个层面进行分析，研究企业作为职业教育重要办学主体的动力机制。（3）分析企业作为职业教育重要办学主体的研究图景，并对未来研究趋势进行预测。本书根据目前中国知网（CNKI）及 Web of Science（WoS）数据库提供的数据资料，采用 Cite Space 6. 1. R3 软件对国内外相关研究情况进行发文量、作者、研究机构、研究国家、关键词共现、关键词聚类、文献演进规律角度的可视化分析，从而揭示企业作为职业教育重要办学主体问题的研究现状与热点趋势。

3. 企业作为职业教育重要办学主体的现状研究

主要研究内容包括以下几点。（1）企业作为职业教育重要办学主体的办学效益分析。通过对 76 所国有企业所办的高等职业学校进行分析，剖析企业举办职业教育的办学效益。（2）影响企业成为职业教育重要办学主体的因素分析。经济是推动企业成为职业教育重要办学主体的现实因素，制度是企业成为职业教育重要办学主体的关键要素。（3）企业作为职业教育重要办学主体的典型办学模式分析。按照企业在职业教育办学过程中主体作用发挥的程度，将典型办学模式划分为企业主办型办学模式、企业主导型办学模式，将典型人才培养模式划分为订单式人才培养模式、"厂中校""校中厂"人才培养模式、工学结合人才培养模式。

4. 企业作为职业教育重要办学主体的制度障碍研究

主要内容包括：（1）从学理上对制度及制度障碍进行阐释；（2）基于政策文本，结合相关利益主体的现实诉求，深入探究企业作为职业教育重要办学主体所面临的问题及体制机制障碍；（3）从整体出发，深入挖掘企业作为职业教育重要办学主体制度障碍存在的深层次原因。

5. 国际视野下企业作为职业教育重要办学主体的制度研究

主要内容包括：深入研究德国、日本、美国、新西兰等职业教育较为发达的国家和地区在保障企业作为职业教育重要办学主体方面的相关政策，并梳理和归纳这些国家和地区在推动企业成为职业教育重要办学主体方面的成功经验与经典模式，从而为我国企业作为职业教育重要办学主体提供理论依据和经验借鉴。

6. 企业作为职业教育重要办学主体的制度重构研究

主要内容包括以下几点。（1）在政策方面加强引导，为企业作为职业教育重要办学主体营造良好的社会环境。（2）在法律方面加强保障，从宏观层面完善基础性法律与配套性法律法规，从中观层面注重法律之间的联结与适配度，从微观层面明确企业作为重要办学主体的权利义务配置。（3）在经费方面加大投入，国家要积极采取多种手段统筹经费投入，为企业更好地作为职业教育重要办学主体奠定坚实的物质基础。（4）在管理及评价方面改革组织管理，要推进企业作为职业教育重要办学主体领域治理体系和治理能力现代化，提高企业办职业教育的效能。（5）在师资方面加强管理。在此既要完善企业办职业院校师资的人事管理制度，健全教师进修保障机制，又要积极吸纳企业技术人员参与教学活动，完善师资队伍结构。

（三）研究思路

本书遵循"提出问题—分析问题—解决问题"的思路，沿着"新中国成立以来企业参与办学的历史演进—当前企业作为职业教育重要办学主体的体制机制障碍—借鉴域外经验和经典办学实践案例—构建企业作为办学主体的制度"的逻辑思路展开研究。研究技术路线图如图 0-1 所示。

（四）研究方法

1. 文献研究法

通过梳理文献，全面把握新中国 70 余年来企业作为职业教育办学主体的政府决策思路和学者研究成果，为本书的研究思路确定、框架设计、内容开展奠定基础。

2. 比较研究法

通过对其他国家企业作为职业教育办学主体相关政策的分析比较，可以使我们更好地认识企业作为职业教育重要办学主体的多样性与统一性，以期为我国企业作为职业教育重要办学主体的制度重构提供镜鉴。

3. 历史研究法

分析和梳理我国企业参与职业教育和作为职业教育办学主体的历程，在此基础上总结和归纳我国企业在职业教育中办学主体地位的相关制度变迁。

4. 案例分析法

对企业作为职业教育办学主体的相关典型案例（尤其是天津的行业企业办学模式）进行深度剖析，形成可供参考的制度重构基础资料。

5. 访谈法与问卷调查法

将专家访谈法与问卷法结合，通过对职业院校领导和企业法人代表的半结构化访谈和问卷调查，结合企业作为职业教育办学主体的相关报道，进行深度分析与专业解读，旨在更真实、更准确地了解和分析当前企业作为职业教育办学主体存在的体制机制障碍。

（五）研究对象

本书以企业作为职业教育重要办学主体为研究对象，以新中国 70 余

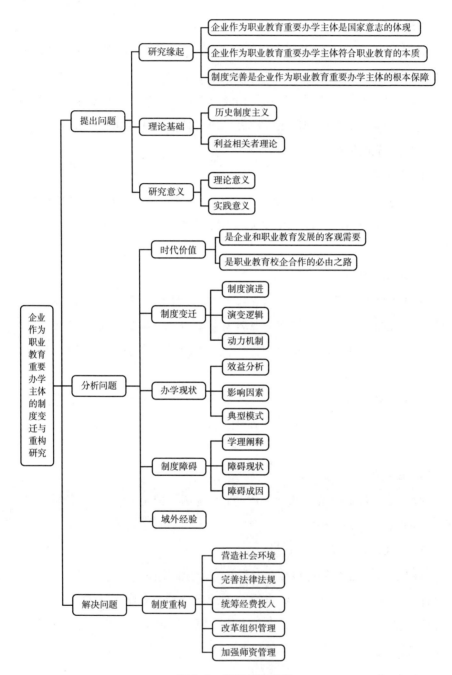

图 0-1　研究技术路线

年来企业作为职业教育重要办学主体的制度变迁轨迹为基点，探索适合本土的制度框架。具体而言，基于历史制度主义的制度变迁理论的分析视角，根据新中国 70 余年来的重要历史时间节点，结合相关政策文本，对新中国 70 余年来企业作为职业教育重要办学主体的制度变迁过程进行合理划分。在归纳变迁轨迹的基础上，分析新时代我国企业作为职业教育重要办学主体的体制机制障碍，进而更好地进行制度供给与构建，为企业作为职业教育重要办学主体营造良好的制度环境，提出增强政策供给有效性的基本途径。

六 研究主张

职业教育是与就业紧密结合的教育，企业是职业教育所培养技术技能人才的主要接收场所，因此职业教育所培养的人才应符合企业的诉求。企业作为职业教育重要办学主体的目的是提高职业学校师生的职业适应性与市场应变能力，提高我国技术技能型人才培养的质量，为我国经济社会的发展储备大量的高素质技术技能人才，为国家的进一步发展投入"软资本"，同时，也使企业更好地履行社会责任，进而获得良好的社会效益。要实现这样的培养目标，企业就必须参与职业教育，成为职业教育重要的办学主体。

第一，企业作为重要办学主体是职业教育高质量发展的必由之路。企业作为职业教育重要办学主体，是由职业教育的特性决定的。职业教育具有典型的职业性、技术性和实践性等内在特性。企业作为重要办学主体，一方面，可以充分利用职业院校的资源。职业院校是培养技术技能人才的主战场，是向社会、企业输送技术技能人才的主力军。职业院校拥有专业水平高、受过良好职业训练且经验丰富的师资队伍，有完备的人才培养体系以及健全的教育教学管理制度。另一方面，可以充分发挥企业优势。企业与社会、市场、消费者密切联系在一起，其发展状况直接反映了市场状况。但是在国内外市场竞争日趋激烈的情况下，企业要生存、发展，必须有过硬的技术、产品及特色，这对企业员工提出了更高的要求。而企业充足的资金、设备、生产基地及技术水平高且了解市场行情的技术人员，则是职业院校教学实践过程中不可或缺的人才。将这些在生产第一线的技术专家和骨干聘请到学校为学生讲课，可以针对生产过程中的需要将理论具体化、通俗化，课堂效果好，学生易掌握，学习目的明确，缩短了书本知识与实际应用之间的距离，从而解决了为什么要学和怎样去学的问题。

第二，企业成为职业教育重要办学主体必须有制度支撑。职业教育制度作为"关于职业教育的一种稳定的行为方式和结构状态，这种稳定的行为方式和结构状态是建立于有关职业教育的共识和规范之上的，并由一定的强制性或权威性的规则加以调整和约束"，[①] 在我国职业教育的发展过程中发挥了重要的推动作用。此外，其强制性和权威性的本质，也使其成为我国职业教育活动的重要支撑。因此，制度从本质上影响着企业能否充分发挥办学主体的主动性与能动性，影响着企业发挥办学主体作用的程度，影响着企业能否真正落实办学主体地位。

七　研究创新点

（一）研究视角上的创新：以历史制度主义为分析视角

企业举办职业教育和发挥办学主体作用是职业教育适应社会经济对高技术技能型人才需求的必然选择，是职业教育迈向高质量发展的关键举措，是对一般意义上产教融合、校企合作的超越。学术界对行业企业参与职业教育办学、产教融合与校企合作等方面的研究较为普遍。虽然已有学者开展了企业作为职业教育重要办学主体相关方面的研究，但在制度变迁规律、制度变迁的深层结构因素、制度缺陷等方面的研究较少。本书以历史制度主义的制度变迁理论为思想基础和分析视角，将对新中国70余年来企业参与或举办职业教育的发展变迁进行系统梳理，揭示职业教育"行业化"—"去行业化"—"再行业化"转型过程背后的深层原因，

①　孙玫璐：《职业教育制度分析》，企业管理出版社，2008，第40页。

对历史经验和教训进行反思，增强我们对企业作为职业教育办学主体重要性和紧迫性的认识和理解。

（二）研究内容上的创新：研究对象具有一定的前瞻性和探索性

以往对企业与职业教育关系的研究，更多的是解决其合作式、参与式的问题，本书紧紧抓住我国职业教育的发展重点和趋势，探索当前企业作为职业教育办学主体面临的根本性问题和解决这些问题的路径，而不仅仅是"隔靴搔痒"，打破了以往研究中的"企业参与"范式，形成"企业作为主体"的研究范式。这既是一个理论视角的转换，也是职业教育实践发展的呼唤。首先，本书突破简单的校企合作与企业参与职业教育，将企业放在职业教育重要办学主体位置上，突出企业的主体性、主导性与决定性。其次，本书不再泛泛而谈企业作为职业教育重要办学主体的障碍、困境等，而是聚焦于制度层面，探究企业作为职业教育重要办学主体的制度障碍，为企业更好地发挥职业教育重要办学主体作用提供政策咨询。

（三）研究方法上的创新：多学科复合研究方法

本书涉及内容较为庞杂，既有对历史的梳理，也有实地调查，更有理论分析，再加上企业作为职业教育重要办学主体涉及政府、行业、企业、学校、家庭等多元利益相关者的复杂格局，因此，为保证研究质量，在研究方法上采用了"组合拳"，将传统方法与多学科方法相结合，将理论研究与实证研究相结合。

第一章　企业作为职业教育重要办学主体的内涵与价值

　　自新中国成立开始，职业教育为我国累计输送了数以亿计的高素质劳动者，党和国家对其给予了高度关注。推动职业教育高质量发展已然成为学界的研究热点。近年来国家出台的各项职业教育政策均将企业视为职业教育的重要办学主体，鼓励企业举办或参与举办职业教育，通过人才需求方的积极参与促进职业教育质量的提升。时代的发展赋予了企业、职业教育办学主体不同的时代内涵，强化了企业作为职业教育重要办学主体的作用与价值。确立企业的职业教育重要办学主体地位是新时代我国社会建设的需要，是党关于我国人才培养的重要决策。企业作为职业教育重要办学主体是促进校企合作政策目标实现的重要措施，符合我国技术技能人才培养的需要，是实现职业教育高质量发展的重要抓手。

第一节　企业作为职业教育重要办学主体的内涵

　　企业作为重要办学主体的内涵在现代职业教育建设进程中不断丰富。只有深刻理解其特定含义，才能更清晰地厘清企业作为职业教育重要办学主体在制度层面的变迁与发展。"企业作为职业教育重要办学主体"这一概念，是指企业通过创办、投资、管理、培养和评价等活动参与职业教育培养高素质技术技能人才。实践中，企业可根据自身和区域经济社会发展的情况等，来选择是主办还是参与举办，是独立举办还是参与投资、管理和评价职业教育。企业作为职业教育重要办学主体的主体性体现在创办、投资、管理、培养以及评价等几个方面。

一　企业作为职业教育重要办学主体的相关概念界定

本书所指称的企业主要是国有企业、其他大中型企业以及相关行业组织；职业教育办学主体的范畴则由单一的投资举办主体拓展为举办及管理运营者这一更为宽泛的内涵。

（一）企业

新古典经济学的厂商理论将"企业"当作一个生产函数，假定其有一个人格化的目标函数，即追求利润最大化。追求利益最大化是企业的本质属性，企业生产和经营的最终目的是努力创造财富，增加利润。《证券投资大辞典》（1997 年版）从不同的维度对"企业"进行了细致的划分：按所从事的经营活动，可划分为工业企业、农业企业、交通运输企业、服务型企业等；按所有制形式，可分为国有企业和私人企业等；按规模划分，有大型企业、中型企业和小型企业；按投资主体划分，可分为合资企业和独资企业等。本书中的"企业"是指以追求利益最大化为终极目标的，能够投资举办、管理经营职业教育，承担职业教育社会责任的经济实体与社会载体，主要是国有企业、其他大中型企业以及相关行业组织，是广义上的"企业"。

（二）职业教育办学主体

职业教育的跨界属性要求研究职业教育必须厘清相关概念。就本书研究而言，厘清什么是"办学"、什么是"主体"，是理解何谓"职业教育办学主体"的基本前提。在现代话语体系下，主体、客体的内涵更加多元化，主体与客体不再单指人与自然或是发挥称谓的作用，而是更加突出地反映某事物中参与者之间的一种特定关系和参与者的不同地位与性质。"主体"与"依随者"相对，具有与"实体""本体"相近或相同的意义，指"载体""承担者"等。

"办学"是伴随学校作为一种独立教育机构的产生而出现的,其内涵和外延都比较宽泛。在《辞海》中,"办"本身具有创设、兴办的含义,如办学校;①《现代汉语词典》对于"办学"直接解释为"兴办学校"。②据此,"办学"实际上可归结为举办学校和具体管理学校两个方面,其本身就是一个具有双重含义的概念存在。而关于"主体",《辞海》给出四层含义:事物的主要部分;为属性所依附的实体;在哲学上同"客体"相对,指实践和认识活动的承担者;"法律关系主体"的简称。③综合来看,"主体"实质上是指在某一事物中发挥决定性作用,引领和主导活动向某个方向发展的承担者,主要包括相关组织和个体。职业教育办学主体即承担职业教育任务、负责职业技能培训的组织或机构。长期以来,我国职业教育办学主体被理解为投资主体,即"谁投资谁就是办学主体"。从主体性角度来看,职业教育办学主体的内容应该更为广泛,涉及"立"和"办"两个方面。在职业教育的框架中,"立"涉及机构或组织的设立,包括职业教育机构、职业学校、技工学院等,以及企事业单位职业培训中心的设立。"办"阐释了主体在职业教育中的具体操作和管理职责,包括招生、制定课程、组织实训、开展就业指导等方面。职业教育的办学主体不仅仅限于传统的学校,还包括企业、行业协会、技术培训机构等。④这些组织和个体既是职业教育的投资举办者,也是经营管理者,其依法享有创办或参与举办职业教育、投资和参与职业教育人才培养、参与职业教育治理以及评价职业教育人才培养质量的权利,履行办学义务和承担办学的责任。

二 企业作为职业教育重要办学主体的表现

职业教育的职业性、跨界性、实践性等内在属性决定了企业必然成为

---

① 辞海编辑委员会编《辞海》上册,上海辞书出版社,1979,第1060页。
② 汉语大字典编纂处编著《现代汉语词典》(全新版),四川辞书出版社,2020,第13页。
③ 辞海编辑委员会编《辞海》中册,上海辞书出版社,1979,第2751页。
④ 高鸿、赵昕:《论企业举办职业教育的主体作用》,《中国职业技术教育》2014年第12期。

职业教育的重要办学主体。企业作为职业教育重要办学主体主要表现在企业是职业教育的创办主体、投资主体、管理主体、培养主体和评价主体等方面。

（一）企业是职业教育重要创办主体和投资主体

创办主体和投资主体指企业创办与投资职业教育，是企业作为职业教育办学主体的主要表现方面，也是最直接的方式。《职业教育法》明确指出：鼓励企业举办高质量职业教育；企业可以利用资本、技术、知识、设施、设备、场地和管理等要素，举办或者联合举办职业学校、职业培训机构。因此，有条件的企业根据自身经营需要可以单独举办或联合举办职业教育。大企业、产教融合型企业等企业主要是单独举办职业教育，有意愿参与职业教育办学的小型企业，更多是联合举办或有限参与到职业教育办学中。就投资主体来看，企业既可以是单独投资，也可以是合资、合作经营，允许企业以资本、技术、管理等要素依法参与办学。

（二）企业是职业教育重要管理主体、培养主体和评价主体

职业教育管理主体是指在职业教育领域中负责规划、组织、协调和监督管理工作的机构或部门。职业教育培养主体指的是在职业教育体系中，负责对学生进行培养和教育的相关主体或机构。这些主体包括教育机构、企业以及其他参与职业教育的组织，它们共同合作，为学生提供全面的培训和发展机会，以满足实际职业领域的需求。职业教育评价主体指的是在职业教育过程中负责对学生学习和培训成果进行评价的相关主体或机构。管理主体、培养主体和评价主体等身份，本身就暗含着企业对职业教育的某种管理资格和权限。管理、培养和评价是企业作为职业教育办学主体进行职业学校管理的主要表现方面。在职业教育人才培养过程中，企业应该参与到职业学校课程设计、专业建设、实习基地开发等具体的人才培养环节中。作为管理主体，企业要参与到职业教育的治理之中，凭借企业市场化的优势，提高职业教育的现代化及科学化水平。通过与教育机构合作，企业提供实际的工作机会、实习和实训场地，帮助学生将理论知识应用到实际工作中。企业还能提供专业领域的实际经验，确保学生毕业后能够胜任相关职位。作为评价主体，企业对职业教育的质量和人才培养有直接的感知，而评价实际上涉及的是标准问题。职业教育的高质量发展一般应遵循专业设置与产业需求对接、课程内容与职业标准对接、教学过程与生产过程对接的要求，不论何种对接，在企业缺位的情况下都是很难实现的。这就决定了企业对于职业教育人才培养的"输入—加工—输出"全过程都具有评价上的主导话语权。作为办学主体的企业向职业学校"传输"产业、职业、生产标准，在法律制度框架下，履行自身参与职业教育人才培养的义务，继而促进职业教育人才培养质量的提升。

第二节　企业作为重要办学主体举办职业教育的特点

当企业作为职业教育重要办学主体时，职业学校会对接相关产业，能够促进产业、行业、企业、职业的联动，实现产业链、教育链、人才链、创新链的融合。因此，企业作为重要办学主体举办职业教育，具有协调性、教育性、复杂性的特点。

一　协调性

所谓协调性，即作为职业教育重要办学主体的企业从行业和职业教育协调发展的视角，综观行业发展态势，立足职业教育办学实际，根据现有的、客观的标准参与和评判职业教育。企业作为职业教育重要办学主体，在其办学的全过程中，要将企业营利的功利性与学校育人的公益性结合，必然要协调行业与学校办学之间的关系。行业是具有高度相似性和竞争性的企业群体，其着眼于企业或组织生产产品的微观领域，主要体现以行业为单位的产品生产上的社会分工。行业是由众多的企业或组织组成的，有其运行的规则以及客观的标准。作为行业有机组成部分的企业成为职业教育的重要办学主体时，应表现得不偏不倚，既要遵循、执行行业的规则与标准，也要紧跟职业教育发展的形势，按照产业需求逻辑，严把职业教育人才培养的各个关口，以期使职业教育能够真正满足产业发展的需求。

二　教育性

不论是学校主导办职业教育还是企业主导办职业教育，举办职业教育的目的就是培养人才，因此企业举办职业教育具有教育性，是不同于企业其他活动的特点。职业教育作为一种区别于普通教育的教育类型，其主要功能依然是育人功能，即培育德智体美劳全面发展的高素质技术技能型人才。企业作为职业教育重要办学主体充分体现了用人与育人、学校与企业、学生与企业的结合关系，校企之间通过协同育人，实现"办人民满意的职业教育"的最终目标。从企业作为职业教育重要管理主体与培养主体来看，其可增进教育的柔性，即企业能够以市场化优势推动职业教育现代化，以主导角色参与职业教育课程、专业、实习等活动，这种特性是职业教育的"育人"功能与企业的深度参与性共同促成的。

三　复杂性

一方面，企业作为职业教育重要办学主体时，职业教育学校会受到来自不同行业、企业的创办者、投资者的影响，每一企业、行业的发展与人才培养都具有各自的特点。职业教育的举办势必会因投资者顺应不同企业、行业的特殊性，产生培养内容的复杂性。另一方面，从管理体制上看，一所学校如果由企业举办，出资者通常有管理权，同时出资者所在的行业协会也有管理职责，所在地方政府的教育行政部门、劳动和社会保障部门也要对出资者进行宏观指导。所以，职业学校的教育情况不仅受其系统内部人、物、信息的影响，还受到企业、行业及大环境的影响。这就比单纯由教育行政部门举办的职业学校复杂。

第三节　企业作为重要办学主体是企业
和职业教育发展的内在需要

我国职业教育改革与发展重点强调职业院校的主体地位，企业始终作为"被合作者",是导致职业教育发展有限的原因之一。在现有校企合作的框架下,作为用人单位的企业除了提供相关设施、场地外,还要真正介入人才培养过程,同时不能将职校生视为相对廉价的劳动力使用,要将校企合作与自身的短期利益和长远发展有机结合起来。在这种情况下,企业才可能与职业院校开展深度合作,而不再是职业教育的"旁观者"。"企业作为职业教育的重要办学主体"的提出,实际上是对此前职业教育改革效率低下进行反思与总结的结果。企业作为职业教育的重要办学主体,一方面是现代企业发展的内在需要,另一方面是职业教育发展的内在需要。企业参与举办职业教育是加强职业教育与企业沟通合作的重要桥梁,是职业教育产教融合、校企合作人才培养模式的重要实现方式。[①] 通过这种方式可提高技术技能人才培养质量,打破教育系统独办职业教育的办学模式,加强教育界与产业界的联系,才能够使现代职业教育体系成为现代化产业体系建设和经济发展方式转变的有力支撑。

一 企业作为职业教育重要办学主体是现代企业发展的有利要素条件

(一) 企业参与技术技能型人才培养为现代企业发展提供动能

企业参与技术技能人才培养是实现各主体优势互补、资源置换、协同发展的重要一环,企业同职业学校制定人才培养方案、开发教育资源、开展教学实践,能够合力推进教育教学改革,进而实现培养适应产业发展、满足企业用人需求的高素质人才这一目标,为企业的可持续发展提供人才与智力储备。当今世界,企业竞争归根到底是科技和人才的竞争。没有一支掌握现代知识和技术技能的产业队伍,就无法实现企业生产、经营和管理的现代化,更无法应对日益激烈的市场竞争。"十三五"期间,我国高

---

① 郭静:《现代职业教育体系建设背景下行业、企业办学研究》,《教育研究》2014 年第 3 期。

技能人才仅占技能人才总量的 28%,① 这一人才缺口为企业积极参与职业教育培训提供了动力。技术技能型人才的培养不仅是教育界的事情,更是与企业长久发展息息相关的大事。企业参与职业教育办学重在合作成果的转化和应用,这是最大化发挥企业办学主体作用、促进地方经济社会快速发展、带动教育与产业双赢的重要抓手。企业可以将自己的技术、设备和产品等应用于学校教学中,实现学校教学内容与企业实际应用的紧密对接,依托学校培养技术技能人才。更进一步而言,企业和学校可以共同开发新技术、新产品,通过技术转移的方式来推动研究成果落地。在当下的产教融合实践中,学生自由择业和离职的问题也是企业在参与职业教育办学中的重要阻碍之一。学生对自身专业或职业缺乏认同感和适应性,毕业后未必选择实习企业进行就业,抑或进入企业后也轻易决定离职。但是,通过企业深度参与人才培养这一举措,可以让学生了解到行业的发展趋势以及企业的文化和价值观、工作环境等,从而使学生对企业和自身职业产生较强的归属感和认同感,增强企业与员工之间的黏性。

(二)企业参与职业教育是其社会责任的重要组成部分

英国学者欧利文·谢尔顿(Oliver Shelton)在美国进行企业管理考察时首次提出了"企业社会责任"(Corporate Social Responsibility,CSR)概念。企业社会责任是指企业的运营应以对社会和环境产生积极影响为原则和方针,通过自愿采用讲道德、可持续和负责任的商业实践,为消费者、股东、员工和社会带来效益。企业社会责任通常分为环境、道德、慈善和经济四种类型,并共同作用于企业的整体社会责任战略。企业承担社会责任将为其带来可能的商业优势、消费者效益、环境效益和社会效益,例如打造品牌形象、提高员工留存率、提高消费者忠诚度等。随着人们对环境、劳动和道德问题的认识不断提高,企业社会责任已成为企业战略的核心,消费者越来越青睐具有社会责任感的企业的产品和服务,投资者也会

---

① 《技能人才需求旺盛——我国技能劳动者超过 2 亿人,其中高技能人才超过 5000 万人》,中国就业网,2021 年 3 月 22 日,网址:http://chinajob.mohrss.gov.cn/c/2021-03-22/296392.shtml,最后访问时间:2022 年 3 月 22 日。

优先考虑与自身价值观一致的具有社会责任感的企业。企业参与职业教育使职业教育质量得以提高，一方面能够为企业带来更多经济利益，另一方面也是其承担社会责任的重要体现。2022 年，国家颁布的《职业教育法》中指出，"企业开展职业教育的情况应当纳入企业社会责任报告"，表明企业参与职业教育是其承担社会责任的重要体现。基于利益相关者理论，企业承担社会责任的行为对企业绩效的影响是企业发挥职业教育办学主体作用的关键影响因素。如果企业承担职业教育社会责任的举措能够为企业带来更大的利益，那么将会推动一些企业积极参与到职业教育中来，而这一行为正是我国《职业教育法》中所明确阐明的企业社会责任的一部分。同时，企业既是职业教育的早期自然承担者，也是职业教育的直接受益者。作为直接受益者，参与技术技能型人才培养无疑是企业所应承担的重要社会责任之一。因此，"企业作为职业教育重要办学主体"是社会发展对现代企业的要求，是企业完善现代企业制度、落实社会责任的结果。

（三）企业参与职业教育办学能够紧抓国家政策机遇

政府是使用政策工具的主体。政策工具作为机制、手段、方法、措施、桥梁，目的是实现政策目标。基于中国的政策实践，政策工具是以政策目标为导向、以达成政策效果为标准的一系列措施。据不完全统计，1978 年至 2022 年的 40 余年间，国务院、教育部等共颁布了 40 多份涉及职业教育校企合作的政策、意见、决定等，全面彰显了职业教育校企合作中企业发挥重要办学主体的作用。1980 年，国务院批准了教育部、国家劳动总局《关于中等教育结构改革的报告》，开启了国家鼓励企业参与职业教育办学的探索阶段，而近年来的政策支持力度更是持续增强。2020年 9 月，《职业教育提质培优行动计划（2020—2023 年）》支持行业领军企业主导建设全国性职教集团，分领域建设服务产业高端的技术技能人才标准和培养高地。2021 年 10 月，《关于推动现代职业教育高质量发展的意见》支持企业接收学生实习实训，引导企业按岗位总量的一定比例设立学徒岗位。2022 年，《职业教育法》规定，"国家发挥企业的重要办学主体作用，推动企业深度参与职业教育，鼓励企业举办高质量职业教育"，对在提升技术技能人才培养质量、促进就业中发挥重要主体作用的企业，按照规定给予奖励。国家有关部门更是针对产教融合型企业提出了"金融+财政+土地+信用"的组合式激励政策，并要求地方逐步细化落实，为企业提供更多发展支持和表彰奖励。根据以上政策，企业参与校企合作、创新育人，能够抓住国家发展职业教育的政策机遇，在参与人才培养的同时也能够降低企业财务负担，或者提升企业的品牌形象。企业作为用人单位，是职业教育的直接受益者，通过举办高质量的职业教育，不仅为自身和社会培养了大量的技术技能人才，同时也打开了面向社会的窗口，有助于企业战略的长远发展。因此，企业参与职业教育不仅是响应政策号召，也是企业转型升级的必由之路。

二 企业作为职业教育重要办学主体是职业教育发展的客观需要

（一）职业教育的产生与发展与行业企业紧密相关

与普通教育不同，现代职业教育就是基于行业发展而产生的，是工业化发展到一定阶段的产物。也就是说，现代职业教育的产生、发展是根据行业、企业自身发展需要而推进的。随着社会生产力的不断提高，职业分工越来越精细，作为独立形态的职业教育才逐渐产生。20世纪60年代以前，大多数西方国家的职业教育主要采用建立在现代学徒制培训体系上的企业培训形式。20世纪60年代以后，一些工业化国家建立了公立、私立全日制职业技术学校，才使教育与培训提供者和劳动力使用者分开，形成了职业教育市场。在职业教育发展的历史进程中，有家传世学、学徒教育和职业学校教育这三种形式。在这三种形式中，家传世学和学徒教育这两种形式因为在工作现场实施，可以定义为企业教育，而职业教育则有"企业"和"学校"两个端点。人类文明从手工业时代走向数字化时代，职业教育都是随着产业企业的发展而萌芽、成长的。职业教育发展的根本在于与产业链结合，行业企业等产业链主体举办职业教育，在深化产教融合方面具有天然的优势。综观西方发达国家，其职业教育的发展与企业有密不可分的关系。"双元制"职业教育是德国中小型企业进行在岗培训的主要方式，通过学生在企业实习为企业培养或储备新的人力资源。[①] 1944年，英国政府颁布《教育法》，从法律层面确立了企业的重要办学主体地位，并加以巩固。[②] 近年来，法国教育部实施"初中四年级短期实习计划"（LeStageDe3e）。同时，教育部大力推进职业和资格园区（Les Campus Des Metierset Des Qualifications）建设来加强校企间的沟通与合作。[③] 为了提高职业教育与劳动力市场需求的匹配度和适切性，欧盟很多国家大幅增加学徒培训的比重，旨在通过经济刺激手段促使企业增加学徒培训。由此可见，职业教育与行业企业的发展是相辅相成的，职业教育的提质离不开行业企业重要作用的发挥，而行业企业也需要职业教育为其提供强有力的智力和人力支持。二者的结合，一方面可以缓解技术技能人才紧缺情况，另一方面也可以推动建立更加科学的人才培育机制。

（二）企业作为职业教育重要办学主体是职业教育人才培养与产业协同发展的重要环节

在庞大的教育系统中，职业教育与经济发展的关系最为紧密。要从根本上解决人才培养供给侧和产业需求侧在结构、质量、水平上还不能完全相适应的问题，必须深化产教融合，促进教育链、人才链与产业链、创新链有机衔接。职业教育只有主动作为，积极回应制造业转型升级诉求，加快推进职业教育的转型与升级，才能为我国制造强国战略提供支撑。同时，仅仅依赖传统的职业教育培养技术技能型人才，难以满足国家主要产业尤其是制造业的发展需求，因此要使企业作为重要办学主体深度参与职业教育办学，深化企业与职业院校合作育人的机制改革。企业是现代产业

---

① 祁占勇、王志远：《企业作为重要办学主体的机制障碍与政策设计》，《高教探索》2018年第10期。

② 吴苏苹：《英国企业参与高等职业教育的经验及启示》，《高等工程教育研究》2017年第2期。

③ 吴雪萍、于舒楠：《法国职业教育改革探析》，《中国职业技术教育》2017年第9期。

体系建设的重要载体，发展壮大企业办学对于加快建立技术技能型人才培养培训与产业结构调整的协同机制具有十分重要的推动作用。企业处于技术进步与产业结构调整的第一线，对于产业发展所需技术技能型人才的质量、结构和规格具有最精准的把握，推动行业、企业办学可以较好地实现产业结构和职业教育人才培养结构同步调整。具体而言，企业作为职业教育重要办学主体具有以下几点优势。一是在资金方面，企业具有雄厚的经济实力，有利于提升职业教育的办学条件。企业出于自身对专业技术人才的需要，会积极参与职业教育办学模式改革。在联合办学过程中，企业投入的资金纳入公司预算，实行专款专用，可以避免贷款建校、集资办学或"以生养校"的局面，从而为职业院校的跨越式发展提供强有力的资金保障。二是在人才方面，"双师型"教师是保证高素质复合型技术技能型人才培养质量的重要因素。行业型职业院校可以经常性地安排专职教师参与企业一线的生产实践。这样教师既锻炼了实践操作能力，又可以直接掌握市场最新情况，便于对其教授的课程内容进行相应的调整和完善，使其教学更加贴近实际、贴近市场。三是在资源共享方面，学生在学习了专业理论知识以后，需要尽快到生产岗位和工作现场进行实习体验，以便于更好地掌握知识、巩固技能。这时企业的厂房车间、管理机构等部门，都可以成为学生便利的实习场所，让学生进行实地实习和体验。职业院校可以与企业共建校外实训基地，为学生提供实习实训平台；企业也可以利用职业院校的人才、科研等优势，共同分析市场，共同研究新技术、新工艺的应用，以谋得最大的生产效益。四是在就业方面，校企一体化办学模式具有明显的就业优势，职业院校能够非常便捷地让企业全程参与教学工作，做到产学研用相结合，从而实现职业院校与企业对学生的共同培养，使培训效能最大化。

目前，我国正处于经济发展方式转型期，迫切需要一大批适应技术进步、生产方式变革和社会公共服务要求的高素质技术技能型人才。显然，与企业对多元优质技术技能型人才的旺盛需求对比，我国职业教育的高技能人才供给却捉襟见肘。我国目前已建成世界上规模最大的现代职业教育体系，2022年中等职业教育毕业生399.27万人、高职专科毕业生494.77万人。① 但是如此庞大的就业群体仍旧难以满足劳动力市场的需求，一个重要的原因是我国职业学校培养的技术技能型人才与市场发展需求匹配度仍然不够高。传统职业学校教育对于技术技能型人才的培育有其固有缺陷，因此，强化企业重要办学主体作用，有利于加强职业教育与产业之间的衔接性，促进人才培养质量的提高。

（三）企业作为重要办学主体是职业教育产教融合、校企合作的助推器

建设具有"适应需求、内部衔接、外部对接、多元立交"特点的现代职业教育体系，需要建立与产业体系布局结构相适应的职业教育网络，推动职业教育办学主体多元化和办学类型多样化发展。职业教育作为一种教育类型，有其独特的教育发展规律和人才培养规律，其规律的核心是产教融合、校企合作。校企合作可以说是职业教育办学成功的关键。近年来，职业教育推进集团化办学、学徒制改革试点，积极推进制定校企合作相关法律，都围绕着促进职业学校与企业建立更紧密的合作关系来进行。而行业组织、企业办学具有不可替代的校企合作优势，政府、行业组织、企业和社会机构是职业教育的重要办学主体，企业举办职业教育是现代职业教育体系建设中一个不可或缺的办学类型。同时，企业举办职业教育也是贯彻落实"政府主导、行业指导、企业参与"的现代职业教育国家办学机制最直接的方式和途径。因此，发展壮大行业、企业办学力量可以成为职业教育产教融合、校企合作的助推器。

第一，企业办学能够激发企业支持和参与职业院校发展的原动力，使企业积极参与职业院校的专业建设、学生顶岗实习培训以及"双师型"教师的培养培训等多个环节，为职业院校高质量发展、可持续发展提供有

---

① 《2022年全国教育事业发展统计公报》，中华人民共和国教育部，2023年7月5日，http://www.moe.gov.cn/jyb_sjzl/sjzl_fztjgb/202307/t20230705_1067278.html，最后访问时间：2024年8月3日。

力保障。企业的工程师、技师是具有丰富一线实践经验的"师傅"，了解一线生产实际的情况，可以指导职业院校师生的实操；企业可以提供生产岗位，用于学生的实习实训、教师的顶岗实践。第二，有学者研究得出，在"合作企业接收毕业生数"和"为合作企业培训员工数"两个衡量校企合作水平指标上，由企业举办的高职院校都远高于由其他主体举办的高职院校。对全国 1218 所高职院校进行分析，其中，"由企业举办的高职院校，其合作企业年度平均接收毕业生数高出'政府'和'其他'举办方院校 42.43 人；为合作企业年度培训员工数高出'政府'和'其他'举办方院校 2270.2 人"。[①] 办学企业可根据用人需求为学生提供更加对口的就业岗位，更便于实现"无缝对接"。行业、企业办学可以将产业技术标准迅速转化为岗位技能标准，融入课程标准体系，实现专业课程内容与职业标准对接、教学过程与生产过程对接，从而全面提高教育教学质量。第三，行业、企业办学有利于企业将现代企业制度的理念融入职业教育，以校企融合发展的模式提高职业院校办学质量。校企合作必须遵循国家经济社会发展需求，对接产业链条、响应市场信号、照顾民生需求，当前我国现代化产业体系转型的障碍和瓶颈就是产教融合、校企合作的主攻点。企业方侧重于获得经济利益，学校方侧重于人才培养，校企合作以双方共赢为基础，相互借鉴，才能不断促进教育链、产业链、人才链和创新链的协调发展。

第四节　企业作为重要办学主体对职业教育
发展的促进作用

毫无疑问，当前发展职业教育最需要解决的是人才培养质量问题，而提高人才培养质量依赖职业院校和企业的共同努力。企业作为重要办学主

---

① 金鑫、王蓉：《高职院校办学主体差异与校企合作水平的实证分析》，《高等教育研究》2013 年第 2 期。

体，对职业教育发展有积极的促进作用，即企业作为重要办学主体有利于培养技术技能型人才、实现校企互利共赢以及提升师生实践能力。

一　在宏观层面，企业作为重要办学主体有利于培养技术技能型人才

技术技能型人才是我国从"工业大国"升级为"工业强国"的重要支撑，然而，我国劳动力市场却长期存在技术技能型人才紧缺的问题。人力资源社会保障部印发的《"技能中国行动"实施方案》明确提出，我国应在"十四五"期间新增技能人才 4000 万以上。多鲸教育研究院发布的《2022 中国职业教育行业报告》指出，随着我国产业结构的转型升级，有十大重点领域存在人才缺口，分别是新一代信息技术产业（950 万人）、电力装备产业（909 万人）、新材料产业（400 万人）、高档数控机床和机器人产业（450 万人）、海洋工程装备及高技术船舶产业（26.6 万人）、航空航天装备产业（47.5 万人）、先进轨道交通装备产业（10.6 万人）、节能与新能源汽车产业（103 万人）、生物医药及高性能医疗器械产业（45 万人）以及农机装备产业（44 万人）。[①] 职业教育承担着为社会生产、流通、服务第一线培养技术技能型人才的任务，在弥补技术技能型人才缺口方面具有独特优势。而企业作为职业教育的重要办学主体，能够利用其专业技术人才、先进设施设备、对口实习岗位等，帮助职业教育更好地培养技术技能型人才，有效弥补技术技能型人才缺口。

二　在中观层面，企业作为重要办学主体有利于实现校企互利共赢

企业作为职业教育的重要办学主体，能够通过职业院校和企业的深度

[①]　多鲸行研：《2022 中国职业教育行业报告》，新浪财经网，2022 年 1 月 7 日，https：//t. cj. sina. com. cn/articles/view/6077065679/16a38a9cf00100zfcy？from＝edu，最后访问时间：2024 年 11 月 21 日。

合作实现校企互利共赢。就企业而言，首先，企业的专业技术人员可以在其统一调度下到职业院校担任兼职教师，向学生传授一线实践经验，提高"双师型"教师队伍的专业水平和实践水平；其次，企业的先进设施设备可以供职业院校使用，为学生创设沉浸式和全流程的学习环境，使职业教育摆脱教学设施设备滞后于生产设施设备的困境；最后，企业的对口实习岗位可以为学生提供针对性实习机会，使其实习内容贴合专业方向，提高岗位适应性。就职业院校而言，一方面，职业院校可以根据企业的人才需求设置专业和课程并开展教学活动，实现专业设置与用工需求零距离、课程设置与职业活动零距离、教学内容与工作任务零距离；另一方面，职业院校可以为企业提供技术研发服务、工艺改进服务和员工培训服务，提高企业的技术水平和员工素质。

三　在微观层面，企业作为重要办学主体有利于提升师生实践能力

企业作为职业教育的重要办学主体，能够使职业院校教师和学生的实践能力同时得到提升。在职业院校教师的实践能力提升方面，首先，职业院校教师可以深入接触企业的生产实践活动，提高实际操作能力；其次，职业院校教师可以与工作经验丰富的专业技术人员进行沟通交流，增加现场实践经验；最后，职业院校教师可以参与企业的技术研发活动和工艺改进活动，更新专业技术知识。由此，职业院校教师既能够从事专业理论课教学，又能够从事专业实践课教学，成为真正的"双师型"教师。在职业院校学生的实践能力提升方面，首先，职业院校学生可以通过企业岗位实习验证、巩固与融会专业知识和技能，使专业知识和技能成为解决实际问题的有效工具；其次，职业院校学生可以通过企业岗位实习形成对工作实际的正确认识，从而深化对行业企业的认识；最后，职业院校学生可以通过企业岗位实习将理论与实践结合，进一步激发学习动力和创造性。

第二章　企业作为职业教育重要办学主体的发展变迁

企业作为职业教育重要办学主体是职业教育动态发展的时代产物。从企业作为职业教育重要办学主体的实践发展层面来看，新中国成立至今，企业作为职业教育重要办学主体经历了生成阶段、调适阶段、创新阶段三个重要阶段，经历了从"外生强制"到"自发内生"的理念变迁、从"被动封闭"到"合作开放"的环境变迁、从"政府主导"到"市场引导"的路径变革、从"传统管制"到"多元治理"的管理变革。其中，经济体制、技术环境是发展变迁的宏观背景；价值理念、利益驱动是发展变迁的中观变量；政府、企业、职业学校是发展变迁的微观行动者。企业作为职业教育重要办学主体是职业教育高质量发展、适应性发展的必然趋势，是企业寻求高素质技术技能复合型人才的重要举措。基于此，从实践层面与理论层面系统分析企业作为职业教育重要办学主体的动态发展，将为企业深度参与职业教育办学提供重要依据。

第一节　企业作为职业教育重要办学主体的
发展演进

我国企业成为职业教育重要办学主体的时间较长，在培养高水平技术技能人才的过程中发挥着不可替代的作用。从计划经济时期的企业包办职业学校到社会主义市场经济时期的举办职业学校，企业的身影一直出现在职业教育办学活动当中，其对职业教育事业的推动作用得到了政府、行业和学校的一致认可。本节梳理了我国企业作为职业教育重要办学主体的发展演进过程，并从中提炼出企业作为职业教育重要办学主体的演变逻辑。

一　企业作为职业教育重要办学主体的发展演进

以新中国成立为起点对我国企业作为职业教育重要办学主体的演进过程进行考察，可以将这一演进过程具体划分为三个阶段：1949～1991 年的生成阶段、1992～2002 年的调适阶段、2003 年至今的创新阶段。

（一）生成阶段：企业成为兴办职业教育的主力军（1949～1991 年）

1949 年是旧中国和新中国的分界点，也是旧社会职业教育和新社会职业教育的分界点。新中国成立后，为集中力量恢复和建设各项经济事业，早日实现工业化，党和国家实行计划经济体制。为与计划经济体制相配套，在职业教育领域，我国效仿苏联，以中等职业教育为重点推进职业教育事业。[①] 在此期间，以企业为办学主体的技工学校和中等专业学校为国家的建设和发展供给初级和中级技术人才。该阶段是我国职业教育发展的重要阶段，也是确认企业重要办学主体身份的起始阶段，因此称为"生成阶段"。

新中国成立初期，我国工业基础薄弱，重工业和国防工业尤为如此，据统计，截至 1949 年底，我国工业总产值仅有 140 亿元，为此国家率先实施国民经济第一个五年计划，以恢复社会主义国民经济。各类工业企业随之建立起来，迫切需要熟练的技术工人，仅铁路企业就存在 158800 人

---

① 　郭静：《现代职业教育体系建设背景下行业、企业办学研究》，《教育研究》2014 年第 3 期。

的人才缺口。[①] 但是已有的高级职业学校正处于过渡期，中等技术学校又数量有限，熟练技术工人的供给跟不上来。在此背景下，国家鼓励企业办学与政府办学并行，借此在短期内迅速填补人才缺口。1952 年印发的《中央人民政府政务院关于整顿和发展中等技术教育的指示》确立了大力发展中等技术教育的基本方针，提出学校与工厂、矿山、农场等企事业单位开展合作的办学形式，以文件的形式首次鼓励企业参与举办职业教育。1958 年印发的《中共中央、国务院关于教育工作的指示》中进一步明确指出，教育工作未来的发展方向是学校办工厂和农场，工厂和农业合作社办学校，以文件的形式首次鼓励企业直接举办职业教育。两份指导文件从政策层面为企业作为职业教育重要办学主体提供了保障。自此，在全国范围内出现了模仿苏联举办中等专业学校和技工学校等中等职业教育性质学校的热潮，企业充分发挥其办学主体性，在政府的领导下举办了技工学校和部分中等专业学校，扩充了中等技术学校的数量和规模。为保证师资质量，国家依托企业统一规范了教师队伍建设。1952 年和 1958 年先后颁布的《中等技术学校暂行实施办法》和《教育部关于 1958—1959 学年度中学教学计划的通知》等文件中提出，由企业、工厂或农场的优秀技术工人或相关工作人员担任学校的实习指导教师和兼职教师并负责培养师资。至此初步建立了教师队伍建设体系，也为后续"双师"教师队伍体系的建设奠定了基础。另外，实习管理制度也依托企业建立起来。1952 年，教育部发布的《关于工业、农业、财经性质中等技术学校教学计划的指示》中提出，学生以工长或小组长的身份参加实习工作，保障了学生的权益。此后，1958 年国务院发布的《关于 1958 年度国民经济计划草案的报告》指出，中等学校、高等学校、工业学校以及农业学校要同当地的工厂、作坊和农业合作社等组织订立生产实习合同进行实习。至此实习管理制度初步建立起来，保障了实习工作有序开展。技工学校、中等专业学

---

① 许守祜主编《中国铁路教育志稿（1868—2010）》，西南交通大学出版社，2013，第287 页。

校和半工半读学校在企业的大力举办下获得了前所未有的发展。到 1965 年，我国的技工学校数为 400 所，在校生数为 183419 人，中等专业学校数为 1265 所，在校生数为 547447 人，独立设置以及人民公社、工厂、农场举办的半工半读学校数为 109 所，在校生数为 29000 人。[①]

"文化大革命"期间，企业举办的技工学校、中等专业学校和半工半读学校遭受重大打击，中等专业学校和技工学校停止招生长达五年之久，其间学校被充当工厂使用，人、财、物等办学资源均被挪用，半工半读学校甚至被取缔，企业的办学根基遭到严重损伤。党的十一届三中全会进行了拨乱反正，企业办学在党和政府以及企业的共同努力之下逐渐得到恢复，并在之后出现了新的进展。改革开放后，国家连发《国务院批转教育部、国家劳动总局关于中等教育结构改革的报告》和《关于加强和改革农村学校教育若干问题的通知》两份文件，大力提倡厂矿和企事业单位办学与其他办学形式并举的办学方式。这两份文件是关于恢复企业举办职业教育的指导性文件，奠定了企业的重要办学主体地位。党的十二届三中全会以后，我国全面展开经济体制改革，教育体制改革与其同步进行。企业对本单位的职业教育事业进行整体谋划，依托企业招生就业优势和人才培养优势，不断增加办学经费，完善办学体制机制。中等专业学校和技工学校的教学条件得到保障，办学质量稳中有进。企业举办职业教育进入高潮。除此之外，企业逐渐开始重视职工教育，企业和企业主管部门举办的职工大学、职工中专和技工学校遍地开花。20 世纪 90 年代末，全国技工学校、中等专业学校、职工中专和职工大学的数量与新中国成立初期相比增长迅速。1990 年，我国的技工学校数为 4184 所，在校生人数为 133.4 万人；中等专业学校数为 3967 所，在校生人数为 224.02 万人；[②] 职工中专数为 2107 所，在校生数为 55.91 万

---

① 中华人民共和国教育部计划财务司编《中国教育成就统计资料（1949—1983）》，人民教育出版社，1984，第 3 页。

② 孟广平主编《当代中国职业技术教育》，高等教育出版社，1993，第 324 页。

人；职工大学数为 835 所，在校生数为 23.03 万人。① 企业在职前教育和在职教育方面的开拓进取为我国企业举办职业教育奠定了良好的办学基础，积累了丰富的办学经验。

在新中国成立后的近半个世纪，我国职业教育始终呈现以经济主管部门和企业为办学主体的办学格局，实行用行政手段管理的办学制度。这种办学格局与办学制度缘于新中国成立初期经济相对落后的历史条件，虽然其有助于集中力量举办职业教育，按需为国家工业化进程供给熟练技术工人，但是不足之处也有许多。一是校企经营的一体化。在计划经济时期，企业举办的职业教育实行企业负责制，企业既要开展生产又要经营学校，带来经营难度加大、企业负担增加等弊端。二是学校布局与专业布局的不合理。从学校布局上来说，企业办学的不合理体现为贪大求全；从专业布局上来说，企业办学的不合理体现为重复建设。这样的布局浪费了企业的有限资源，导致资源配置效率的降低。

（二）调适阶段：企业兴办职业教育的积极性受挫（1992~2002 年）

如果将 1949 年新中国成立至 1991 年视为企业举办职业教育的生成阶段，那么接下来的 1992 年至 2002 年则是企业举办职业教育的调适阶段。这一阶段从 1992 年 10 月党的十四大召开至 2002 年国有企业剥离办社会职能。1992 年 10 月，党的十四大为我国经济体制和企业经营机制的走向指明了方向，会议明确指出我国要建立市场经济体制并转换企业经营机制，彻底打破计划经济体制下统得过严、管得过死的僵化局面。20 世纪 90 年代中期，在变革求新的经济环境中，职业教育领域也开始探索改革原有的办学模式，由此，原本由企事业单位举办和管理的部分职业学校转由地方教育行政部门管理。此外，2001 年 12 月，中国正式成为世贸组织成员，这有利于拓宽企业的资金来源和产品市场，也意味着企业要同时面对国内市场和国际市场的竞争。在此契机下，企业剥离办教育、医疗等社

---

① 臧永昌编著《中国职工教育史（1840—1990）》，辽宁大学出版社，1992，第 412 页。

会职能以增强市场竞争力的事项提上日程，在职业教育领域体现为企业自办的职业学校大量剥离企业，此阶段称为"调适阶段"。

职业教育管理权调整是企业适应社会主义市场经济体制的关键一环，是政府职能转变的迫切要求。1995 年，《国家经济贸易委员会关于一九九六年国有企业改革工作的实施意见》提出国有企业分离自办的中小学和医院，这是试行国企改革后第一个关于国有企业剥离办教育社会职能的指导性文件。这个文件解除了国有企业与普通中小学之间的管理关系。1998 年开始，国务院企事业单位率先对其举办的中等专业学校进行了移交。国务院企事业单位虽然将所属中等专业学校的管理权移交给了地方教育行政部门，但仍然享有举办权。同时，国有企业举办的普通教育学校体量庞大，企业社会负担日渐沉重。1998 年底，国有企业举办普通中小学数为1.7 万所，在校生数为 731.7 万人，教职工数为 62.6 万人，企业年经费投入高达 64 亿元。① 作为国有企业办社会职能的一部分，教育职能需要剥离，才能增强国有企业的市场竞争力。于是在 1999 年，国有企业改革正式开始，我国相继颁布《国务院办公厅转发教育部等部门关于调整五个军工总公司所属学校管理体制实施意见的通知》《劳动和社会保障部办公厅关于做好五个军工总公司所属技工学校管理体制调整工作的通知》等文件，提出五个军工总公司直接管理的成人高等学校改制为非学历教育培训机构，管理方为相应的企业集团，中等专业学校管理方为地方政府，其他性质的职业学校管理主体不变。这为理顺企办职业学校的管理权提供了保障。此外，国家经济贸易委员会、财政部、教育部、卫生部、劳动和社会保障部和建设部又于 2002 年发布《关于进一步推进国有企业分离办社会职能工作的意见》，规定逐步分离企办中小学校，管理主体转为地方政府，为国有企业教育管理权的移交明确了时间表。可以看出，党和国家高度重视国有企业社会职能的分离工作。

---

① 《全国国有企业分离办社会职能工作座谈会提出　加快国企分离办社会职能步伐》，《人民日报》1999 年 11 月 3 日，第 2 版。

根据相关政策文件精神，国有企业剥离办教育的社会职能，剥离的主要对象是基础教育层次的中小学，职业教育可以采用"企业为主，政府支持"或与社会力量联办的方式继续保留，目的在于继续为企业培养急需的专门技术人才。但是在实际剥离的过程中，许多国有企业因经营效益下滑和自办的职业教育存在不足，仍然按照"三分离"的原则，将职业教育划为不良资产予以剥离，就此退出职业教育领域。国有企业剥离职业学校的思路主要有两种，一种是转交地方教育行政部门，另一种是实行企业化经营。其中，实行企业化经营具体可以分为企有民营、民办企助和企办民助三种方式。[①] 企有民营指的是学校自企业中分离，分离后企业对学校的资产享有所有权，而学校享有使用权，学校采用民办学校的办学方式进行办学，拥有独立法人身份，办学经费实行自收自支。民办企助指的是专门成立教育实业集团统筹管理各级各类学校，由教育实业集团统一解决办学经费问题，而企业适当拨款补贴教育实业集团的办学支出。企办民助指的是各级各类学校从企业内部分离之后组建成为教育集团，拥有独立法人身份，但是与企业的隶属关系不变，仍然享有企业的教育经费投入，办学面向企业和社会。据统计，截至 2003 年，在国有企业举办的职业学校和机构中，撤销的学校和机构占学校和机构总数的 45%，合并的学校和机构占学校和机构总数的 47%。[②] 只有一小部分办学效益良好、无须剥离的普通中专、技校、职工中专、职工大学等，在不改变隶属关系的前提下，通过"三改一补"的方式独立升格或合并升格为高职学校继续办学。这充分说明国有企业剥离职业教育工作的成效显著。

　　在党的十四大召开后的十年间，国有企业举办职业教育职能的剥离是经济体制改革纵深推进在职业教育领域的映射，也是国家对职业教育管理权的调整。从此职业教育与企业的关系从相交走向分离，同时，职业教育与地方政府的关系从分离走向相交。究其根本，国有企业职业教育办学改

① 陈衍、于志晶：《转轨破题　新时期职业教育热点报告》，东北师范大学出版社，2007，第 207 页。
② 李迎生：《当代中国社会政策》，复旦大学出版社，2012，第 116 页。

革实际上是围绕经济体制变革的管理主体转变。在当时，一方面，国有企业的确卸下了包办教育的"社会负担"，但是另一方面，企业举办职业教育的热情大不如前，行政力量也不再强制要求企业承担举办职业教育的责任，造成了企业就职前学历教育和就职后技能培训功能的弱化，优质职业教育资源就此不断流失。

（三）创新阶段：多种形式鼓励和支持企业兴办职业教育（2003 年至今）

2003 年以来，我国进入完善社会主义市场经济体制的重要历史时期，提出走新型工业化道路并实施创新驱动发展战略。国有企业社会负担过重的状况已得到了显著改善，企业的内部组织活力与外部市场竞争力明显提高，国有经济在国民经济中的主体作用凸显。与此同时，以地方教育行政部门为主体举办职业教育的弊端暴露出来，公办职业学校定位不清，企业举办或参与举办职业教育的积极性不高，结构性就业矛盾突出。我国开始陆续调整现行职业教育政策，鼓励和支持企业举办或参与举办职业教育，企业办学的优势再次得到肯定。企办职业学校和机构数量保持稳定，参与举办职业教育的企业数量不断增加，此阶段称为"创新阶段"。

企业举办职业教育不仅符合古今中外职业教育的办学规律，而且是办好职业教育的重要基础。[①] 2004 年，《教育部等七部门关于进一步加强职业教育工作的若干意见》提出全面建设小康社会需要职业教育培养技术技能人才，行业企业要继续办好职业学校和培训机构。党中央、国务院于2010 年发布了《国家中长期教育改革和发展规划纲要（2010—2020年）》，将鼓励行业企业举办或参与举办职业教育作为职业教育的重要发展目标之一，并通过教育振兴行动计划贯彻落实。2014 年 5 月，国务院颁布《关于加快发展现代职业教育的决定》，进一步明确提出鼓励企业举办或参与举办职业教育发挥企业重要办学主体作用。以政策文件的形式首

---

① 徐国庆：《从分等到分类：职业教育改革发展之路》，华东师范大学出版社，2018，第127 页。

次将企业举办职业教育与企业的重要办学主体身份联系起来。2019 年,《国务院关于印发国家职业教育改革实施方案的通知》对企业作为职业教育重要办学主体的身份予以书面确认。这是新中国成立以来首次以国务院的名义明确规定企业在职业教育体系中的地位,因此企业办学再次焕发生机,并继续改革创新。这些政策文件为企业举办职业教育的创新在国家层面提供了政策保障。企业在实践中的办学积极性随着企业办学政策的复苏和落实有所上升,对企业投入职业教育经费总额和企业办高职教育经费总额的稳定起到了重要的推动作用。对 2010～2015 年企业投入职业教育经费总额和企业办高职教育经费总投入的统计显示,企业投入职业教育经费总额占企业投入教育经费总额的比例保持在 40% 左右,而企业办高职教育经费总投入占企业投入高职教育经费总额的比例保持在 20% 左右。[①] 国企改革以来,我国企业进入现代化发展阶段,现代企业制度逐步确立,现代企业培训制度作为其重要组成部分受到极大关注。2005 年,《国务院关于大力发展职业教育的决定》指出,企业要建立健全现代企业培训制度。此后,党的十九大报告将完善职业教育和培训体系列入优先发展教育事业的事项中,2017 年印发的《国务院办公厅关于深化产教融合的若干意见》则强调要强化对企业职工的培训。2018 年,教育部等六部门联合颁布《职业学校校企合作促进办法》,提出企业可以通过在职业学校设置职工培训和继续教育机构举办或参与举办职业教育。在上述政策背景下,企业在开展职工培训方面主动探索,如中远海运船员管理有限公司就足额提取职工教育经费投入员工培训中,并为培训师提供补贴和课时津贴。[②] 企业职工是企业可持续发展的基石,加强企业职工培训成为企业生产经营战略的必然选择。在政策的激励下,企业在举办职业教育的办学实践中成绩斐

[①] 王志远、祁占勇:《“去企业化”与“再企业化”的博弈:企业举办职业教育政策的历史透视及其反思》,《职教论坛》2020 年第 11 期。

[②] 《中远海运船员管理有限公司 2019 质量年度报告》,中国高职高专教育网,2021 年 10 月 12 日,https://www.tech.net.cn/column_rcpy/art.aspx? id=12001&type=2,最后访问时间:2022 年 4 月 30 日。

然，在产教融合型企业的评定中得到了肯定。对 2021 年 7 月国家发展改革委和教育部联合公布的《国家产教融合型企业名单》进行统计，可见已有 63 家企业被认定为产教融合型企业，涉及航空航天、信息技术、机械装备、能源化工、交通运输等产业。值得一提的是，2022 年 4 月修订的《职业教育法》第九条明确提出，推动企业深度参与职业教育，鼓励企业举办高质量职业教育。该法自 2022 年 5 月正式施行，为企业举办职业教育提供法律依据和保障。

在新时代，传统产业的转型升级、新兴产业的快速成长以及服务业的迅猛发展都离不开人力资本的增值，职业教育必须紧跟经济社会发展形势，因此，国家政策再次指明了职业教育领域鼓励企业举办职业教育的方向。企业是职业教育的重要办学主体，而深化校企合作是发挥企业主体作用的关键举措。新时代以来我国开始全面实施校企合作，并发布了《关于加快发展现代职业教育的决定》《职业学校校企合作促进办法》等文件。校企合作是推动企业深度参与职业教育和促进现代职业教育体系建设的重要部署，也是迄今为止影响最广、形式最丰富的职业教育办学机制。在此机制下，职业学校为企业和社会培养了不计其数的高素质技术技能型人才，企业疏离职业教育的状况有所改善。需要澄清的是，当前党和国家鼓励企业举办职业教育，不是要回到企业包办一切的状态，而是要通过企业以多种形式参与举办职业教育来推动现代职业教育高质量发展。

二 企业作为职业教育重要办学主体的演变逻辑

新中国成立以来，我国企业作为职业教育重要办学主体发生了深刻的变迁，从理念变迁、环境变迁、路径变革以及管理变革等方面具体探讨企业作为职业教育重要办学主体的逻辑进路，能够清晰地描绘出企业作为职业教育重要办学主体的演进特征，为未来企业更好地作为职业教育重要办学主体在内容上、形式上提供一定的参照。

（一）理念变迁：从"外部强制"到"自发内生"

新中国成立初期，国家积极进行大规模的经济建设，此时需要大批技术技能型人才，因此对企业举办职业教育极其重视。如 1950 年，周恩来在全国高等教育会议上指出"为了便于联系实际，适应建设的需要"，企业举办职业教育是合理的。1952 年，政务院《关于整顿和发展中等技术教育的指示》中指出，企业举办职业教育的目的主要是"及时完成为国家培养大量技术干部的任务"。改革开放之初，企业举办职业教育主要是为了适应社会主义现代化建设的需要。而 20 世纪 90 年代剥离企业举办职业教育的职能，主要是为了减轻企业办社会的负担，建立适应社会主义市场经济要求的现代企业制度，以及提高企业的国际竞争力。同时，改革开放之前我国的企业举办职业教育因未赶上世界职业教育总体发展潮流而具有过渡性与保守性。我国受当时的国情与外交环境影响，对世界上职业教育发达国家的办学经验了解不多，同时，接管了旧社会的职业教育，需要对其进行改造和恢复发展。总体来看，这段时期我国企业举办职业教育具有本土性、单一借鉴性、过渡性等特征。

进入 21 世纪以来，随着我国的经济转型和产业升级，对高素质技术技能型人才的需求不断增强，不少企业根据自身发展需求，积极尝试将职业教育纳入自身的企业发展战略。[①] 也有企业根据自身能力，形成了冠名班、校中厂、厂中校、集团化办学等参与程度不同、形式多样的职业教育办学模式。同时，政府则通过积极促进行业组织发展，不断提升行业企业在职业教育发展中的影响力，并制定相关政策，积极探索建立行业企业指导、参与职业教育的督导机制。依托行业组织，将职业教育纳入行业产业发展规划，让职业教育培养内容与产业需求和技术标准对接。在此过程中，职业学校也在树立面向企业需求的办学理念，致力于满足企业对技术技能型人才的需求，寻求企业通过理事会等各类机构或通道参与人才培养方案制定、专业建设、课程设置等。从企业作为职业教育重要办学主体的理念变迁来看，其主要受到"政治嫁接型理念"与"自发内生型理念"

---

① 王世斌、潘海生、郄海霞：《企业参与职业教育办学机制国际比较研究》，北京师范大学出版社，2018，第 174 页。

的引导，二者之间有一种接替性的关系。改革开放之前更多地由"政治嫁接型理念"支配，使企业在举办职业教育方面总是具有行政指向性和政治服务性。1978 年至 21 世纪初的经济社会转型期，企业与职业教育的关系实则既有"政治嫁接型理念"的引导，也有"自发内生型理念"的参与。当然，"政治嫁接型理念"仍是主流引导理念。21 世纪以来，企业作为职业教育重要办学主体成为企业与职业教育发展的共同需要，其更多是受到"自发内生型理念"的指引。

（二）环境变迁：从"被动封闭"到"合作开放"

从新中国成立至 1978 年，复杂的政治环境、计划经济体制、向教育要效率的社会文化环境共同构成了当时企业举办职业教育的环境系统，深深影响着企业举办职业教育的发展。具体来说，在政治环境方面，我国缺乏建设社会主义的经验，同时发达资本主义国家对新生的社会主义国家持不友好态度，因此职业教育发达国家的成功经验很难被我国有效借鉴。在这种情况下，1949 年 12 月召开的新中国第一次全国教育工作会议确定，"以老解放区新教育经验为基础，吸收旧教育某些有用的经验"，"特别要借助苏联教育建设的先进经验来改造和建设新中国的教育"。[①] 我国职业教育界"以苏为师"，职业教育体制、学校管理以及专业设置都深受苏联影响，政治指令性明显。在经济环境方面，只有单一的社会主义公有制，具体体现为全民所有制和集体所有制。在这种情况下，职业教育的服务对象和办学主体只是国有单位。受经济体制的影响，当时我国企业举办职业教育所面临的经济环境体现出高度集中的计划分配性。从社会文化环境来看，向教育要效率是当时社会的主流。面对新中国成立初期国内的发展现状以及国际上发达国家工业化快速发展的"诱惑力"，对企业举办职业教育的需求更是显得十分迫切。当时，企业举办职业教育可以缓解国家办教育的压力，为我国工业化建设培养高质量的技术人才，使我国逐步缩短与工业发达国家之间的差距。因此，企业举办职业教育实际上是"众望所归"。

---

① 黄仁贤编著《中国教育史》，福建人民出版社，2003，第 501 页。

从企业逐渐成为职业教育重要办学主体的过程来看，政治、经济、社会、文化等发展环境的变化产生了深刻的影响。首先，政治环境从根本上发生了变化。就国际环境而言，改革开放后，西方发达国家逐渐与我国建立了外交关系，在教育等方面开展合作。我国可以借鉴吸收诸如德国"双元制"、日本"企业职业培训制度"等成功的企业办学经验。就国内环境而言，政府也意识到企业作为职业教育重要办学主体的必要性，逐步加大政策支持力度。其次，经济环境由"单一封闭"走向"开放合作"。改革开放后，我国逐步建立了社会主义市场经济体制，市场在资源配置中的作用越来越重要，开放合作逐步取代了单一封闭，为企业成为职业教育重要办学主体创造了条件。企业作为重要办学主体，依据市场需要举办或参与举办职业教育，成为企业与职业教育关系新的定位。当然，国家财政收入与企业利润都实现了前所未有的增长，因此国家和企业加大了对职业教育的财政支持力度。当然，社会文化环境也发生了变化，主要是社会观念的变革。职业教育由原来人们争着去的教育变为"二流"教育，人们的观念由追求"能上学"变为"上好学"。这种变化中也包含着大众对职业教育的某种期许，即人们希望中国的职业教育能像德国的"双元制"一样为学生的职业生涯发展奠定坚实基础。当然，企业参与职业教育才能办成市场需要的职业教育。从整体的发展趋势来看，我国企业作为职业教育重要办学主体的环境主要从单一、既定性的"被动封闭"逐渐转向共生、选择性的"合作开放"，企业成为职业教育重要办学主体，实质上是多种环境因素共同作用下的时代产物。

（三）路径变革：从"政府主导"到"市场引导"

从新中国成立至21世纪初，我国企业与职业教育的关系是政府主导型的。在计划经济体制下，政府通过计划直接调节社会资源的配置。受其影响，国家实行的是高度集中的教育管理体制，通过行政指令鼓励甚至要求企业举办职业教育，主要由政府部门和行业企业办学，为新中国的建设和发展培养所需的技术技能型人才。当然，此时的行业企业举办职业教育是为了满足国家工业化、穷国办"大"职业教育的需要，其发生发展是政府主导下的"校企一体化"。因此，企业举办职业教育终归是服务于国家、服务于政府组织。20 世纪 90 年代初至 21 世纪初，我国探索建立社会主义市场经济体制和科学管理的现代企业制度，对企业举办职业教育的职能进行了剥离。这也是一种政府行为，目的是实现政府经济体制改革的目标，以及使企业能够集中力量应对激烈的国际竞争。在政府的主导下，企业剥离职业教育的后果显现。不论是企业举办职业教育的机构数，还是企业办学中企业拨款占全国教育经费总投入的比例，均出现了较大幅度的下降。比如，1995～2002 年，企业举办职业学校机构数从 2850 所下降到 1040 所；1990～2002 年，在全国教育经费总投入逐年递增的情况下，企业办学中企业拨款在全国教育经费总投入中的占比却在下降，由 1990 年的 7.11% 下降到 2002 年的 3.95%。①

我国企业逐渐成为职业教育重要办学主体的过程中存在"市场引导"的变迁方式，主要是在整个演进过程中政府的职能发生了改变，企业的主体性以及相关利益主体的作用得以发挥。在 2010 年颁布的《国家中长期教育改革和发展规划纲要（2010—2020 年）》中，政府的职责就是要"把职业教育纳入经济社会发展和产业发展规划，促使职业教育规模、专业设置与经济社会发展需求相适应"，通过"建立健全职业教育质量保障体系，吸收企业参加教育质量评估……推进校企合作制度化"。政府通过营造政策环境、制定发展规划以及加强规范管理发挥着推动作用。2018年，教育部等六部门颁布的《职业学校校企合作促进办法》更是开宗明义地指出，"根据就业市场需求，合作设置专业、研发专业标准，开发课程体系、教学标准以及教材、教学辅助产品，开展专业建设"，"根据企业工作岗位需求，开展学徒制合作"。市场引导在校企关系中发挥着关键作用。就企业主体性作用的发挥来看，从 2014 年《国务院关于加快发展现代职业教育的决定》首次提出"发挥企业重要办学主体作用"，到 2017年《国务院办公厅关于深化产教融合的若干意见》强调"强化企业重要

---

① 根据历年《中国教育经费统计年鉴》整理。

主体作用",以及先期重点建设培育的产教融合型企业建议名单的公布,企业已经开始逐步发挥重要办学主体作用。当然,政府、行业企业、院校、学生等其他相关利益主体的参与也是"市场引导"发挥作用的重要体现。2014年,《现代职业教育体系建设规划(2014—2020年)》提出,要坚持市场需求导向,"进一步发挥行业、企业、学校和社会各方面的积极作用,激发职业教育办学活力"。纵观新中国成立以来我国企业逐渐成为职业教育重要办学主体过程中的方式变迁,主要存在"政府主导"与"市场引导"两种方式,均带有明显的时代特性,"政府主导"更多地体现"计划性""指令性""强制性","市场引导"则更多地体现"灵活性""调节性""适切性"。在社会主义市场经济发展的新态势下,"市场引导"更符合我国职业教育以及经济社会发展的需求。

(四)管理变革:从"传统管制"到"多元治理"

新中国成立至21世纪初,我国管理企业与职业教育的方式主要是单一的传统管制。在计划经济体制下,政府集中有限的社会资源在全社会进行分配。从当时的校企关系来看,企业举办职业教育就是政府权力运行下对办学资源的调配,即集中国家和企业的力量举办、发展职业教育。改革开放以来,随着社会主义市场经济体制的初步建立和发展,高度集中的计划经济体制逐步解体。然而,由于权力取向的长期影响,"传统管制"在很大程度上仍然影响着企业与职业教育的发展,20世纪90年代至21世纪初的企业剥离举办职业教育职能正是"传统管制"保障的结果。同时,在"传统管制"保障下,企业与职业教育的关系发展存在片面的秩序取向,政府对企业举办职业教育的管控程度是极高的。随着计划经济向市场经济的转型,为了满足社会主义市场经济体制建设的需要,政府对企业与职业教育关系的把控仍然是政府的主导性更为明显,突出表现在企业办职业教育按照政府的逻辑运行。

"多元治理"是21世纪以来保障企业作为职业教育重要办学主体的重要抓手,主要包括"利益相关者协同保障"和"多重要素保障"两点。一是利益相关者协同保障方面,政府更加注重运用法律、经济、行政等手段发挥公共行政权力的全面统筹及协调作用，成为企业作为职业教育重要办学主体的供给者和服务者。① 职业学校作为校企合作的重要一方，围绕办学观念、合作机制、人才培养及师资队伍进行联动变革，实现了职业学校与企业在理念、能力和效益上的协调发展。行业组织站在整个行业发展的全局高度，从岗位需求、技术发展、前景预测等维度，从中观和宏观层面指导、协调校企合作。同时，政府在全社会范围内营造崇尚技能的社会氛围，为企业参与校企合作奠定积极的社会文化基础。二是构建多重要素保障机制。一方面，国家开始在加大政府财政投入的同时，主张多渠道筹措办学经费。另一方面，国家制定、落实相关优惠政策，促进企业更好地发挥职业教育重要办学主体作用。如 2014 年，《国务院关于加快发展现代职业教育的决定》指出，"企业因接受实习生所实际发生的与取得收入有关的、合理的支出，按现行税收法律规定在计算应纳税所得额时扣除"，"对举办职业院校的企业……各地可通过政府购买服务等方式给予支持"。2018 年，教育部等六部门颁布的《职业学校校企合作办法》第二十条提出，"按规定落实财税用地等政策，积极支持职业教育发展和企业参与办学……为校企合作提供相关信贷和融资支持"。当然，企业获得良好社会声誉也是保障企业发挥职业教育重要办学主体作用的重要手段。如 2018 年，《职业学校校企合作办法》第十九条强调，"对深度参与校企合作，行为规范、成效显著、具有较大影响力的企业，按照国家有关规定予以表彰"，使其通过举办职业教育树立良好的社会声誉。新中国成立以来，我国企业作为职业教育重要办学主体的过程保障从"单　"走向"多元"，这本身就是一种进步。当下，在企业作为职业教育重要办学主体成为必然的情况下，"多元治理"的过程保障更加符合政府、企业、职业学校等的多重利益。

---

①　沈剑光、叶盛楠、张建君：《多元治理下校企合作激励机制构建研究》，《教育研究》2017 年第 10 期。

第二节　企业作为职业教育重要办学主体
制度变迁的动力机制分析

历史制度主义建构了解释制度变迁的结构分析范式，认为"任何制度的形成和演变轨迹都嵌入在复杂的经济、政治、社会、文化等环境和关系之中，并非孤立的存在"。[①] 根据历史制度主义建构的"制度—背景""制度—变量""制度—行为"三个层面，对企业作为职业教育重要办学主体的动力机制进行分析，能够清晰地描绘出企业参与职业教育办学的意愿。"制度—背景"关注宏观制度背景对制度变迁的必然性与决定性影响，其中制度的变或不变均以适应国家宏观制度背景为基准。"制度—变量"探究制度现象与制度结果背后的多重变量关系，着重强调政治变量在制度内容、制度形式等具体方面的能动作用，使政治变量处于制度变迁的因果链中。"制度—行为"强调制度与行动者的双向互动与双向制约关系，即各行动者内在的意识形态、目标偏好、文化理念、利益诉求等能动因素对制度具有维持、突破或重构的作用，而制度通过共同的规范、价值、观念对行动者施加影响，二者形成作用与反作用的关系。企业作为职业教育重要办学主体的制度，是党和政府依赖与利用企业资源，以企业为职业教育办学主体，进而激发企业办学积极性与主动性而生成的一项重要制度。其中，宏观制度背景、中观政治变量、微观行动者与其存在紧密的结构性联系，并引领着制度发生结构性变迁。

企业的本质目的是追逐利益，而教育是公益性的社会活动，两者互相冲突的目标是企业成为职业教育重要办学主体的主要障碍，动力机制成为打破这种屏障的重要依仗。为了深入挖掘企业作为职业教育重要办学主体的动力，本节从历史制度主义的视角，从"制度—背景""制度—变量"

---

① 秦惠民、王名扬：《我国高等教育评估制度演变的社会基础与制度逻辑——基于历史制度主义的分析》，《中国高教研究》2015 年第 10 期。

"制度—行为"三个层面进行分析，研究企业作为职业教育重要办学主体发展变迁的动力机制。

一　制度—背景：宏观制度背景激励企业作为职业教育重要办学主体制度的发展变迁

"既见森林又见树木"是历史制度主义因果分析法的重要特征，即强调复杂制度变迁背后存在的深层次与普遍性因素，实质是关注到宏观制度背景影响下制度的变迁走向。其中，经济体制、技术环境是影响企业作为职业教育重要办学主体制度变迁的关键深层结构要素。

（一）经济体制改革推动制度变迁

经济体制是一个国家国民经济建设发展的根本依据与行动导向，是用以组织协调经济机体内部各种经济要素和全部经济活动的一整套制度安排，它直接影响了政府与市场、政府与企业、企业与市场、企业与企业之间的关系，例如行业企业、各经济部门之间的关系。职业教育作为一种适应经济发展的教育类型，其职业性、实践性、经济性等基本属性就表明"企业作为职业教育重要办学主体"是教育问题与经济问题的融合体，必然受到经济体制的制约与影响。

从新中国成立至 1978 年，在经济领域，我国实行单一的计划经济体制，政府部门对各项经济事务进行统筹规划、统一布局，具有高度的决策权与管理权。在职业教育领域，为解决社会主义经济建设用人"急"、用人"专"的现实问题，政府部门以行政指令为引领，要求并督促各业务部门、企业直接举办职业教育，培养服务于国家经济建设的专才、技术技能型人才。例如，政府要求"国有资产通过教育行政部门和行政区划的行业企业来实施办学"。[①] 在政府部门的计划发展下，企校一体化办学成为常态，企业办技工学校、行业部门办中等专业学校的职业教育办学格局

---

① 周凤华：《职业教育多元办学格局的现状与发展策略》，《中国职业技术教育》2021 年第 12 期。

得以形成，企业举办职业教育的主体地位得以确立，企业作为职业教育重要办学主体制度及配套制度得以生成。可以说，企业举办职业教育"主要起步于高度集中统一的计划经济时代"，①企业作为职业教育重要办学主体制度是计划经济体制下的产物。此时，企业举办职业教育缺乏自主权，一切企业的办学活动均以服务国家经济建设、满足政府用人需求为出发点和落脚点。

改革开放后，在"以市场为导向""以经济建设为中心"思想的指导下，社会主义建设事业进入新阶段。党和政府带领全国各族人民不断探索经济社会发展规律，逐渐激发市场的资源配置作用，并探索建立社会主义市场经济体制。在社会主义市场经济体制真正建立之前，我国遵循的是"以计划经济为主，市场调节为辅"的经济发展总思路。这一思路指导着各项经济事务的开展。社会主义市场经济体制初步建立以后，企业举办职业教育的积极性与主动性不断恢复，"厂办技校"、企办职业大学、企办职工成人中专等遍地开花。企业举办职业教育开始以市场为基准。政府职能转变与办学权力下放，推动"包得过多、统得过死"的教育管理体制与办学机制改革，使企业举办职业教育的自主性增强，企业办学的积极性得到释放。除此之外，随着"市场在资源配置中起决定性作用"的提出，市场实现功能性转化，进一步推动企业作为职业教育重要办学主体制度的变迁。其一，"政、企、校分离"，企业的非生产性职能被剥离。社会主义市场经济体制刚建立时，市场在资源配置中发挥基础性作用。此时，企业办职业教育作为企业办教育的重要组成部分，以"减轻企业办社会职能"的名义被推向经济市场，企业成为以生产性职能为核心的经济实体，企业与职业教育在计划经济时代建立的"亲缘性"关系逐渐消失，企业举办职业教育的主体性被削弱，企业作为职业教育重要办学主体的制度逐渐被消解，校企之间出现"壁炉现象"。其二，21世纪以来，企业举办职业教育不仅成为一种对人才

---

① 沈纯道主编《现代企业与职业技术教育》，中国建材工业出版社，1995，第15页。

资源的投资行为，亦成为企业承担社会责任、履行社会义务的重要表现，即企业举办职业教育不仅服务于组织本身，更面向市场、面向社会、面向民众。党的十八届三中全会提出"使市场在资源配置中起决定性作用和更好发挥政府作用"的精神后，市场的资源配置功能实现了从"基础性"向"决定性"的转化，充分依靠政府宏观调控，更好释放市场活力。由此，企业作为职业教育重要办学主体制度更加强调企业举办职业教育的自主性与能动性、参与办学方式的多样化、举办职业教育途径的多元化，企业的办学主体性表现范围进一步扩大。

（二）技术环境引领制度变迁

不论是从学理上还是从实践中查探人类发展史，经济增长与社会全面进步都离不开技术的支撑。从一定程度上讲，人类社会发展史归根结底也是一部技术发展史。技术的革新改变了社会治理结构，促使制度环境发展变化，推动着制度变迁。例如，工业化和机械化、自动化和信息化、数字化与智能化等技术的产生与更迭不仅深刻改变了整个社会的经济结构与产业结构，营造出一种新的制度环境，且对懂技术、会操作的技术技能型人才供给规模、结构、质量等提出了更高的要求。企业办学是职业教育办学的一种重要形式，其人才培养具有高度的技术技能适应性与职业岗位适应性。因此，技术环境引领制度变迁和制度适应技术环境变化，成为企业作为职业教育重要办学主体制度变迁的内外部动力因子。

依据美国经济学家罗斯托（Walt Rostow）的经济成长"六阶段论"，可以说，从新中国成立至 1978 年，我国基本属于"传统社会阶段"，即经济基本依赖原料资源和农产品，缺乏对提高生产力有重要作用的技术，缺乏对技术变更和创新价值的认识，[1] 工业化初步发展，产业结构单一，第三产业缺乏。在此期间，我国引进并接受苏联的技术援助，但国内技术技能型人才缺乏，阻碍了社会主义工业化建设。因此，面对技术技能型人

---

① 　金碚：《中国经济发展新常态研究》，《中国工业经济》2015 年第 1 期。

才的缺乏，政府部门只能在最大程度上根据需求集中力量、精准投入，依赖行业、企业等组织单位举办职业教育，推动其成为办学主体，为社会主义工业化建设培养技术技能型人才。20 世纪 70 年代末 80 年代初，以美国为首的发达国家开始了以信息技术革命为特征的经济结构战略性大调整，一大批新型技术产业孕育生成，各行各业开始重视高端业态，"高科技产业成为最具倍增效应的部门"，① 高新技术逐步引领社会发展。我国同样受到这一变革的影响。在国内，经济建设成为党和政府的工作重心，技术要素不断融入产业结构、企业结构，增加了高素质技术技能型人才的实际需求。其中，企业举办职业教育成为高素质技术技能型人才的重要供给场域，企业办学制度的经济价值和社会价值得到了高度的肯定。但由于 20 世纪 90 年代的国家经济体制、管理体制大调整，职业教育已由政府和企业主办、社会力量辅办逐渐演变为政府和社会各方面联合办学。② 进入 21 世纪，尤其是新时代以来，以信息化、数字化、智能化高新技术为主体的新一轮科技革命和产业变革席卷而来，推动着整个经济结构的转型与优化升级，倒逼技术技能型人才的结构性调整，即人才知识需求更加复杂化，技能需求更加高端化，素质需求更加综合化。企业作为经济市场、产业顺利运行的基本单位与组织，以及高新技术聚集的重要场域和技术技能型人才的主要消费场所，对劳动力素质的要求提高，对高质量、具有适应性的技术技能型人才的需求更加迫切。基于此，单纯依靠政府举办的职业教育办学模式，已然无法完全适应新技术环境下行业企业对高素质技术技能型人才的要求。为此，企业需要主动发挥办学主体作用，承担起兴办职业教育的重任。技术环境的变化使企业离不开高素质技术技能型人才，从而从技术技能型人才需求层面强调了企业的办学主体地位，促使党和政府对企业作为职业教育重要办学主体制度进行创新性改革，推动着制度变迁。

---

① 王永治主编《我国经济结构的战略性调整》，中国计划出版社，1999，第 8 页。
② 刘心俐：《用"工匠精神"创新职业教育人才培养模式》，《未来与发展》2020 年第 9 期。

二　制度—变量：中观变量影响企业作为职业教育重要办学主体制度的具体安排

宏观制度背景使制度变迁成为必然，但制度的变迁仍然受到多种变量的显著性影响。其中，"变量"是指在宏观制度背景之外，但某种程度上又与宏观制度背景相联系的，对政策产生重要影响的因素，"变量"与制度变迁存在显著的因果关系。因此，历史制度主义将价值理念、权力与利益等变量应用于分析制度变迁的因果关系，探究变量如何影响并推动制度变迁。

（一）价值理念

价值理念是分析制度变迁的一个重要变量，从意识形态的角度来分析制度变迁的内在因素。历史制度主义认为，虽然价值理念无法进行量化，但其政策影响却无法被忽视。价值理念影响着制度变迁的方向、模式和结果，[①] 推动制度的变迁。历史无法直接告知人类最正确、最完整的价值理念，但最正确、最完整的价值理念往往在人类实践中逐渐浮现出来，从模糊到清晰，从感性到理性，从专制到民主。实际上，我国企业作为职业教育重要办学主体制度的生成与变迁都是政治系统、经济系统、文化系统综合作用的结果。其中，价值理念是文化系统的重要组成变量，深刻影响着制度变迁。从新中国成立至今，可将影响企业作为职业教育重要办学主体制度变迁的价值理念划分为"设计—控制—生产"的政府本位、国家主义的政治主导型价值理念，与"萌芽—调整—生长"的市场本位、多元主体的内生型价值理念。

新中国成立之初，在统一指令、高度计划的前提下，一切教育资源均由政府统筹调配。其中，企业作为最具经济实力的实体，最具举办职业教育的能力。因此，为培养国家建设和发展所需的技术专才、技术干

---

① 刘圣忠：《理念与制度变迁：历史制度主义的理念研究》，李春成主编《复旦公共行政评论与治理》，上海人民出版社，2010，第74~85页。

部，政府直接干预和主导企业的职业教育办学活动，这一时期的企业职业教育办学具有强烈的政治色彩。例如，企办职业学校的专业开发、课程设置、师资队伍建设、实习管理、招生就业等方面均由政府统一规划，均以满足国家需求为导向。改革开放后，党和国家以市场为导向，工作重心转向经济建设，主导着企业的职业教育办学。由于改革的迫切性，政府运用行政手段剥离企业的非生产性职能，以期建立现代企业制度，提高企业生产效率和参与国际竞争的实力。由此，企业作为职业教育重要办学主体的制度在政治主导下经历了曲折的变迁过程。

21世纪以来，随着市场在资源配置中的作用日渐增强，市场本位、多元主体的内生型价值理念逐步在企业作为职业教育重要办学主体的制度变迁中发挥重要作用。其一，职业教育的办学主体地位变化。企业举办职业教育不再由政府直接控制和强制要求。政府发挥宏观调控作用，企业根据内生需求与意愿办学。同时，其他职业院校亦以企业需求为价值导向，充分面向行业企业办学，尽可能保障劳动力市场上技术技能型人才供需平衡。其二，办学格局变化。企业举办职业教育的格局由封闭向开放转变，由政府主导，鼓励企业、行业组织与社会力量积极参与。其三，行业组织发挥功能。政府以行业组织为中介，通过行业组织的引导、督导与反馈，推动产业、行业、企业技术技能型人才需求标准与职业教育人才培养标准对接，实现职业教育高质量产品与服务的产出。其四，配套制度的改进与完善。学生实习制度、教师实践制度、教师聘用制度、办学激励制度、教育经费制度等各项配套制度逐步形成。需要澄清的是，虽然企业作为职业教育重要办学主体制度在内生型价值理念下实现了创新性变革，但不应忽视政府的主导理念在企业办学过程中发挥着重要作用。

（二）权力与利益

任何制度都不是孤立的社会存在，都要嵌入复杂的利益网、权力关系之中。人类社会时刻处于动态发展的进程中，基于理性人利益最大化的理性诉求，社会各主体围绕着不断变化的利益展开竞争或发生冲突，影响各主体既得利益与潜在利益。同时，作为政治制度的实质要素，权力具有非完全平等性和非完全对称性，因而不断调整着利益结构，影响着利益分配，引发利益争斗，推动制度变迁。所以，权力与利益是历史制度主义分析视角下驱动制度变迁的重要政治变量。

在计划经济时代，我国政府作为国家资源的支配者，自上而下推动着制度变迁。基于此，计划经济时代中的企业举办职业教育行为，表面上得到了政府层面的制度保障，实则是政府对企业办学权力的收敛。因此，企业举办职业教育虽然取得了重要的成绩，但企业缺乏办学自主权。21 世纪以来，我国社会治理结构发生了翻天覆地的变化，政府治理更加民主化。在此背景下，组织和企业家成为制度变迁的主角，形塑了制度变迁的方向。[①] 因此，作为职业教育办学主体的企业逐步走向更加自由与自主的办学道路，追求政治利益、经济利益与组织利益，且经济利益与组织利益逐渐成为企业的核心利益成分。在关注到企业权力与利益的情况下，企业有权根据组织发展情况选择举办或不举办职业教育，选择以何种方式与何种要素参与职业教育办学，选择以何种模式办学等。基于此，企业作为职业教育重要办学主体制度在权力分配与利益驱动下发生渐进式变迁。

三　制度—行为：微观行动者推动企业作为职业教育重要办学主体制度的落地

制度不仅仅受到外生性因素影响，实际上，行动者才是解释和执行制度的建构性力量。制度与行动者之间是一种"互构"关系，即制度框定行动者的行动范围与方向，影响行动者的目标偏好与利益追求，但行动者的自我维持与自我保护特性将对制度进行调整与选择，从而形塑制度的变迁轨迹。任何教育制度的形成都是不同利益群体之间相互作用的产物。因此，在分析我国企业作为职业教育重要办学主体制度的变迁时，需要明确其中的行动者，才能厘清行动者与制度间的复杂关系。从企业作为职业教

[①]　韦森：《再评诺斯的制度变迁理论》，《经济学》（季刊）2009 年第 2 期。

育重要办学主体制度的特殊性与复杂性来看，可认为政府是制度变迁的主导者，企业是制度变迁的实践者，职业学校是制度变迁的协同者。

（一）政府是制度变迁的主导者

"主导"即引导事物向某方面发展，"主导者"具有高度的权威性，对事物具有统领作用。对事物在企业作为职业教育重要办学主体制度的变迁过程中，政府的主导性体现为政府扮演着职业教育办学领导者、经营者和管理者的角色，形塑出一种国家监管模式下的企业举办职业教育样态，即政府宏观设计与布局、引领与推动、监督与评价企业举办职业教育各环节。其一，制度的生成期。计划管理与政治利益至上的价值取向促使政府在企业举办职业教育办学体系中形成控制管理模式，即政府统筹规划办学，集中有限的资源产生最大的效益，全方位主导企业举办职业教育。其二，制度的调适期。随着社会主义市场经济体制的初步建立与职业教育国际化趋势，政府主动引导企业恢复举办职业教育的职能，以满足国家推行改革开放事业的技术技能型人才需求。20世纪90年代初，为了进一步释放市场活力，政府主导国有企业改革，建立现代企业制度，实行政企分开、校企分离，为企业减轻办社会的压力，以充分发挥企业的生产性功能。这一时期，企业逐利的物质资本追求高于人力资本积累，企业的非生产性职能进一步被剥离，企业的办学主体角色被隐匿。其三，制度的创新期。进入21世纪后，由于新一轮科技革命和产业变革的深入发展，国家面临技术技能型人才供给结构性失衡的问题，政府开始重新审视"校企分离"的负效应，召开会议、出台政策文件与法规条例，直面"校企分离"问题，规定要明确企业的职业教育办学主体地位，支持企业办职业教育，强调企业不能剥离所办的职业学校等，来重新激发企业举办职业教育的能动性与积极性，保障企业的非生产性职能。此后，政府围绕"提质增效、提质培优、增值赋能"的职业教育办学观，引导企业举办职业教育，发挥企业举办职业教育的主体作用，保障企业举办职业教育的主体地位。例如，根据相关规定，企业可以独资举办、合资举办或合作举办职业教育，以资本与管理、技术与知识、基础设施与设备等要素参与举办职业教育。基于此，职业教育基本形成了政府主导，企业、行业组织与社会力量积极参与的多元办学格局。

（二）企业是制度变迁的实践者

企业与职业教育的天然亲缘属性决定了企业必然成为职业教育的办学主体，是企业作为职业教育重要办学主体制度变迁最直接的实践者。在"权力和权力游戏中的非对称性关系"中，制度赋权企业举办职业教育，而企业自主权的变化亦对制度做出行为选择。其一，企业作为职业教育重要办学主体制度制约着企业的行为过程。制度赋权行动者实质上是一种对行动者的行为约束，即制度框定行动者的行为范围，影响着行动者的目标偏好与利益追求，要求行动者履行制度规定内的义务与责任，以达到制度的预期目标。其二，企业对企业作为职业教育重要办学主体制度的框定要求具有自主选择权。随着政府管理向政府治理转变，企业作为职业教育重要办学主体的自主权与自由度在市场导向价值取向下逐步扩大，企业举办职业教育更加遵循市场需求与组织需求，对制度规定与倡导的职业教育办学行为拥有自主选择权。除此之外，在 20 世纪 90 年代至 21 世纪初长达十余年的"校企分离"后，已剥离职业学校的企业再次举办或深度参与职业教育办学的意愿不强，校企合作意识淡薄。同时，面向社会、面向民众的职业教育办学定位，使企业的人才流失率高、人力资本增加，成本高、收益低的办学成果必然与企业利益最大化的属性产生冲突。因此，即使在制度具有一定吸引力的情况下，企业举办职业教育的社会性行为依然具有较大的选择空间。基于此，为了充分激发企业办学的积极性与主动性，党和政府不仅确定了企业在职业教育办学中的政策主体地位，更确定了其法律主体地位。企业成为制度创新发展进程中的关键实践者，企业举办职业教育的质量和水平均与企业主体作用的发挥程度呈正相关。

（三）职业学校是制度变迁的协同者

一般意义上讲，企业作为职业教育重要办学主体，一方面可直接投资建设职业学校，培养出与产业、企业、岗位高度匹配的合格的技术技能型人才；另一方面可通过资金投入、技术输入、管理介入等参与职业学校办学，形成校企合作的育人模式。其中，职业学校发展的繁荣与否在很大程度上取决于企业办学主体作用和制度功能发挥的程度。新中国成立之初，职业学校（含技工学校）成为培养技术"专才"、满足政治需求的企业附属机构，政府相关部门、企业整体规划职业学校的内外部发展。职业学校享受着政府和企业带来的优质资源与机遇，乘着发展的东风，呈现规模效应和集聚效应。改革开放以来，党和政府出台政策，完善制度设计，积极调整企业办学。此前一度停办的中等专业学校、技工学校等职业学校逐步恢复，职业教育呈现发展新态势。例如，中等职业教育进行结构性改革，高等职业教育萌发并快速发展等。在积极恢复企业的办学主体地位和鼓励支持企业举办职业教育后，企业和企业主管部门为主办学占比 80%以上，企业举办职业教育呈现一派繁荣景象。但随着现代企业制度的建立、国有企业的改革等，企业被动或主动剥离职业学校，企业减少甚至不对职业学校进行人力、物力、财力以及技术管理等要素的投入，使职业学校发展处于不利地位。同时，由于企业的营利性与职业教育的公益性存在矛盾冲突，在企业与职业教育重构紧密关系的过程中，产生"校热企冷"的现象，企业的办学主体作用得不到凸显，职业教育的校企深度合作遇困。为了使职业教育实现产教融合发展，党和政府推动新一轮的制度设计与安排，明确企业举办职业教育方式的多样化和企业办学主体性表现的多元化，激发企业举办职业教育的积极性与主动性，开辟产教融合、校企合作的新路，构建校企命运共同体。职业学校在制度的指引下，又迎来新的发展机遇。可以说，职业学校是企业作为职业教育重要办学主体办学模式下最直接的受益者，享受着各方带来的优质办学资源；同时，职业学校与企业的关系随制度的变迁而变化，职业学校成为制度变迁过程中的协同者。

第三章　企业作为职业教育重要办学主体的特色优势和影响因素

在新一轮科技革命和产业变革深入发展的背景下，经济结构、产业结构、企业结构、人力资本结构的转型与优化升级对职业教育高质量办学提出了新的规定与要求。据统计，截至 2022 年 9 月 9 日，国有企业举办职业学校 435 所，民办企业举办职业学校 2200 多所；组建了 1500 多个职业教育集团，3 万多家企业参与，职业学校和企业共建实习实训基地 2.49 万个；[1] 截至 2023 年 7 月，累计培育 5247 家地方产教融合型企业，[2] 试点建设 21 个产教融合型城市。基于此，对企业办学效益和影响因素进行深入分析，有助于人们对企业作为职业教育重要办学主体形成清晰的认识。

第一节　国有企业作为职业教育重要办学主体的办学效益分析

梳理新中国成立至今的职业教育史，可以发现，职业教育的兴起与发

---

[1] 《教育部：全国已有中职学校 9786 所　高职学校 1518 所》，北京商报百家号，2022 年 9 月 9 日，https://baijiahao.baidu.com/s? id = 1743467554206871911&wfr = spider&for = pc，最后访问时间：2022 年 9 月 9 日。

[2] 马君、郭小丽：《产教融合型企业深度参与职业教育办学何以可能——基于多重制度逻辑理论的分析》，《中国职业技术教育》2024 年第 27 期。

展离不开国有企业的大力支持，其中国有企业举办高等职业教育成为企业办学的重要形式与核心力量，具有代表性。因此，本节以国有企业举办的高等职业学校为研究对象，由于资料收集渠道的局限性与有限性，仅分析76所国有企业所办高等职业学校，希冀以局部反映整体，剖析企业举办职业教育的办学优势。

一 国有企业举办高等职业教育的基本情况

据公布的统计数据，截至2019年，我国共有76所由国有企业举办的高职院校（见表3-1）。

表3-1 现存国有企业办高职院校名单

序号	学校名称	举办企业	所在地	办学性质
1	北京信息职业技术学院	北京电子控股有限责任公司	北京市	公办
2	天津工程职业技术学院	中国石油集团大港油田公司	天津市	公办
3	天津渤海职业技术学院	天津渤海化工集团有限责任公司	天津市	公办
4	天津现代职业技术学院	天津渤海轻工投资集团有限公司	天津市	公办
5	天津电子信息职业技术学院	天津中环电子信息集团有限公司	天津市	公办
6	天津机电职业技术学院	天津市机电工业控股集团公司	天津市	公办
7	天津轻工职业技术学院	天津渤海轻工投资集团有限公司	天津市	公办
8	天津石油职业技术学院	中国石油华北油田公司	天津市	公办
9	天津工业职业学院	天津冶金集团有限公司	天津市	公办
10	天津交通职业学院	天津市交通(集团)有限公司	天津市	公办
11	天津城市建设管理职业技术学院	天津能源投资集团有限公司	天津市	公办
12	天津生物工程职业技术学院	天津市医药集团有限公司	天津市	公办
13	河北能源职业技术学院	开滦(集团)公司	河北省	公办
14	唐山科技职业技术学院	河钢集团唐山钢铁集团有限责任公司	河北省	公办
15	石家庄邮电职业技术学院	中国邮政集团公司	河北省	公办
16	保定电力职业技术学院	国网冀北电力有限公司	河北省	公办

续表

序号	学校名称	举办企业	所在地	办学性质
17	大同煤炭职业技术学院	大同煤矿集团有限责任公司	山西省	公办
18	潞安职业技术学院	潞安集团	山西省	公办
19	包头钢铁职业技术学院	包钢(集团)公司	内蒙古自治区	公办
20	辽宁冶金职业技术学院	本溪钢铁(集团)有限责任公司	辽宁省	公办
21	大庆医学高等专科学校	大庆油田有限责任公司	黑龙江省	公办
22	黑龙江林业职业技术学院	中国龙江森林工业集团有限公司	黑龙江省	公办
23	哈尔滨铁道职业技术学院	中国中铁股份有限公司	黑龙江省	公办
24	大庆职业学院	大庆油田有限责任公司	黑龙江省	公办
25	哈尔滨电力职业技术学院	国网黑龙江省电力有限公司	黑龙江省	公办
26	黑龙江生态工程职业学院	中国龙江森林工业集团总公司	黑龙江省	公办
27	上海海事职业技术学院	中国远洋海运集团有限公司	上海市	公办
28	南京机电职业技术学院	南京机电产业集团有限公司	江苏省	公办
29	浙江机电职业技术学院	浙江省机电集团有限公司	浙江省	公办
30	浙江工业职业技术学院	杭州钢铁集团有限公司	浙江省	公办
31	浙江商业职业技术学院	浙江省交通投资集团有限公司	浙江省	公办
32	浙江经济职业技术学院	浙江省机电集团(省职教集团)	浙江省	公办
33	浙江工商职业技术学院	浙江省商业集团有限公司	浙江省	公办
34	浙江工贸职业技术学院	杭州钢铁集团有限公司	浙江省	公办
35	浙江邮电职业技术学院	浙江省电信实业集团有限公司	浙江省	公办
36	淮南职业技术学院	淮南矿业集团	安徽省	公办
37	安徽邮电职业技术学院	安徽电信实业集团公司	安徽省	公办
38	合肥通用职业技术学院	中国机械工业(集团)合肥通用机械研究院	安徽省	公办
39	安徽电气工程职业技术学院	国网安徽省电力有限公司	安徽省	公办
40	安徽冶金科技职业学院	马钢集团	安徽省	公办
41	安徽汽车职业技术学院	安徽江淮汽车集团股份有限公司	安徽省	公办
42	江西航空职业技术学院	江西洪都航空工业集团	江西省	公办

序号	学校名称	举办企业	所在地	办学性质
43	江西电力职业技术学院	国网江西省电力有限公司	江西省	公办
44	山东商业职业技术学院	山东省商业集团有限公司	山东省	公办
45	山东电力高等专科学校	国家电网有限公司	山东省	公办
46	青岛港湾职业技术学院	青岛港(集团)有限公司	山东省	公办
47	青岛酒店管理职业技术学院	山东省商业集团有限公司	山东省	公办
48	山东工业职业学院	山东钢铁集团有限公司	山东省	公办
49	山东铝业职业学院	山东铝业有限公司	山东省	公办
50	青岛远洋船员职业学院	中国远洋运输(集团)总公司	山东省	公办
51	平顶山工业职业技术学院	中国平煤神马集团	河南省	公办
52	永城职业学院	河南能源化工集团	河南省	公办
53	郑州电力高等专科学校	国网河南省电力公司	河南省	公办
54	武汉电力职业技术学院	国网湖北省电力有限公司	湖北省	公办
55	三峡电力职业学院	中国葛洲坝集团有限公司	湖北省	公办
56	武汉航海职业技术学院	中国外运长航集团有限公司	湖北省	公办
57	武汉工程职业技术学院	中国宝武钢铁集团有限公司	湖北省	公办
58	长沙电力职业技术学院	国网湖南省电力有限公司	湖南省	公办
59	保险职业学院	中国人寿保险(集团)公司	湖南省	公办
60	湖南电气职业技术学院	湘电集团有限公司	湖南省	公办
61	湖南邮电职业技术学院	湖南省电信实业集团有限公司	湖南省	公办
62	湖南城建职业技术学院	湖南建工集团有限公司	湖南省	公办
63	广东邮电职业技术学院	广东省电信实业集团有限公司	广东省	公办
64	重庆电力高等专科学校	国网重庆市电力公司	重庆市	公办
65	重庆航天职业技术学院	中国航天科技集团有限公司第七研究院	重庆市	公办
66	四川电力职业技术学院	国网四川省电力公司	四川省	公办
67	四川邮电职业技术学院	四川电信实业集团有限责任公司	四川省	公办
68	四川机电职业技术学院	攀钢集团有限公司	四川省	公办
69	贵州电力职业技术学院	中国南方电网有限责任公司	贵州省	公办
70	贵州航空职业技术学院	中国航空工业集团有限公司	贵州省	公办
71	昆明工业职业技术学院	昆明钢铁集团有限责任公司	云南省	公办

序号	学校名称	举办企业	所在地	办学性质
72	云南锡业职业技术学院	云南锡业集团（控股）有限责任公司	云南省	公办
73	西安电力高等专科学校	国网陕西省电力有限公司	陕西省	公办
74	陕西邮电职业技术学院	陕西电信实业有限公司	陕西省	公办
75	甘肃钢铁职业技术学院	酒泉钢铁（集团）有限责任公司	甘肃省	公办
76	新疆工业职业技术学院	宝钢集团新疆八一钢铁有限公司	新疆维吾尔自治区	公办

资料来源：《盘点：76 所企业举办的公办高职院校，19 所进入"双高"推荐名单！》，中国高职发展智库，2019 年 8 月 9 日，http：//www.zggzzk.com/redianzixun/shownews.php？id = 405，最后访问时间：2023 年 5 月 18 日。

（一）办学规模：小于同级同类高职学校

根据教育部官方网站公布的《2021 年全国高等学校名单》进行统计，发现截至 2021 年 9 月 30 日，我国高职（专科）学校数为 1486 所，其中公办高职（专科）学校数为 1133 所，民办高职（专科）学校数为 350 所，中外合作办高职（专科）学校数为 3 所。在发展规模上，国有企业举办的高职学校与其他高职学校之间存在明显差异，总体规模小于同级同类高职学校，这主要是由制度调适时期国有企业大面积剥离所办职业教育学校造成的。就国有企业办高职学校中不同类别的学校数情况而言，76 所国有企业办高职学校中综合、师范、民族学校数为 2 所，占国有企业办高职学校总数的 2.63%；工科、农林学校数为 67 所，占国有企业办高职学校总数的 88.16%；医学学校数为 1 所，占国有企业办高职学校总数的 1.32%；语文、财经、政法学校数为 6 所，占国有企业办高职学校总数的 7.89%（见图 3-1）。反映出工科、农林学校总数高于其他各类学校数之和。这种学校分布格局源于职业教育起步与发展时期大规模培养重工业和国防工业人才的教育倾向，因此，在学科专业类别方面，工科、农林学校至今仍是国有企业办高职学校的主要类型。

（二）区域分布：差异显著

按照目前公认的区域划分标准，我国内地一般可分为东部地区、中部

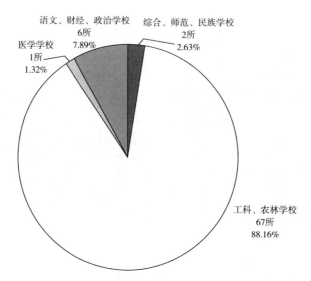

图 3-1　不同类别国有企业办高职学校分布情况

资料来源：笔者根据统计资料制作。

地区、西部地区和东北地区四大板块。其中，东部地区包括 10 个省（市），分别是河北省、山东省、江苏省、浙江省、福建省、广东省、海南省、北京市、天津市、上海市；中部地区包括 6 个省，分别是江西省、河南省、湖北省、安徽省、山西省、湖南省；西部地区包括 12 个省（区、市），分别是四川省、陕西省、云南省、贵州省、甘肃省、青海省、广西壮族自治区、宁夏回族自治区、西藏自治区、新疆维吾尔自治区、内蒙古自治区、重庆市；东北地区包括 3 个省，分别是黑龙江省、吉林省、辽宁省。根据国有企业办高职学校名单进行统计分析，在四大区域的学校总数方面，东部地区国有企业办高职学校数为 33 所，中部地区国有企业办高职学校数为 22 所，西部地区国有企业办高职学校数为 14 所，东北地区国有企业办高职学校数为 7 所（见图 3-2）。可见，四大区域之间存在显著差异，东部地区的学校数量约等于中部地区和西部地区学校数量的总和。在四大区域内各省（区、市）的学校平均数方面，东部地区的学校平均数为 3.30 所，中部地区的学校平均数为 3.67 所，西部地区的学校平均数为 1.17 所，东北地区的学校平均数为 2.33 所（见表 3-2），反映出东部地区和中部地区的学校平均数高于西部地区和东北地区，同时东北地区的学校平均数高于西部地区。在各省（区、市）的学校平均数方面，31 个省（区、市）的学校平均数为 2.45 所，据此可得，东部地区和中部地区的学校平均数高于全国，西部地区和东北地区的学校平均数低于全国。在各省（区、市）学校数方面，天津市位于各省（区、市）之首，有 11 所，接着是浙江省和山东省，各有 7 所，黑龙江省和安徽省各有 6 所。然而不是所有的省（区、市）都有国有企业办高职学校，在 31 个省（区、市）当中，有 7 个省（区）没有国有企业办高职学校。运用 SPSS21.0 软件对各省（区、市）的学校总数进行分析，如表 3-3 所示，方差、标准差较大，显示出各省（区、市）学校总数的离散程度大，各省（区、市）之间学校数的差距显著。

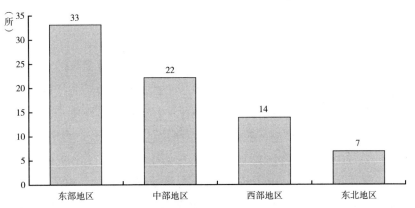

图 3-2　四大区域国有企业办高职学校数

资料来源：笔者根据统计资料制作。

表 3-2　四大区域及区域内各省（区、市）国有企业办高职学校数情况

地区	学校总数（所）	省（区、市）数量（个）	区域内省（区、市）学校平均数（所）
东部地区	33	10	3.30
中部地区	22	6	3.67
西部地区	14	12	1.17
东北地区	7	3	2.33

资料来源：笔者根据统计资料制作。

表 3-3 国有企业办高职学校地区分布离散情况

	有效性	学校数（所）	省份（个）
N	有效	76	31
	缺失	0	0
均值的标准误		0.47709	
标准差		2.65630	
方差		7.056	
偏度		1.158	
偏度的标准误		0.421	
峰度		2.282	
峰度的标准误		0.821	
全距		11.00	
极小值		0.00	
极大值		11.00	

资料来源：笔者自制。

（三）专业设置：第二产业为重点

根据教育部官方网站公布的普通高等学校高等职业教育（专科）专业目录及专业简介，目前我国高等职业教育（专科）共有 19 个专业大类，分别是农林牧渔大类、资源环境与安全大类、能源动力与材料大类、土木建筑大类、水利大类、装备制造大类、生物与化工大类、轻工纺织大类、食品药品与粮食大类、交通运输大类、电子与信息大类、医药卫生大类、财经商贸大类、旅游大类、文化艺术大类、新闻传播大类、教育与体育大类、公安与司法大类、公共管理与服务大类。而对教育部官方网站公布的 2019 年高等职业教育专业设置备案和审批结果进行统计分析，发现 76 所国有企业办高职院校开设了其中的 18 个专业大类，没有开设的专业大类有 1 个，是公安与司法大类。按照专业大类在国有企业办高职院校中开设的广泛程度进行统计和排序，76 所国有企业办高职院校中有 64 所院校开设了财经商贸大类，财经商贸大类是开设最多的专业大类。50%以上的国有企业办高职院校开设了财经商贸大类、电子与信息大类、装备制造大类、土木建筑大类、能源动力与材料大类（见表 3-4）。对照国家统计局 2018 年修正的《三次产业划分规定》，可以发现，国有企业办高职院校的专业设置趋向集中于第二产业，与其以工科、农林学校为主的学校类别相符。

表 3-4　国有企业办高职院校开设最多的前十位专业大类

序号	专业大类名称	开设学校数（所）	广泛度（%）
1	财经商贸大类	64	84.21
2	电子与信息大类	61	80.26
3	装备制造大类	59	77.63
4	土木建筑大类	42	55.26
5	能源动力与材料大类	39	51.32
6	交通运输大类	37	48.68
7	文化艺术大类	32	42.11
8	资源环境与安全大类	31	40.79
9	旅游大类	30	39.47
10	教育与体育大类	21	27.63

资料来源：笔者根据全国职业院校设置管理与公共信息服务平台数据制作，见 http://zyyxzy.moe.edu.cn。

（四）办学机制：企业化

国有企业所办高职院校处于国有企业组织体系（见图 3-3）内部，企业与学校之间是一种管理与被管理的关系，其办学机制深受现代企业制

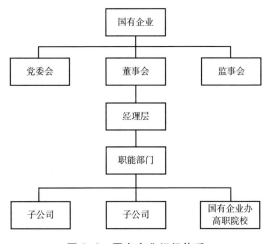

图 3-3　国有企业组织体系

度标准化管理的影响。因此，国有企业所办高职院校在符合教育规律的同时借鉴现代企业管理经验，形成了具有企业化特色的办学机制，提高了办学效率和办学效果。具体而言，有以下几点。

一是在机构编制和岗位设置方面，国有企业办高职教育实行的是人事定岗定员定编制度。在该制度下，国有企业围绕学校发展战略，结合现有的岗位状况，运用工作分析的手段，主要按照以下步骤定岗定编。首先，确定学校的组织架构，也就是学校所属机构的数量和名称。其次，根据组织架构确定学校正常运转所需要的岗位及岗位职责。最后，基于岗位需求配备数量适当、素质匹配的人员。国有企业办高职教育实行定岗定员定编制度的益处在于平衡岗位、人员和企业编制三者之间的关系，确保学校的发展规模和发展效益相匹配，形成精干高效的组织管理特点。

二是在办学成本核算方面，国有企业办高职教育采用的是企业会计制度。政府办高职教育一般采用高校会计制度核算每年度的办学成本，每年度的收入结余可以结转下年度继续使用。而作为国有企业的二级机构，国有企业办高职教育采用企业会计制度核算每年度的办学成本。根据 2000 年 12 月财政部颁布的《企业会计制度》的相关规定，国有企业办高职教育的办学成本按照完全成本进行核算，也就是说，学校在办学过程中产生的包括水费、电费、气费、物业管理费在内的所有费用，均算作其办学成本，同时每年度的收入结余同企业其他二级机构一样，必须上交给上级举办企业。

三是在考核机制方面，国有企业办高职教育实行的是绩效考核制度。在该制度下，国有企业出台了所属高职教育绩效考核管理专门办法，参考指标取决于教育主管部门的政策规定、国有企业的整体规划以及学校的工作目标，聚焦于成本控制、营运效率以及毕业生就业率等与学校经营业绩相关的内容，绩效考核是否合格决定了中高层管理人员和基层员工的职务晋升与否和工资水平。以绩效考核为抓手，增强管理层和基层员工的责任意识和效益意识，层层落实办学责任，激发学校的办学活力。

二　国有企业举办高等职业教育的办学优势

职业教育是一种类型教育，由企业举办职业教育更能凸显职业教育的类型特色。办学至今，国有企业办高职教育依托举办企业在同级同类高职教育中形成了突出的办学优势。

（一）资源优势

企业办学扎根于生产实践一线，学校在服务于行业企业发展的同时面向社会办学，形成了包括"双师型"教师资源、实习实训资源、企业文化资源等在内的优质教育资源。

一是"双师型"教师资源。师资是高职教育办学质量提升的决定性因素之一。打造一支既具有扎实的专业理论知识，又具有较强的实践操作能力的"专兼结合"的"双师型"教师队伍是办学成功的关键。其中，高级工程技术人员和技术专家等高端人才是兼职教师的重要来源。国有企业由于其市场占有率高、经济体量大、可持续发展能力强等行业优势以及品牌效应，吸引了不少行业高端人才。举办高职教育的国有企业可将这些专业技术人员纳入学校兼职教师库，推动人才在企业与职业院校之间形成双向流动循环，尤其能将行业企业前沿信息和技术引入教学过程中。此外，国有企业所办高职学校的专任教师能够在国有企业的统一调度下通过内部渠道定期到企业锻炼，参与企业的生产实践、科研攻关以及员工培训，实现实践经验的同步更新和实践教学能力的显著提升。企业技术能手和高职教育骨干教师构成了高水平的专兼职教师队伍，国有企业举办的高等职业学校中生师比指标较为合理，能够以优质教师资源保障教学质量，优化人才培养效果。本节在相关省（区、市）各选取一所国有企业所办职业院校作为样本，根据 2022 年各校高等职业教育质量年度报告关于"双师型"师资的数据可知：整体上，国有企业所办高职院校"双师型"教师比已经超过 50%，个别省（区、市）"双师型"教师比高达 90% 以上（见图 3-4），"双师型"教师队伍建设成效显著。

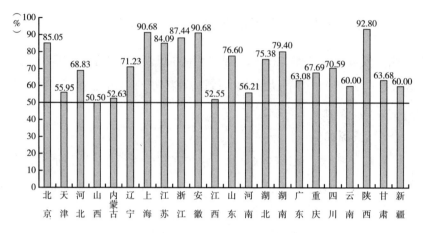

图 3-4 相关省（区、市）国有企业所办高职院校"双师型"教师比

资料来源：根据各校 2022 年《高等职业教育年度质量报告》制作。

二是实习实训资源。2020 年 9 月，教育部等九部门联合印发的《职业教育提质培优行动计划（2020—2023 年）》规定："加强实践性教学，实践性教学学时原则上占总学时数 50%以上，积极推行认知实习、跟岗实习、顶岗实习等多种实习方式。"[①] 企业出于生产经营和行业竞争的需要，所属各二级单位往往拥有代表着行业先进技术的生产场所和不断更新换代的生产设备。基于此，企业所办职业院校可以充分利用生产场所与生产设备推动实习实训活动的开展。例如，武汉航海职业技术学院充分发挥央企背景的独特优势，使企业成为职业教育的实习基地与就业基地。除此之外，在举办企业的牵头下，院校与其他行业内企业共建了一批生产性实习实训基地，以优质实习实训资源为育人实践夯实物质基础，切实改善了学校的实习实训硬件条件。以北京信息职业技术学院为例，学院建立校内实训基地、校外实训基地、创新工作室三位一体的工程师学院实践教学场地。2021 年后学校建有校内实训

---

① 《教育部等九部门关于印发〈职业教育提质培优行动计划（2020—2023 年）〉的通知》，中华人民共和国教育部官网，2020 年 9 月 29 日，http：//www.moe.gov.cn/srcsite/A07/zcs_zhgg/202009/t20200929_492299.html，最后访问时间：2022 年 6 月 23 日。

基地 26 个，面向 39 个专业的全部学生，生均实践工位数 1.55 个，主要培养专业基本职业技能；创新工作室隶属各专业校内实训基地，是培养技术技能拔尖人才、社会服务、技术积累的重要载体；校外实训基地 434 个，年接待学生 1277 人次，接收半年顶岗实习学生 778 人，其中校企共建共享生产性实训基地 17 个，为学生顶岗实习提供企业实际工作环境支撑，为高质量就业打下坚实的基础。[①] 由此可见，国有企业举办高职教育能够在充分利用企业自身实习实训资源外，联合行业内相关企业共同建立人才培养基地，发挥集群效应，保障高质量的实习实训资源生成。

三是企业文化资源。企业文化是职业学校教学内容的重要组成部分，优质企业文化与高职文化的良性互动有助于加速构建新时代具有类型教育特色的高职文化体系，其中企业文化认同是关键目标之一。国有企业改革历程已有 70 余载，企业经营理念、企业精神、企业意识形态等的企业文化要素不断优化且趋于成熟。其中，国有企业所办高职院校是企业的重要组成部分，院校办学宗旨、校风、校训、学风等深受企业文化的熏陶与影响，国有企业在办学过程中不仅丰富了学校的文化内涵，亦影响了学生对企业的认知与认同。例如，大庆油田有限责任公司的企业文化以"大庆精神""铁人精神"著称，其文化内涵是爱国、创业、求实、奉献，因此大庆职业学院在办学过程中秉承企业的文化内涵，形塑出"大庆精神办学，铁人文化育人"的办学理念。再如安徽汽车职业技术学院、浙江经济职业技术学院等深入推进学生对企业文化学习活动，坚定学生的理想信念，提升学生的企业认同感。

（二）服务优势

从历史上看，国有企业曾举办技工学校、职工中专、职工大学等不同类别的职业学校，在经过一系列的变革之后，部分学校合并升格，成为现

---

① 北京信息职业技术学院：《2022 年高等职业教育质量年度报告》，现代高等职业技术教育网，2021 年 11 月 25 日，https：//www. tech. net. cn/column_ rcpy/art. aspx? id=15074&type=2，最后访问时间：2022 年 6 月 22 日。

在的国有企业所办高职院校，其继承了原有学校的各种职业教育资源，发展至今承担起了多元化的职业教育服务功能。具体来说，国有企业所办高职院校通常承担了三种服务职能，即学历教育服务、职业技能培训服务以及职业技能鉴定服务，逐步形成了教育、培训和鉴定三位一体的高水平技术技能型人才培养和企业职工终身教育培训服务模式，有力地提高了办学效益与社会影响力。

一是学历教育服务。开展学历教育是国有企业办高职教育与政府办高职教育以及民办高职教育均具备的基本功能，相关高职院校在省级教育主管部门的业务指导下开展学生学历教育和成人学历教育，分别满足学生和企业员工的学历提升需求。据74份已公布的国有企业所办高职院校2022年《高等职业教育质量年度报告》（不包括天津工程职业技术学院、贵州电力职业技术学院）关于全日制在校生人数统计数据可知，全日制在校生人数在10000人以上的院校有23所，全日制在校生人数在5000～10000人的院校有26所，全日制在校生人数在5000人以下的院校有25所。其中，全日制在校生人数最多达20000人（见图3-5）。与此同时，与其他类别的高职教育相比，国有企业办高职教育的校企一体化特色更加明显，学校与企业形成了紧密、稳定的合作关系。在开展学历教育的过程中，国有企业办高职院校基于行业需求，与行业企业共同参与职业岗位调研、专业调整、人才培养方案制定、教学资源建设、实践教学、顶岗实习、教师培训、学生评价、就业推荐等环节，最终实现专业对接产业、教学对接生产、课程对接职业标准，向行业企业输送紧缺急需人才。

二是职业技能培训服务。党的十九大报告明确提出，要通过大规模的职业技能培训培养大批知识型、技能型、创新型劳动者。同时，我国现行《职业教育法》对职业教育做出了明确界定。职业教育是指为了培养高素质技术技能人才，使受教育者具备从事某种职业或者实现职业发展所需要的职业道德、科学文化与专业知识、技术技能等职业综合素质

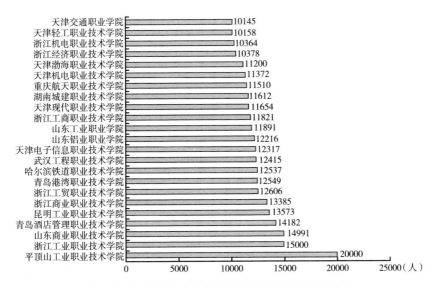

图 3-5　23 所国有企业所办高职院校全日制在校生数

资料来源：根据各校 2022 年《高等职业教育质量年度报告》制作。

和行动能力而实施的教育，包括职业学校教育和职业培训。[①] 学历职业教育与职业技能培训均是现代职业教育体系不可缺少的组成部分，是职业学校必须承担的责任与义务。基于此，国有企业所办高职院校在发挥职业学历教育基本功能的同时，充分拓展职业技能培训功能，开展多层次和多种形式的技术技能培训，培训效益显著，社会影响力增强。从已公布的 2021 年高等职业教育质量年度报告来看，2020 年哈尔滨电力职业技术学院完成国网黑龙江省电力有限公司培训项目 44284 人天；[②] 除此之外，2020~2021 学年，学院还开展对其他相关企业共计 43710 人次的技术技能培训，提高了培训成效，大大提高了社会影响力（见表 3-5）。同样，2021 年，天津轻工职业技术学院开展公益性培训服务 120298 人天，公益性培训课时共计 3 万余学时；河北能源职业技术学院为企业

---

① 《中华人民共和国职业教育法》，中华人民共和国教育部官网，2022 年 5 月 1 日，http：//www.moe.gov.cn/jyb_sjzl/sjzl_zcfg/zcfg_jyfl/202204/t20220421_620064.html，最后访问时间：2022 年 10 月 12 日。

② "人天"指的是一个人在一天内完成一项任务所需的时间和工作量。

开展 75 期共计 2962 人次的员工技能培训；浙江工业职业技术学院全年社会培训总量 211571 人天或 5.4 万余人次；青岛港湾职业技术学院充分利用职业技能培训鉴定基地优势，先后累计为山东港口集团、中国外轮理货总公司、新加坡海员工会等国内外港航及区域企业培训员工超 10 万人次，培养社会船员超 6 万人次等。国有企业所办高职院校的技术技能培训不仅有效地提高了技术技能人员岗位适应能力和员工整体技能水平，同时亦提高了学院的社会知名度与美誉度，提升了企业的社会认同感。

表 3-5　哈尔滨电力职业技术学院 2020~2021 学年开展培训情况

序号	培训单位	培训内容	参加人数（人次）	培训人天
1	省电力公司发展部	省公司安全生产巡视培训、电网规划及项目评审专业培训、省公司 2020 年配网不停电作业复证培训等	1294	6234
2	省电力公司设备部	输电线路运行技能竞赛、变电运行赛前集训等	1664	6086
3	省电力公司电力营销部	农网营配贯通建设培训班、用电检查及重要客户管理专业技能培训 1~5 期等	340	1490
4	省电力公司调控中心	公司通信专业技能冬训、继电保护标准化班组培训、并网电厂涉网安全及电力监控系统安全专项检查技能培训等	1768	5820
5	省电力公司人资部	省公司教育培训项目评审会议、县级供电企业供电所长集中培训等	149	872
6	省电力公司经法部	省管产业单位信息系统建设培训	80	400
7	省电力公司下属各供电公司	质量管理（QC）小组开发培训、网评员培训、电网运行方式业务培训等	3754	10966
8	牡丹江水力发电总厂	职称申报及人才考核线上培训、生产单位班组长线上培训等	78	78
9	省电力公司下属各检修公司	送变电绩效考核管理培训、变电综合生产规章制度培训、运维人员专业技能培训等	602	5008

续表

序号	培训单位	培训内容	参加人数（人次）	培训人天
10	华电哈三电厂、五常天宝热力有限公司、国家电网蒙东公司、黑龙江伊品能源有限公司等系统外单位	仿真运行、电厂调控系统运行、新员工入职培训等	449	6756
合计				43710

资料来源：《哈尔滨电力职业技术学院 2021 质量年度报告》，https：//www.tech.net.cn/column_rcpy/art.aspx？id＝15500&type＝2。

三是职业技能鉴定服务。拥有劳动部批准的职业技能鉴定资质是开展职业技能鉴定工作的前提，国有企业所办高职院校因其扎实的办学基础，一般都是行业内优秀技能鉴定站或鉴定所。在拥有合法职业技能鉴定资格的基础上，国有企业办高职教育建设了一支对接国家职业标准的高水平考评员队伍，在相关部门的监督管理下以国家职业技能目录为依据考核、评定和证明普通工种和特有工种的职业技能水平，为行业企业技能人才评级，帮助行业企业完善技能人才评级制度，提高学生的就业竞争力及各二级单位员工的人才当量密度。从已公布的高等职业教育质量年度报告（2021 年）来看，云南锡业职业技术学院连续四年开展高质量职业技能鉴定服务，2021 年学院面向企业和社会开展职业技能鉴定五个工种 328 人，合格人数为 312 人，平均鉴定合格率高达 95.12%（见表 3-6）。南京机电职业技术学院 2016 年至 2021 年，陆续为社会及企业培训、鉴定职工 38590 人次，为市人社局开发三个新工种，培训人数达 5380 人次。2020年，学校社会培训与鉴定工作在数量和办班形式上有新的突破，全年各类社会培训数量达 6816 学时，有力地助推地方区域产业经济发展。2021年，山东工业职业学院与行业企业共同推动 10 个工种合计 2727 人次的技能鉴定（见表 3-7）。丰富且高质量的技能鉴定服务为实现学生"双证毕业"、人员资质认定提供了强有力的保障。

表 3-6　2018~2021 年云南锡业职业技术学院开展职业技能鉴定一览

年份	职工鉴定人数（人）	职工合格人数（人）	合格率（%）	学生鉴定人数（人）	学生鉴定合格人数（人）	合格率（%）
2018	660	528	80.00	725	604	83.31
2019	422	376	89.10	693	572	82.54
2020	195	137	70.26	—	—	—
2021	328	312	95.12	—	—	—

资料来源：《云南锡业职业技术学院 2021 质量年度报告》，https：//www.tech.net.cn/column_rcpy/art.aspx? id = 16314&type = 2。

表 3-7　2021 年山东工业职业学院与行业企业技能鉴定情况一览

序号	鉴定工种	培训人数（人次）	鉴定部门机构
1	高炉炼铁工	147	冶金行业职业技能鉴定中心
2	高炉原料工	58	冶金行业职业技能鉴定中心
3	高炉运转工	51	冶金行业职业技能鉴定中心
4	金属材料精整工	44	冶金行业职业技能鉴定中心
5	金属材料热处理工	19	冶金行业职业技能鉴定中心
6	金属轧制工	113	冶金行业职业技能鉴定中心
7	炼钢工	115	冶金行业职业技能鉴定中心
8	炼焦工	39	冶金行业职业技能鉴定中心
9	轧制原料工	24	冶金行业职业技能鉴定中心
10	设备点检员	2117	冶金行业职业技能鉴定中心
合计		2727	

资料来源：《山东工业职业学院 2021 质量年度报告》，https：//www.tech.net.cn/column_rcpy/art.aspx? id = 15969&type = 2。

（三）人才优势

国有企业办高职学校在满足社会需求方面表现出自身优势。一方面，国有企业长期以来在国民基础性产业中占主要地位，而国有企业办高职学校利用行业办学的优势，组建了一系列与国民基础性产业紧密对接的专业群，国民基础性产业相关专业始终保持着一定的规模，而一定规模的相关专业设置能够保证相关技术技能人才的数量。另一方面，国有企业办高职学校从计划经济时期开始就致力于培养国民基础性产业人才，在人才培养方面积累了丰富的经验。基于此，国有企业办高职学校对国民基础性产业人才需求的了解更深入，能够保证相关技术技能人才的质量。

从已公布的 71 所国有企业所办高职院校 2020～2022 年《高等职业教育质量年度报告》就业率（已剔除尚未统计的数据信息，即不包括天津工程职业技术学院、贵州电力职业技术学院、天津机电职业技术学院、浙江经济职业技术学院、四川机电职业技术学院的数据信息）来看，连续三年就业率保持在 90% 以上的院校共有 39 所（见表 3-8），人才培养效益显著。以国有企业所办电力职业技术学院为例，2019 年，山东电力高等专科学校、郑州电力高等专科学校分别以 98.20%、97.39% 的就业率位列前二；2020 年，重庆电力高等专科学校以 97.93% 的就业率排在首位；2021 年，山东电力高等专科学校创下 98.66% 的最高就业率纪录，重庆电力高等专科学校、西安电力高等专科学校、江西电力职业技术学院分别保持了 97.73%、94.12%、93.53% 的高位就业率。实际上，国有企业所办高职院校的高就业率表明，其能为国民基础性产业源源不断地输送足量的技术技能人才，对国民基础性产业的稳定发展起到了持续"供血"作用，毕业生社会认可度较高。除此之外，就 2020～2021 年度本地就业率而言，大多数国有企业所办职业院校本地就业率超过 70%，其中有 10 所高职院校连续两年的本地就业率保持在 80% 以上（见图 3-6），较好地满足了当地区域人才需求，最终形成"自己培养人和培养自己人"的良好局面。

表 3-8　2019～2021 年就业率保持在 90% 以上的国有企业所办职业院校情况

单位：%

序号	学校名称	2021 年就业率	2020 年就业率	2019 年就业率
1	山东电力高等专科学校	98.66	97.44	98.20
2	浙江机电职业技术学院	98.65	98.01	98.69
3	浙江商业职业技术学院	98.61	97.45	98.30

续表

序号	学校名称	2021年就业率	2020年就业率	2019年就业率
4	河北能源职业技术学院	98.55	96.93	98.43
5	浙江工商职业技术学院	98.54	97.43	99.00
6	浙江工贸职业技术学院	98.49	98.34	98.70
7	山东商业职业技术学院	98.46	97.64	98.20
8	上海海事职业技术学院	98.35	91.35	93.93
9	青岛酒店管理职业技术学院	98.32	96.24	99.01
10	山东工业职业学院	98.17	97.94	98.73
11	浙江邮电职业技术学院	98.15	97.24	98.05
12	重庆电力高等专科学校	97.73	97.93	96.83
13	重庆航天职业技术学院	97.64	97.45	95.69
14	四川邮电职业技术学院	97.33	96.42	98.15
15	陕西邮电职业技术学院	97.22	82.97	95.01
16	武汉电力职业技术学院	97.20	97.28	97.31
17	浙江工业职业技术学院	97.02	93.21	97.97
18	郑州电力高等专科学校	96.96	94.49	97.39
19	平顶山工业职业技术学院	96.68	96.68	95.09
20	石家庄邮电职业技术学院	96.23	96.50	97.61
21	北京信息职业技术学院	95.62	95.70	97.68
22	辽宁冶金职业技术学院	95.62	96.20	95.40
23	长沙电力职业技术学院	95.60	95.61	96.06
24	青岛港湾职业技术学院	95.59	96.93	96.87
25	淮南职业技术学院	95.15	97.57	96.54
26	哈尔滨铁道职业技术学院	94.87	90.91	98.29
27	合肥通用职业技术学院	94.27	92.21	97.34
28	西安电力高等专科学校	94.12	93.69	93.56
29	江西电力职业技术学院	93.53	96.41	96.02
30	天津渤海职业技术学院	93.52	91.96	95.75

续表

序号	学校名称	2021 年就业率	2020 年就业率	2019 年就业率
31	天津交通职业学院	92.66	91.06	98.15
32	安徽邮电职业技术学院	92.59	96.47	94.83
33	青岛远洋船员职业学院	92.51	92.23	92.17
34	昆明工业职业技术学院	92.50	86.75	98.07
35	江西航空职业技术学院	92.01	92.58	97.15
36	四川电力职业技术学院	91.95	90.78	95.51
37	天津现代职业技术学院	91.50	94.49	96.77
38	安徽汽车职业技术学院	91.29	90.22	93.81
39	天津石油职业技术学院	91.17	90.27	97.71

资料来源：根据各校 2020~2022 年《高等职业教育质量年度报告》制作。

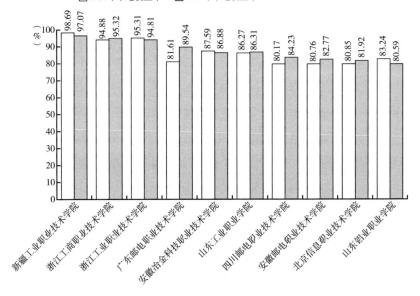

图 3-6　2020~2021 年度本地就业率保持在 80% 及以上的
国有企业所办高职院校

资料来源：根据各校 2020~2022 年《高等职业教育质量年度报告》制作。

第二节 影响企业成为职业教育重要

办学主体的因素

职业教育育人功能的有效发挥离不开企业办学主体作用的发挥。可以说，企业作为职业教育重要办学主体，是职业教育高质量发展的本质要求。企业与职业教育融合办学，方能为变化多端的劳动力市场培育更加具有适应性的高素质技术技能型人才。已有研究和实践经验表明，影响企业成为职业教育重要办学主体的因素主要包括经济、制度、教育和企业等四个方面。

一 经济因素

经济因素是推动企业成为职业教育重要办学主体的现实因素。自新中国成立以来，企业举办职业教育就成为我国政府推动恢复经济、发展民生、全面展开国家建设的重要举措，企业举办职业教育成为常态。21世纪以来，尤其是进入新时代之后，以信息化、数字化、智能化为特征的高新技术冲击着整个经济市场，推动着产业结构转型升级，推动着人才结构的调整，即人才知识需求更加复杂化，技术技能需求更加高端化，职业素质需求更加综合化。企业对高质量复合型技术技能人才的需求愈加旺盛。因此，企业需要深入参与职业教育办学，发挥重要办学主体作用。

（一）产业结构转型升级

产业结构是产业发展的一个核心概念，产业结构转型升级作为经济增长方式转变的重要抓手，成为能否顺利实现新旧动能转换的关键所在。① 2005 年，在党的十六届五中全会上，党中央正式提出产业结构升级概

---

① 荀利民：《中国产业结构转型升级的速度测度、时空演变与影响因素》，《工业技术经济》2022 年第 7 期。

念，明确表示要注重战略性新兴产业发展，加大对服务业的支持，强化对产能过剩行业的限制与引导。此后，我国产业政策与区域规划制定中，将推动产业结构转型升级始终作为重要目标。新时代以来，我国经济发展步入新阶段，经济结构战略性调整、产业结构转型升级加快推进。其中，2019 年我国三次产业比例为 7.1：39.0：53.9；2020 年因新冠肺炎疫情的影响，三次产业比例又调整为 7.7：37.8：54.5。有关研究显示，我国第三产业比重将继续呈现稳步上升趋势，第三产业在经济发展中的主导作用将进一步凸显。从整体上来看，"三二一"产业格局更加巩固，经济发展的全面性、协调性和可持续性显著增强。① 具体而言，工业发展向中高端迈进，工业结构调整取得明显成效，逐步从结构简单到门类齐全、从劳动密集型工业主导向劳动资本技术密集型工业共同发展转变；服务业层次不断提升，现代服务业、新兴服务业迅猛发展。这意味着，产业想要具有转型升级的能力、具备可持续发展的创新能力，技术是关键，人才是核心。由此可以说，技术推动产业转型升级，产业转型升级将推动人才结构优化升级，技术、产业、人才三方形成互动、互构的关系，人才成为核心力量。

（二）技术技能型人才结构性失衡

生产活动的高度智能化、智慧化、技术化特征，推动人力资本结构不断解构与重构。劳动力市场对劳动力素质要求更加苛刻，强调人才要具有高度的技术技能适应性与职业岗位适应性。由此，企业对高素质技术技能型人才需求更加迫切。然而，当前高素质技术技能型人才供给总量不足、供需结构性失衡等问题，要求企业举办或参与举办职业教育，发挥重要办学主体作用。

1. 高素质技术技能型人才总量不足

从总量上看，人力资源和社会保障部数据显示，截至 2021 年，我国

---

① 尹伟华：《"十四五"时期我国产业结构变动特征及趋势展望》，《中国物价》2021 年第 9 期。

技能劳动者超过 2 亿人，其中高技能人才超过 5000 万人，但我国技能劳动者占就业人口总量仅为 26%。据预测，到 2025 年我国制造业重点领域人才需求缺口近 3000 万人，服务业的缺口更大，仅家政、养老等领域就至少需要 4000 万人。因此，从整个就业市场和经济发展需求来看，我国技能劳动者数量呈稳步上升趋势，但是技术技能型人才总量仍然缺口较大，同时存在结构性失衡问题。以高等（专科）职业教育人才培养为例，从 2016 年至 2020 年，技术技能型人才培养呈现稳步增长的趋势（见表 3-9）。然而，劳动力总体素质偏低，位于技术链低端的从业者众多，其中技能劳动者仍以初级工和中级工为主，高技能人才比例偏低，始终低于德国、日本等一些制造业强国。① 具体而言，从技术技能型人才供给结构上来看，高技能人才岗位空缺，供不应求。从 2019 年第一季度到 2021 年第三季度百城市公共就业服务机构市场供求状况分析报告来看，高级技师的求人倍率最高达到 3.53，高级技能人员的求人倍率最高达到 2.67（见表 3-10）。技术技能型人才供给侧结构性失衡将影响企业参与市场竞争的能力，阻碍我国建设技术大国与技术强国的步伐。

表 3-9　高等（专科）职业教育技术技能型人才培养现状

年份	学校数(所)	在校学生数(人)	毕业生数(人)
2016	1359	10828898	3298120
2017	1388	11049549	3516448
2018	1418	11337005	3664729
2019	1423	12807058	3638141
2020	1468	14595488	3766894
2021	1486	16030263	3984094
2022	1489	16937739	14956907

资料来源：根据教育部多个网站数据整理而成。

---

① 袁玉芝、杨振军、杜育红：《我国技术技能人才供给现状、问题及对策研究》，《教育科学研究》2021 年第 7 期。

表 3-10　我国高级技术技能型人才岗位求人倍率统计

年份	第一季度	第二季度	第三季度	第四季度	人才类型
2019	2.28	2.19	2.37	2.05	高级技师
	2.35	2.01	2.14	2.27	高级技能人员
2020	/	/	2.5	2.62	高级技师
	2.67	2.1	/	2.54	高级技能人员
2021	3.53	3.11	3.05	/	高级技师
	2.55	/	2.51		高级技能人员

注：其中"/"表示数据尚未统计；2022~2023 年数据本书写作时无法获取。

资料来源：2019 年第一季度至 2021 年第三季度百城市公共就业服务机构市场供求状况分析报告，中华人民共和国人力资源和社会保障部，http://www.mohrss.gov.cn/xxgk2020/fdzdgknr/jy_4208/jyscgqfx/index.html。

2. 产业结构与人才结构匹配度不高

产业结构与人才结构构成了经济结构的核心内容，二者的协调发展是实现宏观经济目标的基本条件之一。产业结构转型升级是经济发展过程中的重要特征以及影响经济增长速度和模式的本质因素，而人才结构调整是就业的决定性特征变量和持续性经济竞争力的根本源泉，二者在经济的运行中相互影响、相互制约。进入工业 4.0 时代，产业结构的调整将促进产业结构的升级，使产业从劳动密集型和资本密集型向技术密集型、知识密集型过渡与转换。与此同时，产业高级化的过程中，人才结构也向高级化演变。但由于人才培养长周期的教育特征和教育内容更新速度慢等问题，产业结构与人才结构的互动缺乏及时性，无法同频共振，致使技术技能型人才供应受限。基于此，人才的数量结构与质量结构无法高度匹配产业结构的转型优化，高技能人才缺乏致使产业升级受挫。社会发展史归根结底是一部技术发展史。工业化和机械化、自动化和信息化、数字化与智能化改变了整个社会的经济结构与产业结构，深刻影响着企业用人结构，即对技术技能型人才提出了新要求，推动高技术技能型人才培养成为职业教育新的时代课题，企业作为职业教育重要办学主体成为必然。

二 制度因素

制度是使企业成为职业教育重要办学主体的关键要素。1950 年 6 月，周总理在第一届全国高等教育会议上指出，由企业部门举办短期训练班或专科学校是便于联系实际和适应建设需要的合理举措。[①] 1951 年 8 月，周总理再次强调，教育部包办各级各类学校的做法无法适应现在与将来发展的需要，实施由教育部指导、各业务部门或企业单位举办中等专业学校的举措是可行的。[②] 此后，多份文件和多次会议充分肯定"企业举办职业教育"，并对这一行为给予大力支持。在制度鼓励支持下，企业成为职业教育的重要办学主体，企校一体化办学成为常态，企业办技工学校、行业部门办中等专业学校的职业教育办学格局得以形成。21 世纪以来，面对"产教"合而不融、"校企"分离的突出矛盾，党和政府积极着手调整并完善企业作为职业教育重要办学主体制度，鼓励和支持企业直接举办或参与举办职业教育，充分发挥企业的办学主体作用。

（一）制度确立了企业的职业教育重要办学主体地位

企业作为职业教育重要办学主体制度对确立企业的办学主体地位具有高度的指导性与引领性、规定性与规范性。2010 年 7 月出台的《国家中长期教育改革和发展规划纲要（2010—2020 年）》第一次确立了政府、行业和企业三方作为职业教育的办学主体。[③] 2014 年 5 月，《国务院关于加快发展现代职业教育的决定》首次以国务院的名义创造性地提出"发挥企业重要办学主体作用"，推动企业举办职业教育进入新篇章。2018 年 2 月，教育部等六部门颁布《职业学校校企合作促进办法》，第一条明确提出要"发挥企业在实施职业教育中的重要办学主体作用"。[④] 2019 年 1

[①] 中共中央文献编辑委员会编辑《周恩来选集》下卷，人民出版社，1984，第 19 页。

[②] 李江源：《论周恩来的职业教育思想》，《安徽教育学院学报》（哲学社会科学版）1999 年第 1 期。

[③] 祁占勇等：《职业教育法律问题研究》，陕西师范大学出版总社，2019，第 114 页。

[④] 《教育部等六部门关于印发〈职业学校校企合作促进办法〉的通知》，中华人民共和国中央人民政府网，2018 年 2 月 5 日，http://www.gov.cn/xinwen/2018-02/22/content_5267973.htm，最后访问时间 2022 年 7 月 11 日。

月，国务院重磅推出《国家职业教育改革实施方案》，鼓励支持大企业、带动中小企业举办和参与举办职业教育，推动创设产教融合型企业，发挥企业的办学主体作用。2020 年 9 月，《职业教育提质培优行动计划（2020—2023 年）》指明了举办或参与举办职业教育的企业类型与规模，即"支持国有企业和大型民营企业举办或参与举办职业教育"。[①] 2021 年 10 月，中共中央办公厅、国务院办公厅印发《关于推动现代职业教育高质量发展的意见》，指出要建立健全政府统筹管理、行业企业积极举办、社会力量深度参与的多元办学格局，推动职业教育高质量发展。2022 年 5 月，新《职业教育法》施行，从法律层面提出："国家发挥企业的重要办学主体作用，推动企业深度参与职业教育，鼓励企业举办高质量职业教育。"[②] 其首次给企业参与举办高质量职业教育吃下"法律定心丸"，夯实了企业办学的法理基础。[③] 由此，企业的办学主体地位在国家制度语境下得到高度肯定与强化。

（二）　制度明确了企业作为职业教育重要办学主体的办学路径

实质上，企业的职业教育办学主体角色被界定为职业教育的"投资举办主体"和"经营管理主体"两个层面。但考虑到并非所有企业都有能力和经济资本独立投资举办职业教育，在制度的鼓励与支持下，企业作为职业教育重要办学主体的办学路径呈现多样化形态。其一，独立举办职业教育。企业直接投资举办职业教育一直是企业作为职业教育重要办学主体最直接的体现。2010 年以来，《国务院关于加快发展现代职业教育的决定》《国务院办公厅关于深化产教融合的若干意见》《职业学校校企合作促进办法》《建设产教融合型企业实施办法（试行）》《国家产教融合建

---

① 《教育部等九部门关于印发〈职业教育提质培优行动计划（2020—2023 年）〉的通知》，中华人民共和国教育部官网，2020 年 9 月 29 日，http://www.moe.gov.cn/srcsite/A07/zcs_zhgg/202009/t20200929_492299.html，最后访问时间：2022 年 6 月 23 日。

② 《中华人民共和国职业教育法》，中华人民共和国教育部官网，2022 年 4 月 21 日，http://www.moe.gov.cn/jyb_sjzl/sjzl_zcfg/zcfg_jyfl/202204/t20220421_620064.html，最后访问时间：2022 年 10 月 12 日。

③ 马君：《职业教育步入依法治理的新时期》，《中国教育报》2022 年 5 月 10 日，第 6 版。

设试点实施方案》《职业教育法》等法律法规、政策文件均明确支持有条件的企业依法举办职业学校。企业作为职业教育重要办学主体制度使举办高质量的职业教育成为企业不可推卸的社会责任，尤其是强调大型企业、产业龙头企业等应利用资本、资源、技术独立举办高质量的职业教育。其二，职业教育集团化办学。职业教育集团化发展是多方主体共同参与职业教育办学的形式，是深化职业教育办学体制机制改革的重要举措，其中企业成为职业教育集团化办学的关键主体。2014 年，《现代职业教育体系建设规划（2014—2020 年）》提出，科学规划职业教育集团发展对促进教育链和产业链有机融合有重要作用。此后，教育部等九部门联合印发的《职业教育提质培优行动计划（2020—2023 年）》提出：支持行业领军企业主导建设全国性职教集团，建设示范性职业教育集团，带动中小企业参与。基于此，职业教育集团化办学吸引了中小企业积极参与产教融合与校企合作，充分发挥其办学主体作用。其三，股份制与混合所有制办学。历来，公办职业教育占据我国职业教育的半壁江山，而企业则以多种所有制共存。因此，充分发挥市场的资源配置作用，采用股份制、混合所有制举办职业教育，有利于不同体制下企业参与举办职业教育，发挥办学主体作用。2019 年《国家职业教育改革实施方案》和 2021 年全国职业教育大会均提出鼓励发展股份制、混合所有制学校，凸显了国家对股份制、混合所有制办学的重视，同时为股份制、混合所有制办学的落地实施提供制度遵循。

三　教育因素

职业教育是一种关乎国计民生、个体终身发展的功能性社会活动。从内涵上看，职业教育是建立在一定普通教育基础上且有别于普通教育的，对个体进行专业知识教授、专业技能训练、职业道德培育，以培养技术技能人才为目标的教育活动。从功能上看，职业教育一方面可促进国家社会经济发展，另一方面可使个体职业能力与职业需求高度匹配。职业教育的职业性与产品属性就决定了企业始终是职业教育不可或缺的办学主体。"产"与"教"深度融合、"校"与"企"深度合作可以使职业学校在专业建设、人才培养、技术研发、创新创业、社会服务等各方面从最具活力的经济社会、行业企业直接汲取充足养分，获得高质量发展；反之，脱离了企业的参与，职业教育发展就失去了办学的基础和方向。

（一）职业教育需要企业提供实践平台

教育产品特征是研究职业教育供给问题的逻辑起点，职业教育产品最直接地表现为技术技能型人才。技术技能型人才是指在生产和服务等领域岗位一线，掌握专门知识和技术，具备一定的操作技能，并在工作实践中能够运用自己的技术和能力进行实际操作的人员。[①] 企业作为职业教育的重要合作伙伴，能够为学生提供真实的工作环境和实践机会。通过校企合作，学生可以在企业中进行实习和实训，将所学的理论知识与实际工作相结合，提高自身的实践能力和职业技能水平。在课程设置上，企业可以根据行业发展趋势和岗位技能需求，与职业院校共同开发专业课程和教材，确保学生所学知识与未来工作岗位所需技能的高度匹配。这种"量身定做"的教学模式，能够有效缩短学生毕业后的职业适应期，提高就业率与就业质量。在教学内容上，企业专家和技术骨干的参与，能够引入行业最新的技术标准和操作规范，使教学内容始终保持与行业发展的同步。同时，通过企业真实案例的讲解与分析，增强教学的实践性和针对性，激发学生的学习兴趣和动力。企业还可以通过工学交替、现代学徒制等模式，让学生在实际工作环境中学习成长，实现理论知识与实践技能的深度融合。这种"做中学、学中做"的教学方式，不仅能够提升学生的专业技能水平，还能培养其良好的职业素养和团队协作精神。此外，职业教育还需注重学生的创新创业能力培养。企业作为创新活动的主体，拥有丰富的创新资源和实战经验。通过与企业的深度合作，职业院校可以引入企业的创新项目和创新团队，为学生提供创新创业的实战平台和机会。同时，企

---

① 曹骏：《高技能人才培养模式研究》，《武汉冶金管理干部学院学报》2015 年第 4 期。

业也可以从职业院校中发掘具有潜力的创新型人才，为企业注入新鲜血液和活力。

（二）职业教育需要企业参与评价和认证

企业对行业发展趋势和职业岗位需求有深刻的理解，企业中的专业技术人员和管理人员具有丰富的实践经验。企业作为职业教育的受益者，其对毕业生的评价具有重要的参考价值。在师资队伍建设方面，企业组织教师到企业进行实践锻炼，让教师亲身体验企业的工作流程和管理方式，可以提升教师的实践教学能力。同时，企业还可以邀请行业专家和技术骨干到学校举行讲座和研讨，分享最新的行业动态和技术发展趋势，使教师能够及时更新知识、提高教学水平。此外，企业与职业院校之间的合作不仅限于人才培养，还拓展到技术研发、成果转化等领域。通过校企合作，企业可以获得更多的创新资源，而职业院校则可以借助企业的技术优势和市场经验，提升自身的科研水平和教学实力。这种互利共赢的合作模式，将有助于推动职业教育与产业发展的深度融合。企业与职业院校的深度合作，不仅能够促进教育资源的优化配置，还能实现校企双方的互利共赢。让企业参与评价和认证，可以确保职业教育的质量和效果，同时也有助于学校及时了解和解决教育过程中存在的问题，不断改进和完善教育体系。通过这种合作模式，可以培养出更多符合市场需求的高素质技能型人才，为社会经济发展提供强有力的人才支持。

职业教育的职业性属性决定了企业是其不可或缺的办学主体。通过发挥企业在职业教育中的重要作用，不仅能够提升职业教育的办学质量和水平，还能够促进职业教育与产业发展的深度融合，为国家经济社会发展培养更多高素质的技术技能人才。

四 企业需求因素

追求利益最大化是企业的内在属性，企业生产与经营的最终目的是在满足人民生活需要的前提下，努力创造财富，增加利润，提高社会生产力。其中，人力资本是企业的第一大资本，是企业经营活动成本的核心要素。培养满足企业需求和社会需要的技术技能型人才成为职业教育的时代宗旨与历史使命。职业教育确定人才培养模式、制定人才培养方案前需要明确企业需要什么样的人才；反之，企业为寻求高质量的人力资本以降低经营成本，将会参与到职业教育办学过程中。基于此，企业具有成为职业教育重要办学主体的内生动力。

（一）优质人力资源的拥有

兴业之道人为本。著名管理学大师彼得·德鲁克（Peter Drucker）说过，企业只有一项真正的资源，人。管理就是充分开发人力资源，以做好工作。因此，从人力资本视角看，企业人力资源的教育投资产出效益远远超过单纯物质化投资的效益，人才结构的稳定性、人才的流动性和人才能级深刻影响着企业的市场竞争力。可以说，人力资源优势在很大程度上决定了企业的市场竞争力，获取优质人力资源成为企业举办职业的内在动力与根本诉求。因此，企业想要获得并持续保持发展优势地位，应充分推动人才存量的优化升级，扩大人才增量；同时，发挥办学主体作用，深度参与职业教育人才培养，立足于企业举办职业教育这一社会活动，保障优质人才资源的有效获取，进而提高自身的市场竞争力。与此同时，企业与职业教育实质上存在一种功能性高度双向互补关系。例如，职业教育为企业提供发展所需要的资源，从源头上调整与改善企业员工的职业素质，保证优质人力资源的有效输入，助推"企业技术化"和"技术企业化"，保障企业的可持续发展；而企业掌握着人才需求与标准的核心信息，如人才的规格、质量、结构等，所以企业作为职业教育办学主体成为必然。除此之外，优质的人力资源能够降低企业的生产与经营成本，符合企业追求利益最大化的目的。从企业发展战略来看，企业深度参与职业教育办学不仅保障了企业的短期利益，又形成了长期的利益，因而从某种意义上说，企业举办职业教育的内在动因是满足其自身的内在发展需求，同时创造了职业教育高质量发展的增长点。

（二）职业教育中的企业社会责任

职业教育中的企业社会责任是指企业为获取直接经济利益、改善人力资源结构、履行企业公民责任而进行的，为提升个体或群体职业知识、岗位技能、道德而承担的，参与职业教育教学活动的社会责任。[①] 从国家制度设计、政策安排以及社会责任层面看来，把企业参与职业教育办学视为一种社会责任并纳入企业社会责任报告之中后，举办或参与举办职业教育将成为企业不可推卸的社会责任。同时，相关职业教育制度规定承担职业教育责任的企业可以享受国家相关免税、补贴等优惠。例如，2019 年国家发展改革委和教育部联合颁布的《建设产教融合型企业实施办法（试行）》指出，针对发展潜力大、参与职业教育贡献突出的企业，纳入产教融合型企业建设信息储备库，及时向社会公开，并在金融、土地等方面给予支持。这有利于形成对企业积极履行社会责任的认可。通过深度参与职业教育办学，企业不仅可获取大量的优质人力资源、智力资源、技术资源等，同时也能提高企业的知名度与美誉度，提升企业的品牌效应，增强企业的软实力。其中，社会大众对企业办学评价越高，企业的声誉就越好，这些最终将会转化为持续的经济收益，推动企业发展。虽然相比职业教育发达国家，我国企业履行职业教育社会责任的主动性与积极性不够高，[②] 已经成为制约企业举办职业教育的短板之一；但随着国家对企业举办职业教育补偿机制的完善，企业在举办职业教育上的社会责任感复苏，已经成为企业作为职业教育重要办学主体的重要驱动力。

第三节　企业举办职业教育的典型办学模式

我国近代洋务运动时期开创的"厂校合一、厂校一体"职业教育办学模式，成为企业作为职业教育重要办学主体的历史循迹，为当前我国

---

① 徐珍珍、黄卓君：《职业教育中的企业社会责任：履行模式与路径选择》，《中国职业技术教育》2018 年第 18 期。
② 过筱、石伟平：《企业履行职业教育社会责任对盈利能力与资本结构影响的实证分析》，《当代职业教育》2019 年第 5 期。

企业举办职业教育奠定了扎实的基础。"职业教育办学主体"长期被限定为"投资举办主体",导致"经营管理主体"的角色逐渐被淡化。实际上,并非所有组织或个人都有能力和经济资本独立投资举办职业教育,即"职业教育办学主体"理应包括"投资举办主体"和"经营与管理主体"两大方面。因此,"职业教育办学主体"可以界定为通过投资举办、经营管理等方式参与职业教育活动的一种综合实体,是依法享有基本办学权利和承担基本办学责任与义务的组织或个体。其中,企业作为职业教育重要办学主体,即企业这一组织通过投资举办、经营管理等方式参与职业教育。企业依法享有基本办学权利,承担基本办学责任与义务,在职业教育办学过程中扮演"投资举办主体"或"经营与管理主体"角色。

一　企业作为重要主体的典型职业教育办学模式

按照企业在职业教育办学过程中主体功能发挥的程度,可以将企业作为职业教育重要办学主体的典型办学模式划分为企业主办型办学模式、企业主导型办学模式,还可将企业作为职业教育重要办学主体的典型人才培养模式划分为订单式人才培养模式、"厂中校""校中厂"人才培养模式、工学结合人才培养模式。

(一) 企业主办型职业教育办学模式

企业主办型职业教育办学模式即企业直接投资举办职业学校,企业成为职业教育的重要投资举办主体,全面支持职业教育发展,与职业教育形成最紧密的产教融合与校企合作关系。企业主办型职业教育办学模式起源于洋务运动时期,形成与兴盛于新中国成立之初至"文革"开始前。20世纪90年代现代企业制度建立,企业改制后,"政企分开,校企分离",企业直接投资举办职业教育的行为减少,企业办学的积极性减弱,企业主办型职业教育办学模式逐渐式微。当下,企业深度参与职业教育的意愿不强,积极性与主动性不高,而且并非所有企业都有能力直接投资举办职业教育,政府"一元为大"的职业教育办学占据着职业教育市场的绝大部分份额。因此，企业主办型职业教育办学的社会覆盖面不广，社会影响力有待加强。

企业主办型职业教育办学模式主要存在于实力雄厚的企业（如国有大型企业）办学中，企业直接投资举办职业学校，与职业学校形成"一对一"或"一对多"的紧密合作关系。其中，部分职业学校虽然具有独立法人资格，但一般仍被看作企业的附属机构或二级单位。在此种办学模式中，企业是职业教育办学过程中的指导者与管理者，企业对职业教育形成全面、系统的统筹规划与管理；职业学校是执行者与实践者，依据企业制定的办学目标、办学任务、办学宗旨等推动职业教育实施，并做好对企业的沟通汇报工作。具体而言，从教育目标和计划的决策、校长的任命，到教育机构的管理和教学效果的评估，都由企业负责安排。[1] 例如，企业直接根据国家指令向学校分配招生名额和下达教学计划，向学校派遣优秀的技术人员作为兼职教师，向学生传授企业生产技术，为学生提供实习机会。学校根据已经制定的教育目标和计划组织实施职业教育，在企业的指挥下面向企业人才需求设置专业和课程，定期向企业派遣专职教师开展企业实践，对学生开展教学和考核，颁发相应证书。其中，职业学校办学属于企业活动的重要组成部分，职业教育成为企业培养高水平技术技能型人才的有效路径。

企业主办型职业教育办学模式具有以下突出优势与特色。

第一，深度的"产教一体化"和"校企一体化"。深度的产教融合与校企合作是职业教育高质量发展的本质要求，是职业教育区别于其他教育类型的突出特征。企业主办型职业教育办学模式核心在于利用企业优质资源直接举办职业学校，为企业自身或社会提供可利用的优质人才资源。企业与职业学校形成紧密的耦合关系，校企一体，相辅相成，职业学校的发展成为企业战略规划中不可或缺的重要组成部分。由此，企业主办职业教育推动生产过程与教学过程高度结合、职业与专业紧密联系，保障了职业教育办学不与市场脱轨。

---

① 沈纯道主编《现代企业与职业技术教育》，中国建材工业出版社，1995，第24页。

第二，技术技能型人才供给的有效性与可持续性。企业作为技术技能型人才的消费主场域，人才供给质量深刻影响企业立足市场的稳定性和参与市场的竞争力。企业主办型职业教育办学模式的一个突出功能在于职业学校能按照企业用人需求进行人才培养，保障了人才供给侧的培养规模、质量等与人才需求侧要求的高度一致性。由此，职业学校不仅为企业提供了具有针对性的技术技能型人才，且技术技能型人才也将在企业技术化和技术企业化过程中发挥重要作用。

第三，"专兼结合"的"双师型"师资队伍。建立起学校优秀教师与产业导师相结合的"双师"结构团队，是引领教育教学模式改革创新、推进人才培养质量持续提升的重要举措。① 在企业主办型职业教育办学模式中，企业与职业学校的"兼职"教师与"专职"教师形成了双向互动的良好局面，稳定的"双师型"教学团队与师资队伍建立起来。具体而言，企业向职业学校派遣优秀的技术人员指导实践教学或为学生配备专业实习导师；同时，职业学校向企业委派专职教师进行企业实践学习，了解企业最新的发展动态与用人需求。双方共同致力于提升教学质量。

（二）企业支持型职业教育办学模式

企业作为职业教育重要办学主体，并不是意味着企业必须直接投资举办职业教育，而是意味着企业也可以经营管理职业教育，成为经营管理主体，发挥需求导向、项目载体、师资保障、质量把关等关键作用。② 由此，企业作为职业教育重要办学主体的办学模式亦是多元并存的，办学体制上基本形成产教协同发展和校企共同育人的格局，投资体制上吸引多方投资，管理体制上深化行业、企业合作。③

① 马君、张玉凤：《高职院校教师教学创新团队知识整合研究》，《高等工程教育研究》2022 年第 1 期。

② 张宗辉：《对发挥企业重要办学主体作用的几点认识——学习〈国务院关于加快发展现代职业教育的决定〉体会》，《中国培训》2015 年第 1 期。

③ 《中国职业教育发展情况介绍》，中华人民共和国教育部官网，2017 年 7 月 3 日，http：//www. moe. gov. cn/jyb_xwfb/xw_fbh/moe_2069/xwfbh_2017n/xwfb_070703/170703_sfcl/201707/t20170703_308410. html，最后访问时间：2022 年 5 月 16 日。

　　企业支持型职业教育办学模式，即企业虽然不直接投资举办职业教育，但在职业教育办学过程中发挥着经营管理作用。其中，企业支持型职业教育办学模式主要存在于中小型企业办学中，企业与职业学校之间形成"多对一"或"多对多"的关系。企业寻求办学方向与其人力资源战略目标相匹配的职业学校，委托该学校培养人才或与该学校合作培养人才，向该学校提供相应的资金和实习机会等，职业学校和企业协商制定人才培养计划或教材等，而后职业学校按照既定的课程目标和教学大纲开展教学。企业可同时与多所院校达成合作意向。企业支持性职业教育办学模式受行政隶属关系的限制小于企业主办型职业教育办学模式。常见的企业支持型职业教育办学模式有职业教育集团化办学模式、二级学院模式、产教融合型企业办学模式。其一，职业教育集团化办学模式。发轫于 1992 年的职业教育集团化办学，是由政府、行业、企业、学校、科研机构和其他社会组织等多元主体组建职教集团（联盟），共同参与办学的一种模式。[①] 该模式汇聚资源和产业群，以行业或区域为依托，以共同利益为连接点，集团成员团结合作，政府统筹规划，形成职业教育协调发展的网络化格局，使各方的资源配置最优化、使用效益最大化。其中，企业成为集团化办学不可或缺的强力支撑点，校企教学人员与生产人员一体，教育教学与企业生产全面融合。该模式下的典型模式有城乡联合、以城带乡的河南模式，市县合作、三段培养的海南模式和校企合作、多方依托的天津模式。[②] 其二，二级学院模式，即企业和职业学校以股份合作形式共同建立二级学院。其中，企业以设备、场地、技术、师资、资金等多种要素参与职业教育办学，职业学校负责教育教学的具体事务。概言之，校企双方共同开展资源建设、培育人才，企业全程参与二级学院的招生、

---

① 周凤华：《职业教育多元办学格局的现状与发展策略》，《中国职业技术教育》2021 年第 12 期。
② 王燕等编《职业教育与产业、区域发展年度报告（2015 年）》，教育科学出版社，2017，第 156~171 页。

教学、管理和就业，学校负责提供招生计划、组织教学和管理，进行教学督导和检查，双方在整个人才培养的过程中密不可分，从而形成了紧密型的运行体制。[①] 例如，宁波海天集团与宁波职业技术学院合作建立了海天（机电）学院，海天集团斥资 1600 万元为其提供实训大楼和设备，并制定《机电装备制造业人才标准》，为课程开发提供依据。[②] 其三，产教融合型企业办学模式。产教融合型企业，即经权威部门认定的多元主体（主要包括政府、学校、企业、行业等）参与，借助独资、合作等不同方式依法参与或举办职业教育的优质企业，是国家完善职业教育和培训体系、改革办学模式和创新育人机制的新产物。产教融合型企业办学是我国进一步深化与落实产教融合、校企合作的工作要点，是充分发挥企业办学主体作用的重要举措。产教融合型企业办学模式以企业本身为培育主体，以职业院校、行业和政府为推动主体，企业以提供人力、物力、财力资源的形式对职业教育予以支持，积极参与开发教学标准及课程教材，制定专业人才培养方案，采取校企联合的办学形式，并以此推进职业教育发展进程，充分保障企业办学的主体地位。目前，国家公布了包括中国核工业集团有限公司、中国航天科工集团有限公司等 63 家首批国家级产教融合型企业作为试点，并将产教融合型企业写入新《职业教育法》中。该举措的核心目的在于激发企业深度参与职业教育办学的内生动力，真正发挥企业的办学主体作用，培育一批能独立举办或主持联合举办职业教育的优质企业。

企业支持型职业教育办学模式具有以下特征。

第一，多元主体参与，多元化办学。相较企业主办型职业教育办学模式，多元主体共同参与是企业支持型职业教育办学模式的突出特征，其中政府、行业企业、职业院校等多元主体的作用与角色更加具有区别性。政

---

① 钱娴、陆素菊：《校企合作办学模式的时代变迁——从"一体型"厂办技校到"紧密型"二级学院》，《职教论坛》2012 年第 19 期。

② 王丽英：《甲子奋斗喜结硕果 不懈奋进再启新程——写在宁波职业技术学院办学 60 周年》，《中国教育报》2019 年 4 月 20 日，第 4 版。

府职能从"举办"职业教育向"管理与服务"职业教育转变，角色从"举办者"向"管理者与服务者"转变，企业成为职业教育的支持者，职业学校成为职业教育办学的实践者与执行者。与此同时，企业突破了直接投资举办职业教育这种单一途径，可以通过利用资本与管理、知识与技能、基础设施等多种要素参与职业教育办学，[①] 从不同层面发挥办学主体作用，扮演主体角色。

第二，企业办学主体功能不显著。企业支持型职业教育办学模式更多依赖利益链条的衔接来保持脆弱的合作关系，推动多元主体并存局面的形成。各主体的办学积极性存在明显差异，办学目标定位迥异，教育质量参差不齐，参与度深浅不一。其中，从参与主体的地位来看，政府这一主体始终参与宏观设计与布局、引领与推动、监督与评价等职业教育办学环节，在很大程度上对职业教育形成高度的主导与控制，导致企业与职业学校之间形成松散的耦合关系。同时，企业参与职业教育办学的经济效益与品牌效益相对偏低、权利与义务失衡等问题进一步导致企业深度参与职业教育的积极性与主动性不高，企业办学主体作用不显著，企业办学主体地位不突出。

二 企业作为重要主体的典型人才培养模式

（一）订单式人才培养模式

企业作为技术技能型人才的消费端，手握人才标准信息，如人才的规格、质量、素质结构等；职业教育作为一种培养技术技能型人才的类型教育，其掌控着技术技能型人才的整体素质，如人才具备的知识、技能、能力等。技术技能型人才供给侧与需求侧实现结构性平衡，要求人才培养域与需求域之间形成互通有无的深度合作关系，以此保障人才与岗位之间的高匹配度，达到"零距离"上岗的要求。因此，"零距离"上岗不仅是人

---

① 《国家发展改革委　教育部关于印发〈建设产教融合型企业实施办法（试行）〉的通知》，中华人民共和国教育部官网，2019 年 3 月 28 日，http://www.moe.gov.cn/jyb_xxgk/moe_1777/moe_1779/201904/t20190404_376681.html，最后访问时间：2022 年 6 月 23 日。

才需求侧对人才供给侧提出的要求，也是职业教育适应劳动力市场、实现可持续发展的一种重要人才培养目标、指导思想与办学理念。实现人才的"零距离"上岗，培养"零距离"上岗人才，成为人才培养域保障高质量人才产出的当务之急，所以，订单式人才培养成为技术技能型人才快速实现"零距离"上岗的重要举措。

订单式人才培养模式是指人才需求域（企业）与人才培养域（职业学校）签订人才培养协议，双方各自发挥办学主体作用，充分利用各自拥有的教育资源优势，共同参与人才培养与管理全过程，并按照协议约定组织学生就业的一种人才培养方式。订单式人才培养模式具有明确校企双方权利和义务、确定人才培养数量及标准、规定课程设置及教学内容、约定管理制度和评估方式等诸多内涵。[1] 在企业与职业学校进行订单式人才培养合作的过程中，企业发挥办学主体作用，指派理论知识丰富和实践能力强的企业专业人员到学校兼课，为学生到企业顶岗实习提供实训设备和场地，为学生提供部分或者全部学费和奖、助学金，并吸纳学生就业。从本质上看，订单式人才培养所签订的订单，不仅是订人员、订数量的就业订单，更重要的是订知识、订技能的人才订单，[2] 提高了技术技能型人才的岗位适应性与针对性，避免了职业学校单一主体人才培养的盲目性。除此之外，校企订单式人才培养，有利于提高学生对企业的文化认知度，培养学生良好的职业行为习惯，增强学生对企业的认同感与归属感，形成校、企、生三方共赢的良好局面。例如，厦门中海航、北京翔宇等公司与贵州航天职业技术学院的高速铁路动车乘务、国际邮轮乘务、航空服务、航空机电设备维修等专业签订了合约；[3] 南京城市职业学院旅游管理学院与古南都集团开展紧密合作，为企业培养订单式人才，学生的利益通过与

---

[1] 魏慧敏、闫志利：《订单式人才培养模式的主要类型及推进措施》，《职业技术教育》2011 年第 20 期。

[2] 史伟、杨群、陈志国：《新时期职业教育校企合作模式探索》，天津科学技术出版社，2018，第 54 页。

[3] 陈工孟主编《中国职业教育年鉴（2017）》，经济管理出版社，2017，第 80~81 页。

企业签订就业合同来保障。

订单式人才培养模式具备以下特征。

第一，高度的人才培养指向性与针对性。从学生层面而言，通过订单式人才培养，职业学校毕业生具备了丰富的专业理论知识与扎实的职业技术技能，且形成了良好的职业道德，能充分对接岗位需求，避免了进入人才市场的巨大就业压力和初入职场的不适应，就业的有效性得到了保障。从企业层面而言，企业可以根据自身标准与需求来"量身定做"人才，与职业学校共同培养靠得住、用得上、留得下的高质量人才。因此，订单式人才培养本质上推动了校企双主体间形成人才互通对接关系，实现了人才的"产销链接"。

第二，企业办学主体性不稳定。进行订单式人才培养的企业能将先进的管理方式和管理理念运用到人才培养过程中，引导与培养学生的良好职业品德与素养，增强了职校生的岗位和职业适应力，使企业能获取高质量的技术技能型人才，很大程度上保障了企业优质人力资源的有效供给。但由于经济市场的波动性和订单培养学生的流动性，某些企业无法分配足够精力参与人才培养全过程，校企合作流于形式，企业办学的主体性随之受到影响。

（二）"厂中校""校中厂"人才培养模式

满足需求与扩大就业、产教融合与校企合作是职业教育的核心目标与特色所在，实现目标与凸显特色就要求企业与职业学校共同构建起有效的人才培养模式，并形成高度耦合关系。其中，"校中厂""厂中校"成为校企融合的特色人才培养模式，即通过利用学校与企业两种教育资源、两个教育场所，实现校企双方互利合作、共享资源、共同育人的目标。[①] 该模式引企入教、推校入企、校企一体，双主体互动育人，充分调动职业学校、企业两个主体的办学积极性与主动性，满足校企双方供给侧和需求侧

---

① 谢春梅：《对深入实践"校中厂，厂中校"人才培养模式的思考》，《职业教育》（中旬刊）2015 年第 13 期。

改革的需要，实现学生、职业学校、企业、家庭等诸多方面的共赢。例如，上海交通职业技术学院和幼狮汽车销售服务有限公司、武汉职业技术学院的纺织与服装工程学院和际华三五零六纺织服装有限公司等通过"厂中校、校中厂"的职业教育模式，提升职业教育质量。

"校中厂""厂中校"人才培养模式由"校中厂"和"厂中校"两种办学形式共同组成。其一，"校中厂"，即职业学校通过为企业提供场地，将企业生产线搬进校园，学校的实训基地成为"厂"，学校既利用企业的资源进行人才培养，又完成企业生产任务。具体而言，是引企入校，将企业生产设备、技术人员等资源引入学院实训基地，与学院设备、师资进行系统整合，按企业化要求组织生产和进行科研，学校结合生产活动开展教学活动，建立起集生产、教学功能于一体的"校中厂"。其二，"厂中校"，就是在企业内建设教室和学生宿舍等教学和生活设施，完善教学条件，共享企业先进设备资源，增强校外实训实习基地的教学功能，确保顶岗实习、校外实训实习的教学需要和学生的实训实习质量，形成校企双方合作培养、共同考核的校外实训实习管理机制。概言之，则是企业与职业学校达成协议，在企业中开展部分教学活动，双方共同承担人才培养任务。"校中厂""厂中校"这种人才培养模式充分利用了校企双主体的教育资源优势、技术优势、人才优势和市场优势，实现了资源共享与优势互补，同时保障了企业的办学主体地位，提升了职业学校的办学水平，是职业教育实施校企合作人才培养模式改革的一项有益探索和主动实践。

"校中厂""厂中校"人才培养模式具备以下特征。

第一，"全真"式人才培养。"校中厂""厂中校"人才培养模式使企业进校园，车间变课堂，学校进工厂，学生变工人。在传统的教学过程中引入了真实的工作情景，建立起"全真"人才培养环境。其中，学生能真正走进企业内部，运用企业生产设备与技术，强化动手能力，积累职业经验，缩短了学生与岗位工人之间的能力差距，提高了学生适应工作岗位的能力，推动学生顺利实现从学校到工作场所的过渡，培养了一支具备更强竞争力的劳动力队伍，为企业的生产贡献合格人才。

第二，双轮驱动，双主体育人。传统职业学校"一元"为大的人才培养模式使企业成为职业教育办学的客体，企业办学主体地位被剥夺，被动接受学生的输入，导致了"校热企冷"的职业教育办学现状。"校中厂""厂中校"人才培养模式明确了谁是职业教育办学当事人这一问题，确立了企业和职业学校在职业教育办学过程中的双主体地位，实现双主体优势互补、资源共享，校企双方共同担负起教育学生、培养学生的重任。

第三，存在生产逐利性与教育公益性矛盾。不论是"校中厂"还是"厂中校"，其都面临着企业营利性与教育公益性之间的矛盾，即"校中厂""厂中校"在符合企业化运营、生产任务要求的同时，还担负着培养学生的职责，要强调公益性和育人为本，这就使二者产生了价值取向的矛盾冲突。例如，生产规模与学生培养规模不完全匹配、生产和教学的时间安排不完全同步、在运行成本控制上存在偏差等，均影响着校企合作的进度与程度。

（三）"工学结合"人才培养模式

所谓"工学结合"，概言之，是指将传统课堂理论学习与岗位实践相结合[1]的一种人才培养模式。具体而言，"工学结合"强调教学计划中要包含系统的理论知识学习和技能实践训练，重视理论与实践相结合、知识与技能相结合，倡导"学中做、做中学"、学习和工作的有机结合。该模式的真正目的是通过校企双主体介入，充分利用职业学校的教育环境与企业的实践教学资源，推动学生理论知识学习与实践技能培养相结合，尤其是强化学生对理论知识的实践应用能力，同时使学生在实践过程中发现自身理论知识体系的不足，并不断完善知识体系。[2]"工学结合"人才培养模式是职业教育教学改革的关键内容，

---

[1] 王国聚：《工学结合培养模式下电子技术专业英语人才的培养》，《电镀与涂饰》2020年第16期。

[2] 嵇美华：《高职教育企业主导型"工学结合"人才培养模式的研究》，《继续教育研究》2012年第11期。

是教育制度与劳动教育制度结合的一次伟大探索，能够充分调动传统课堂教学资源与社会实践资源，实现学生专业知识与综合应用能力的全面提升，培养出理论素质较高、技术应用能力与适应能力较强的复合型技术技能型人才。例如，山东经贸职业学院全面推进工学结合人才培养模式改革，加强校企联动，精准育人。

"工学结合"人才培养模式具备以下特征。

第一，强调理论与实践相结合。实践是检验真理的唯一标准。技术技能型人才的复合型属性表明，合格的人才不仅要具备丰富的理论知识，还要掌握熟练的操作技能。较之传统的人才培养模式，"工学结合"人才培养模式"以人为本"，突出学生的主体地位，保障学生在获取丰富理论知识的基础上，还能在真实的实践环境中提高操作能力。该模式尤其注重实验、实训、实习三个实践环节，增加实践教学的比例，保障学生对技术技能的有效获取。与此同时，学生可以通过在企业的工作实践学以致用、查漏补缺，提高学习的主动性和积极性，完善知识体系，并且运用学到的理论知识来创新性解决工作中出现的问题，进一步提高解决实际问题的能力。

第二，校企结合，双元育人。"工学结合"是校企合作的微观表现形式之一，其通过利用校企双主体的教育资源，建立起校企合作关系。校企双方各自发挥办学主体作用，为学生提供学习和应用理论知识并锻炼技术技能的场所。在"工学结合"人才培养模式中，校企双元主体参加且目标相同、步调一致、"动作"协调、协同发力，而非一般意义下的校企合作。[①] 例如，企业与职业学校共同制定人才培养方案、构建人才培养体系，充分体现"工"与"学"的高度融合。

---

① 王新琴：《"双元融合，双全保证"高职机电类复合型人才培养模式研究》，《实验技术与管理》2018 年第 8 期。

第四章 企业作为职业教育重要办学主体的制度障碍及其成因

确立企业的职业教育重要办学主体地位是新时代我国社会主义建设的需要，是党和国家关于技术技能型人才培养的重要决策。企业作为职业教育重要办学主体是促进校企合作政策目标实现的重要措施，符合我国技术技能型人才培养的要求，是实现职业教育高质量发展的重要抓手。但在现实中，企业作为职业教育重要办学主体的作用发挥仍然不足，企业作为职业教育重要办学主体地位的确立还有很多制度上的障碍亟待破解。

第一节 企业作为职业教育重要办学主体的制度障碍

制度一般由正式制度和非正式制度组成，正式制度包括政策法律、经济规则、社会契约等人为设计的正式约束，非正式制度包括社会规范、风俗习惯等。制度是促成企业作为职业教育重要办学主体的加速器。制度保障力度越大，保障范围越全面，企业对制度的适应度与配合度就越高；反之，则企业的适应度与配合度越低，甚至游离于制度之外。企业成为职业教育重要办学主体，在很大程度上是其对制度选择、适应及配合的结果。当前，企业作为职业教育重要办学主体仍存在一些制度障碍。"制度障碍"即阻挡、阻碍主体发展，或者与主体发展不相适应的正式约束和非正式约束。本章中的"制度障碍"特指阻碍企业作为职业教育重要办学主体，或与企业作为职业教育重要办学主体不相适应的政策法律、经济规则、社会契约等人为设计的正式约束等。其内容主要有三个方面：一是现有制度在一定程度上阻碍了企业作为职业教育重要办学主体的实现与长效发展；二是缺乏与企业作为职业教育重要办学主体相匹配的制度设计；三是现有的企业作为职业教育重要办学主体的制度安排执行度不高，尚无法发挥应有的制度效能。

一　法律制度不够完善

"法律制度"是一个国家或地区法律上层建筑的统一体系，主要由法律规范、法律实践和法律意识三个基本要素构成。[①] 谈到我国企业作为职业教育重要办学主体的法律制度，则较为具体，一般指系列法律法规以及校企间的权利义务问题等。当前我国企业作为职业教育重要办学主体的法律制度尚不完善，主要体现在相关法律法规体系不够健全、现有法律制度对企业权益保障不够完善，以及教师政策难以满足学校教师的待遇要求等方面。

（一）相关法律法规体系不够健全

从现有的法律法规来看，对企业作为职业教育重要办学主体具有指导意义的法律法规主要有《教育法》、《高等教育法》、《职业教育法》、《民办教育促进法》以及《职业学校校企合作促进办法》等。但是，现有的法律法规体系建设还存在明显的问题。一方面，虽然新修订的《职业教育法》关于企业办学问题有很多突破性规定，但是比较遗憾的是，其仍然基本保持了1996年版《职业教育法》的总体框架，无单列专章对职业教育校企合作进行细化规定；另一方面，现有《职业学校校企合作促进办法》的实施细则配套不足。再者，严格意义上的《校企合作促进法》或《校企合作促进条例》尚未出台，地方立法机构关于职业教育校企合

---

① 曾德埈：《"法律制度"与"法治"》，《法学》1991年第7期。

作方面的创制性立法进程也十分缓慢。此外，相关法律法规内容不够完善。任何法律规则都包括三个部分，即假定、行为模式及法律后果，其中，法律后果是法律规定的违反该法律时必须承担相应后果的部分，包括肯定性和否定性的法律后果。[①] 目前，有关企业作为职业教育办学主体的法律法规中，关于否定性法律后果的规定较少，即关于企业对不符合要求的行为承担责任的法律规定不足，导致企业即使不以独资、合资、合作等方式依法参与举办职业教育，或者不以资本、技术、管理等要素依法参与职业教育办学，也不会受到惩罚或只受到较小惩罚，企业违法违规成本极低，严重影响了企业参与职业教育办学的积极性。以《职业学校校企合作促进办法》为例，其在"监督检查"章节并未具体说明企业不履行职业教育重要办学主体责任的后果。

（二）现有法律制度对企业权益保障不够完善

权利和义务是规范法律关系的主要内容。在法学意义上，权利和义务应该相统一，所以有了"没有无权利的义务，也没有无义务的权利"的著名论断。[②] 从我国企业作为职业教育重要办学主体的演进过程来看，校企之间的权利与义务不匹配问题长期困扰着我国企业参与职业教育及发挥重要办学主体作用，主要表现在两个方面：一方面，对企业关键性权益的保障仍不明晰；另一方面，对保障企业权益缺乏可操作性的规定。

关键性权益保障仍不明晰。近年来，虽然新颁布的政策法规对关于企业权利的规定进行了一定的扩充，新修订的《职业教育法》也对企业权益相关内容进行了很大幅度的补充与完善，如规定企业享有举办或联合举办职业教育、设置专职或者兼职实施职业教育的岗位、参与职业教育专业教材开发、获得表彰与奖励的政策支持等权利。但是，对于企业作为职业教育重要办学主体举办或参与举办职业教育过程中的关键性权益——产权问题，相关法律法规依然没有予以明晰，总体上仍然未将企业作为一个独

---

① 雷磊：《法律规则的逻辑结构》，《法学研究》2013 年第 1 期。

② 蒋莎莎：《基于权利与义务对等的高等学校贫困生资助机制研究》，硕士学位论文，山西大学教育科学学院，2012，第 10 页。

立市场主体来满足其对应有权利的合理诉求。在市场经济条件下，只有充分考虑了企业的利益诉求，校企深度合作才能长效推进。[①]

执法的顺利推进，主要在于政策法规的可操作性。政策法规的可操作性实质上指的是概念、术语、文体以及立法预测等多方面的技术，其总体要求应当是：备而不繁，逻辑严密，条文明确、具体，用语准确、简洁，具有可操作性。[②] 从法治意义上讲，德国发达的职业教育和成功的企业主体校企合作模式离不开联邦及各州法律法规的详细规范及其约束力。从我国企业作为职业教育重要办学主体的演进历程来看，我国关于保障企业权利的相关规定明显缺乏可操作性。例如，2006 年中共中央办公厅、国务院办公厅印发的《关于进一步加强高技能人才工作的意见》规定："对积极开展校企合作承担实习见习任务、培训成效显著的企业，由当地政府给予适当奖励。"但对何谓成绩显著，标准是什么，何谓"适当"，多少算"适当"，并没有十分清晰的描述。[③] 再如，2017 年国务院办公厅印发的《关于深化产教融合的若干意见》作为指导我国企业作为职业教育重要办学主体参与职业教育办学的重要政策文本，对企业权利的保障性规定用语仍为"享有相应权利"。然而，"相应权利"具体有哪些，如何保障所谓"相应权利"的实现？文件对此均未提及，且与立法用语应该符合"明确准确、周密严谨、通俗易懂、简洁精练"的语言要求不符，[④] 使政策法规整体可操作性不强，不利于有效执行，未能有效调动企业办学的积极性。

（三）教师政策难以满足学校教师的待遇要求

教师政策的核心在于协调聘用、培养培训等方面对教师的要求和教师

---

① 徐国庆：《从分等到分类——职业教育改革发展之路》，华东师范大学出版社，2018，第144 页。

② 陈鹏、薛寒：《〈职业教育法〉20 年：成就、问题及展望》，《陕西师范大学学报》（哲学社会科学版）2016 年第 6 期。

③ 祁占勇、王君妍：《职业教育校企合作的制度性困境及其法律建构》，《陕西师范大学学报》（哲学社会科学版）2016 年第 6 期。

④ 祁占勇、王志远：《企业作为重要办学主体的机制障碍与政策设计》，《高教探索》2018 年第 10 期。

在工资、奖励、职称等方面所能享受的福利待遇之间的关系，据此可以将其划分为以下四类：综合性政策、聘用政策、培养培训政策、薪酬与奖励政策。[①] 但是以国有企业举办的高职学校为例，当前企业办学的教师资格与聘任政策、培养培训政策以及薪酬与奖励政策难以满足学校教师的待遇要求，使该类学校与政府办高职学校相比，对高水平和高学历青年人才的吸引力普遍不高，学校教师平均年龄偏大，师资队伍建设的结构性矛盾突出，师资链面临断裂的危机。

就教师聘用政策而言，国有企业所举办高职学校的教师在获得事业编制方面似与公立学校教师存在差异。政府举办的高职学校是事业单位法人，依据当前《事业单位人事管理条例》的规定，其专任教师在正式聘用后纳入事业单位编制，属于事业单位人员。但是国有企业不属于事业单位，其下属的高职学校没有事业编制，其所办学校的新教师入职一律依据《劳动法》签订劳动合同，占用企业编制。

就培养培训政策而言，国有企业举办高职学校的教师培训渠道狭窄。与"双师"素质要求相配套的应是多样化的教师培训途径，如校外培训、出国培训等。但是在笔者就相关问题进行采访时，受访者普遍反映当前企业所办学校教师的培训途径只有两个，一是借助举办企业内部渠道轮流下企业锻炼，二是参加校际教学经验交流，校外培训和出国培训的机会较少。

就薪酬与奖励政策而言，国有企业举办高职学校的教师工资水平及其他待遇水平不高。2009 年最新修订的《教师法》第六章规定教师享有以下权利：一是平均工资水平应当不低于或者高于国家公务员的平均工资水平，二是享受教龄津贴和其他津贴，三是享受住房优惠，四是享受与公务员同等的医疗服务待遇。但是国有企业办高职学校教师的相关合法权益难以得到保障。他们的工资由企业拨付，平均工资水平低于企业其他员工和政府举办的高职学校的教师，津贴补贴、住房、医疗服务等福利待遇主要

---

① 宫雪：《改革开放以来我国职业教育教师政策研究》，《中国职业技术教育》2012 年第 21 期。

依靠企业缴纳的五险一金来实现，由此企业办学成本增加，反过来挤压了教师本就不高的工资。据 2014 年《中国青年报》的报道，当年甘肃省唯一一家国有企业举办的高职学校甘肃钢铁职业技术学院的教师工资每月只有 2500 元。① 目前来看，只有国务院国有资产监督管理委员会、教育部、财政部、人力资源和社会保障部于 2011 年 5 月联合印发的《关于妥善解决国有企业职教幼教等教育机构退休教师待遇问题的通知》（以下简称《通知》）涉及了国有企业举办的高职学校的教师的第五项待遇问题。《通知》指出，解决国有企业职教幼教退休教师待遇问题的责任主体是地方政府，资金提供主体是地方财政，中央财政则通过专项资金的形式给予适当补贴。

二　职业教育管理体制不够顺畅

职业教育管理体制是职业教育系统内的组织体系与制度安排的有机统一，从动态意义上讲，职业教育管理体制包含职业教育系统的运行机制。② 作为一种教育类型，职业教育主要培养生产、管理、服务第一线的技术技能型人才，这一目标决定了职业教育在管理体制上应该具备跨界性、建构性、集权性、分割性、校本性等特点。随着我国企业作为职业教育重要办学主体的进一步演变，职业教育管理体制在改革中也逐渐暴露了一些问题，主要表现在宏观和微观层面。

（一）宏观层面：多头管理且体系封闭

从宏观层面来看，目前我国职业教育主要实行"在国务院领导下、分级管理、地方为主、政府统筹、社会参与"的管理体制。在这种管理体制下，职业教育管理机构包括教育部门、人力资源和社会保障部门及其他相关部门，如图 4-1 所示，这种多头管理的体制使权力的交叉与条块分割的矛盾长期存在。

---

① 《甘肃唯一企业办高职遭遇发展困境》，《中国青年报》2014 年 10 月 13 日，第 11 版。
② 周明星：《职业教育管理学》，高等教育出版社，2014，第 112 页。

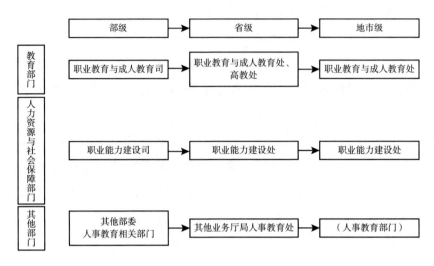

图 4-1　我国现行职业教育管理机构

资料来源：周明星主编《职业教育管理学》，高等教育出版社，2014，第 122 页。

目前，职业教育有教育部门办学、人力资源和社会保障等部门办学、企业办学、教育部门与有关部门联合办学等多种形式，不同类型的学校隶属于不同的主管部门，形成了"谁办学，谁管理""哪级办学，哪级管理"的多元化管理体制。主管部门独立行使权力、多头管理，分别掌握办学单位的"人、财、权"，负责制定职业发展规划。在管理的过程中，由于制定的标准不同、管理方法不同、管理权责划分不明，各部门之间形成隔阂，产生矛盾，互相掣肘。[①] 在这种情况下，职业院校过多服从于所属职能部门。事实上，企业作为职业教育重要办学主体并未充分拥有举办或参与举办职业教育的自主权。由此，企业作为重要办学主体办学的灵活性不够，缺乏积极性和办学的主动性。

同时，职业教育的"跨界"属性内在地要求职业教育的管理体制具有开放性的特征，即要求建立能够促进职业教育与相关行业和企业进行广

---

① 安莹莹：《改革开放以来我国职业教育政策的变迁逻辑及走向》，硕士学位论文，陕西师范大学教育学院，2016，第 38 页。

泛、深入、长期合作的管理体制。长期以来，我国的职业教育都是在政府管控下，按照社会发展要求，本着国家社会主义现代化建设发展的需要，通过中央制定各种政策来推动实施发展的，企业、市场和社会对职业教育的推动作用极为有限。这种相对封闭的职业教育管理体制，与企业、市场和社会的沟通渠道不畅、效率较低，影响了职业教育人才培养质量的持续提升，也造成了职业教育发展的后劲不足。

（二）微观层面：人员双向流通的渠道不畅通

从微观层面来看，校企之间人员双向流动的渠道不畅通是制约企业作为职业教育重要办学主体的关键管理体制因素，突出表现在"职业学校里面的人出不去，企业里面的人进不来"，即职业学校教师与学生去企业实训实习"寻企难"，企业能工巧匠进学校任教难。

一方面，职业学校教师与学生去企业实训实习"寻企难"。长期以来，教师进企观摩实训和学生进企实习"寻企难"的问题困扰着所有的职业学校。众所周知，企业的首要目标是盈利。接纳大量的实习生和教师进企，势必会影响企业的生产效率，甚至会带来巨大的风险，因此，企业为了降低成本、减少风险，通常采取的是不参与、不接受的态度。同时，由于近年来职业学校的扩招，学生人数增多，企业的规模并没有随之扩大，本身接纳不了大量的实习生。也有部分企业因为政策或者其他动机的触发，接受少量的实习学生及实训教师，但是这些学生和教师的身份却常常"扑朔迷离"，学生接触的实习内容更是无关紧要的生产环节，甚至学用不对口。长此以往，职业学校的教师和学生疲于"流水线式"的实习实训，去企业的积极性和主动性变弱。企业忙于应付，对于实习的指导等实际参与不足，在这个方面，企业作为重要办学主体作用实际上是停留在表面的。

另一方面，企业的能工巧匠进职业学校任教难。企业的能工巧匠或者资深的管理人员进校任教是企业作为职业教育重要办学主体的重要方式，能够为学生展现最真实的工作情境与管理实际。然而现实情况是，受职业资格制度的限制，企业员工进入职业学校任教或者开展培训比较困难，目前最常见的形式是企业高管进学校向学生作报告。受企业规章制度的限制，企业员工实行的是岗位制，通俗来讲，就是"一个萝卜一个坑"。在这种管理体制下，企业员工进校任教或者开展中长期指导等必然导致误工，这是企业非常不愿意看到的结果。企业作为职业教育重要办学主体举办或参与举办职业教育，出于培养人才的需要，派企业员工进学校传授实际经验以及企业文化是必要的，但是，从人才成本来说，企业无须"为了喝一杯奶而在家养一头奶牛"。双重管理体制的障碍，在短期内是很难破除的，在此过程中，企业作为职业教育重要办学主体作用的发挥也会受到极大的限制。

三　经费支持制度不够健全

经费是教育发展的必要条件。[①] 同时，昂贵性是职业教育的重要特点之一。[②] 企业作为职业教育重要办学主体离不开经费支持，健全的经费支持制度是企业发挥重要办学主体作用的前提和基础。就目前来看，我国企业作为职业教育重要办学主体的经费支持制度尚不够健全，主要表现在国家公共财政投入与企业办学资金来源方面。

（一）国家公共财政总体投入不尽合理

企业作为职业教育重要办学主体的主动性和积极性受国家对职业教育总体投入状况的影响，当下，国家公共财政总体投入不合理，影响企业重要办学主体作用的发挥，具体体现在两个方面：一是不同教育类型之间的投入不合理，二是各地区职业教育经费投入不均衡。

通常而言，与普通教育相比，职业教育所需的资金、设备要多得多。据世界银行的统计，职业院校生均经费支出是普通教育院校的 2.53 倍，职业院校实验设备和设施成本更高。据联合国教科文组织相关机构测算，职业教育办学成本应该是普通教育办学成本的 2.64 倍。[③] 经过改革开放

① 李延平：《职业教育公平问题研究》，教育科学出版社，2009，第 132 页。
② 徐国庆：《职业教育原理》，上海教育出版社，2007，第 185 页。
③ 张少琴：《建设现代职业教育体系须突破四大瓶颈》，《人民论坛》2015 年第 13 期。

40 多年的快速发展，我国已经成为仅次于美国的世界第二大经济体。虽然近年来，国家对教育的投入持续保持在 GDP 的 4% 以上，而且对职业教育的投入也在不断增加，但总体来看，职业教育经费投入远远没有达到办学所需经费的基本要求。① 从近年来我国教育经费执行情况来看，中等职业学校学生生均一般公共预算教育事业费与普通高中学生生均一般公共预算教育事业费基本持平或略低于普通高中学生生均一般公共预算教育事业费（见表 4-1）。成本与办学条件的关系告诉我们，没有经费的保证很难有质量的保证，我国以投资普通教育的经费办职业教育，职业教育的发展很难得到保障，更会影响企业投资办学时的考虑与决策。

表 4-1　2010~2020 年国家普通高中和中等职业学校生均
一般公共预算教育事业费支出情况

单位：元

年份	普通高中	中等职业学校
2010	4509.54	4842.45
2011	5999.60	6148.28
2012	7775.94	7563.95
2013	8448.14	8784.64
2014	9024.96	9128.83
2015	10820.96	10961.07
2016	12315.21	12227.70
2017	13768.92	13272.66
2018	14955.66	14200.66
2019	16336.23	15380.52
2020	17187.02	15625.03

资料来源：《2020 年全国教育经费执行情况统计公告》附表，中华人民共和国教育部政府门户网站，http://www.moe.gov.cn/srcsite/A05/s3040/202111/t20211130_583343.html。

同时，我国实行"分级管理"的管理体制，使政府财政拨款的层次下移，我国职业教育的经费主要由地方政府承担，然而，由于我国地区

① 冉云芳：《中等职业教育生均经费投入现状分析与对策——基于 2000-2010 年数据的实证研究》，《教育发展研究》2013 年第 1 期。

差距较大，职业教育经费出现地区间失衡，① 如表4-2所示。从统计情况来看，2019~2020年普通高中生均一般公共预算教育事业费的总体增长率高于中等职业学校生均一般公共预算教育事业费的总体增长率。中等职业学校生均一般公共预算教育事业费增长最快的是宁夏回族自治区和江苏省，增长率分别为16.14%和7.92%。增长率最低的是海南省、河北省、天津市、西藏自治区以及河南省，呈现负增长，分别为-11.09%、-8.54%、-5.72%、-5.20%、-4.58%。说明我国职业学校的生均经费预算地区差异显著。这种经费的地区间差异，将会影响企业投资办学的地区选择。

表4-2 2019~2020年全国各省（区、市）普通高中和中等职业学校生均一般公共预算教育事业费支出情况

地区	普通高中			中等职业学校		
	2019年支出（元）	2020年支出（元）	增长率（%）	2019年支出（元）	2020年支出（元）	增长率（%）
全国	16336.23	17187.02	5.21	15380.52	15625.03	1.59
北京市	70582.25	70295.87	-0.41	66304.61	68451.66	3.24
天津市	33566.16	31723.15	-5.49	24843.24	23422.83	-5.72
河北省	15103.81	15324.98	1.46	17076.10	15616.98	-8.54
山西省	14835.08	15911.18	7.25	16563.14	17802.56	7.48
内蒙古自治区	17987.19	19709.55	9.58	19981.81	21021.61	5.20
辽宁省	14662.30	14720.10	0.39	15779.68	15479.02	-1.91
吉林省	12383.52	13834.65	11.72	24098.09	23239.53	-3.56
黑龙江省	12482.67	12608.45	1.01	18960.91	20020.73	5.59
上海市	43433.71	45367.21	4.45	34682.39	37337.85	7.66
江苏省	26891.86	27299.28	1.52	18466.40	19928.07	7.92
浙江省	29093.86	30601.88	5.18	23331.06	24204.22	3.74
安徽省	13841.62	14062.97	1.60	12672.03	13173.47	3.96
福建省	17012.22	17768.04	4.44	17219.69	16741.55	-2.78

① 李延平：《职业教育公平问题研究》，教育科学出版社，2009，第133页。

续表

地区	普通高中			中等职业学校		
	2019 年 支出(元)	2020 年 支出(元)	增长率(%)	2019 年 支出(元)	2020 年 支出(元)	增长率(%)
江西省	13741.68	14019.48	2.02	13837.18	14254.08	3.01
山东省	15631.74	17020.03	8.88	16225.46	16707.52	2.97
河南省	10309.09	11221.52	8.85	9251.24	8827.44	−4.58
湖北省	20225.29	19123.91	−5.45	15754.56	16193.00	2.78
湖南省	13447.63	14225.25	5.78	12167.26	12429.85	2.16
广东省	20087.35	21185.95	5.47	17821.52	18908.31	6.10
广西壮族自治区	10751.41	10666.71	−0.79	9957.14	9817.15	−1.41
海南省	19185.46	19777.68	3.09	14595.64	12977.33	−11.09
重庆市	14532.50	15226.47	4.78	12705.61	12879.80	1.37
四川省	12627.16	13333.26	5.59	12870.20	13137.15	2.07
贵州省	13353.61	13314.89	−0.29	7784.93	7977.93	2.48
云南省	13339.17	17470.43	30.97	11633.61	12308.71	5.80
西藏自治区	34990.97	36280.09	3.68	32708.19	31006.09	−5.20
陕西省	15947.03	17359.52	8.86	13306.06	13498.43	1.45
甘肃省	13383.54	15075.80	12.64	16974.51	16279.74	−4.09
青海省	20076.73	21896.49	9.06	18796.48	18391.65	−2.15
宁夏回族自治区	13773.88	16088.74	16.81	13682.21	15890.81	16.14
新疆维吾尔自治区	16636.77	17898.40	7.58	14598.85	14627.97	0.20

资料来源：《2020 年全国教育经费执行情况统计公告》附表，中华人民共和国教育部政府门户网站，http：//www.moe.gov.cn/srcsite/A05/s3040/202111/t20211130_583343.html。

（二）企业办学的资金来源难以得到充分保障

企业办学的资金来源主要包括政府拨款以及企业和社会力量投入。从目前来看，政府生均拨款政策不适用于企业办的职业学校，企业办职业院校专项经费投入的支持力度不大，同时多元化的办学经费来源尚未形成。

2014 年，财政部、教育部联合发布的《关于建立和完善以改革和绩效为导向的生均拨款制度加快发展现代高等职业教育的意见》规定："各地建立完善高职院校生均拨款制度，应当覆盖全部所属独立设置的公办高职院校。"但由于各地企业办职业院校办学性质不同、经费渠道不一致，部分企业办职业院校无法享受国家生均拨款的政策红利。[①] 企业作为职业教育重要办学主体举办或参与举办的职业学校在现实中还面临着办学身份的尴尬，其模糊的办学性质界定使其无法获得与公办、民办院校相同的"国民待遇"，享受不到国家财政上的拨款和其他方面的财政支持。同时，随着国家经济体制改革的深入，虽然中央财政将逐步整合专项转移支付，增加一般性转移支付比例，但是对于职业教育，中央和地方财政的专项资金支持力度仍然不足，国有资产管理部门也未设立相关的经费项目支持企业办学的经费需求。当然，对于职业学校股份制、混合所有制的改革尚在初步探索阶段，企业以资本、技术、管理等要素依法参与职业教育办学的制度体系也尚未搭建起来。

与此同时，我国《职业教育法》规定由办学者承担办学经费。这就产生了一个问题，企业作为职业教育重要办学主体也要发挥投资主体的作用，承担职业学校办学经费。然而，职业教育是具有联动性、普惠性的教育类型，虽然企业在职业教育中能够获益，但是职业教育的受益主体还包括除企业之外的行业、政府、学生等群体。目前，我国企业作为职业教育重要办学主体的多元主体投入机制尚未形成，以企业投入为主和学生分担的形式仍然占主导地位。这样一来，企业办职业教育时，因其办学经费来源的单一性，经费投入会随着企业盈利的波动变化而变化，不利于企业作为职业教育重要办学主体的长效发展。

众所周知，教育经费政策的核心在于规范教育经费的筹措、分配和使用三个关键环节。但是当前企业办学经费政策对国有企业办高职学校的支持很少。在经费筹措环节，政府没有充分发挥主渠道作用；在经费分配环节，政府没有将学校纳入高等职业教育生均拨款和教育费附加返还的覆盖

[①] 童卫军、任占营：《行业企业举办职业院校的现实困境与对策研究》，《高等工程教育研究》2015年第6期。

范围。如果国有企业办高职学校的办学经费问题不能在政策层面得到真正的解决，那么我国的校企合作将会呈现一种矛盾状态，即一方面国家投入大量资金为校企合作提供经费保障，另一方面却忽视了具有校企合作优势的国有企业办高职学校对办学经费的迫切需求。①

就经费筹措政策而言，政府主渠道的作用没有发挥出来。职业教育的人才培养成本高于普通教育是各国职业教育发展的共同特点，因而职业教育经费筹措的应然状态是以政府投入为主、其他投入为辅的多元投入格局。然而目前国有企业办高职学校经费筹措的实然状态是以其他投入为主，以政府投入为辅。其他投入主要包括学生学费收入和办学企业的拨款，科研项目经费、基础设施建设经费等国家财政专项投入占总投入的比例偏低，政府主渠道的作用没有发挥出来。同时，该类学校的学费收取标准碍于物价部门核准标准的限制，与政府办高职学校基本持平，不及民办高职学校。对不同举办主体高职学校资源汲取差异的实地调查显示，国有企业办高职学校的生均学费收入比民办高职学校低 2608 元。② 此外，办学企业的投入又受经营风险和高层管理人员的观念影响，具有不稳定性。因此，学校只能依靠学费和企业拨款进行设备采购、基础设施建设、日常教学等基本活动，可用于师资队伍建设、专业建设、教育教学改革及研究等促进学校内涵发展的经费捉襟见肘。

就经费分配政策而言，国有企业办高职学校没有享受到高等职业教育生均拨款和教育费附加返还。自 2014 年 10 月教育部和财政部联合颁布《关于建立和完善以改革和绩效为导向的生均拨款制度加快发展现代高等职业教育的意见》后，各省、区、市陆续建立起高职学校生均拨款制度。③ 但是目前省级层面只将省属公办高职学校认定为生均拨款对象，对

---

① 徐国庆：《职业教育办学模式研究的分析框架》，《职教论坛》2013 年第 19 期。
② 刘云波、郭建如：《不同举办主体的高职学校资源汲取差异分析》，《教育发展研究》2015 年第 19 期。
③ 任占营、童卫军：《高等职业教育生均拨款制度实施困境与对策探析》，《中国高教研究》2017 年第 8 期。

国有企业办高职学校的生均拨款来源并未做出明确规定，只有天津、辽宁和浙江等少数职业教育发达地区通过省级财政负担的形式为本地区的国有企业办高职学校提供足额生均拨款。2016 年，上海市教育科学研究院和麦克思研究院的联合调查数据显示，全国共有 74 所公办高职学校的生均拨款不足 3000 元，这些基本上是行业企业举办的高职学校。① 此外，教育费附加指的是缴纳增值税、营业税和消费税的单位和个人应向税务机关缴纳的非税专项收入，地方政府以 1996 年出台的《职业教育法》第二十条为依据，向各企业收取教育费附加，用于支持本地区的职业教育事业发展。一般来说，国有企业的经济体量和规模庞大，按照 3% 的缴纳比例计算，每年均需上交数额庞大的财政教育费附加。而根据《征收教育费附加的暂行规定》第八条，地方教育部门负责统筹分配地方征收的教育费附加。但是部分地方政府对教育费附加返还政策的落实有失公平，基本返还给了政府办高职学校，国有企业自办的高职学校不在返还之列。根据 2013 年高职学校办学经费收入的相关数据，国有企业办高职学校教育费附加收入占总收入的比例比政府办高职学校低约 3 个百分点。②

四　激励制度不够合理

激励理论认为，需要通过外在的激励手段引导以及激发客体的内在需求来共同激励促使客体某项行为的产生。③ 就我国企业作为职业教育重要办学主体来看，税收优惠政策仍未满足企业的现实诉求，无法激发企业的内在动力。

目前来看，税收优惠政策是激励企业作为职业教育重要办学主体最为直接的手段，符合企业以营利为目的的需求。近年来，虽然政府加大了对

---

① 上海市教育科学研究院、麦克思研究院：《2017 中国高等职业教育质量年度报告》，高等教育出版社，2017，第 64 页。
② 刘红：《经费投入视角下企业举办职业教育发展研究》，《教育学术月刊》2017 年第 4 期。
③ 万伟平：《企业参与职业教育的激励机制构建研究——基于政府作用的视角》，《职教论坛》2013 年第 4 期。

企业作为职业教育重要办学主体的税收优惠（相关政策见表4-3），但是，总体上对企业利益的考虑仍然不够充分。特别是在税收优惠问题上，虽然政策上给出了原则性的规定，但仍未能满足企业作为职业教育重要办学主体的现实诉求。

表4-3 近年来企业作为职业教育重要办学主体的财税政策文本规定（部分）

序号	发文时间	政策名称	文本内容规定
1	2014年	国务院关于加快发展现代职业教育的决定	企业因接受实习生所实际发生的与取得收入有关的、合理的支出，按现行税收法律规定在计算应纳税所得额时扣除
2	2017年	国务院办公厅关于深化产教融合的若干意见	要……落实结构性减税政策，……落实社会力量举办教育有关财税政策
3	2018年	职业学校校企合作促进办法	（1）按规定落实财税用地等政策，积极支持……企业参与办学；（2）企业因接收学生实习所实际发生的与取得收入有关的合理支出……依法在计算应纳税所得额时扣除
4	2019年	国家职业教育改革实施方案	按规定落实相关税收政策。试点企业兴办职业教育的投资符合条件的，可按投资额一定比例抵免该企业当年应缴教育费附加和地方教育附加
5	2019年	建设产教融合型企业实施办法（试行）	进入产教融合型企业认证目录的企业给予"金融+财政+土地+信用"的组合式激励，并按规定落实相关税收政策

资料来源：笔者根据相关文件整理。

从近年来我国企业作为职业教育重要办学主体的财税政策文本相关内容可以看出，政府十分重视对企业参与职业教育办学的税收激励力度，几乎每份政策文本均会关注企业财税减免的问题。但是，这些政策规定具有明显的不足，具体表现如下。一方面，政策的操作性不强，原则性规定过多。对于企业在哪些方面应该具体得到财政投入和税收补贴，具体按多少比例等均未有规定，影响企业发挥职业教育重要办学主体作用的期许。另一方面，对于企业的隐性成本支出关注不足，影响企业重要办学主体作用的发挥。隐性成本一般很难以具体的金钱数额来衡量，如优秀员工带实习生的间接误工费、学生在企业实践过程中的设备损耗费等，但是这些成本在实际办学中确实产生了，并占据相当大的比例。然而，政策层面却没有相应的考量，未能全面考虑企业的实际需要，易影响企业的办学积极性。

五　评价制度不够科学

教育评价是教育改革和教育研究的重要问题之一。[①] 当然，评价最重要的目的不是证明，而是改进。[②] 就目前来看，我国企业作为职业教育重要办学主体的评价制度不够科学，突出表现在以政府教育主管部门和各职业院校为主的教育系统内部评价为职业教育质量的主要评价方式。在这一背景下，行业、企业和社会其他组织共同参与职业教育质量评价的机制尚未建立，企业开展职业学校毕业生质量及满意度评价的难度较大。

（一）企业共同参与的职业教育质量评价机制尚未建立

2010 年《国家中长期教育改革和发展规划纲要（2010—2020 年）》和 2011 年《教育部关于充分发挥职业教育行业指导作用推进职业教育改革发展的意见》等文件明确提出，要改革当前的职业教育质量评价制度，特别提出"要建立社会、行业、企业、教育行政部门和学校等多方参与"的职教质量评价机制，尤其要将"社会及用人单位的意见"作为重要的评价依据。这些文件充分肯定了行业企业在职业教育质量评价中的主导地位。目前看来，我国职业教育质量评价存在评价主体单一、评价内容和方式滞后的问题，企业共同参与的职业教育质量评价机制尚未建立。

---

① 李鹏、石伟平、朱德全：《理想、利益与行动：职业教育学习评价的多重制度逻辑》，《高校教育管理》2019 年第 2 期。
② 吴忠：《大数据支持下学习评价的价值逻辑》，《清华大学教育研究》2019 年第 1 期。

一是评价主体单一。当前以教育系统内部评价为主的职业教育质量评价，使评价主体主要局限在传统的"教育生产方"，企业作为职业教育评价主体的作用没有得到充分发挥。在这种情况下，企业无法影响人才供给质量，只能在需求侧进行"立关设卡"，导致职业院校培养的技术技能人才与企业需求不匹配现象屡屡发生。二是评价内容和方式滞后。就评价内容来看，目前我国职业教育质量评价的主要内容大致涵盖基本情况、学生发展、质量保障措施、社会贡献、学校党建工作情况等九个维度（见表4-4），其中对校企合作的质量评价内容比较泛化。就评价方式来看，不少职业院校重视总结性评价，轻视过程性评价，仍采用简单的总结报告来开展评价，这样的评价内容和方式实际上剥离了企业的参与。因此，要改革现有职业教育质量评价制度，必须建立社会、行业、企业、教育行政部门和职业院校等多方参与的职业教育质量评价机制，尤其要将"社会及用人单位的意见"作为重要的评价依据。

表4-4　当前我国职业教育质量评价的主要维度及内容

序号	主要维度	具体内容	序号	主要维度	具体内容	序号	主要维度	具体内容
1	基本情况	规模和结构	4	校企合作	校企合作开展情况和效果	7	特色创新	/
		设施设备			学生实习情况			
		教师队伍						
2	学生发展	学生素质	5	社会贡献	办学质量和社会影响力	8	学校党建工作情况	/
		就业质量						
3	质量保障措施	专业布局	6	政府履责	经费保障	9	主要问题和改进措施	主要问题
		质量保证			政策措施			改进措施
		师资建设						

资料来源：笔者根据部分省区市职业教育年度质量报告整理。

（二）企业开展毕业生就业质量及满意度评价的难度大

就业质量和满意度是评价职业教育办学水平的重要指标。企业开展职业学校毕业生就业质量及满意度评价是企业作为职业教育重要办学主体的重要举措，也是推动职业学校毕业生就业质量及满意度提升的关键。当下，职业教育毕业生就业质量及满意度评价存在学校"唯就业率"问题。同时，开展毕业生就业质量及满意度评价本身也是一项复杂的系统工程。

近年来，教育主管部门颁布的相关文件将职业学校招生规模与毕业生就业率挂钩，使许多职业学校过度关注就业率。当然，就业率作为一项重要指标固然十分关键，但是，就业率在一定程度上只是反映了就业"量"的大小，无法全面、科学、客观地反映就业"质"的高低。[①] 目前，一些职业院校过度关注就业率，且将就业作为学生换取毕业证的重要条件，导致理想的企业和学生之间双向互选模式未能在实践中很好地落地。在这种情况下，大部分企业仅仅发挥着接收实习生的作用，其参与办学的功能被弱化。

同时，毕业生就业质量及满意度评价实际上是一项非常复杂的系统工程，总体来看，包括就业质量和满意度两个层面的问题。然而，就业质量本身是很难量化的。它既不是简单的就业量，也不是就业岗位的高低或者工作环境的优劣，而是与毕业生的学习生活和生涯规划诉求挂钩，实则暗含着学生对未来发展前景的一种满意度。当然，就业质量及满意度的调查还涉及长期的追踪，各类企业对人才的具体要求也千差万别，因此企业开展毕业生就业质量及满意度评价需要加大企业财力物力投入，进一步增大了人才培养的成本。同时，在开展评价的过程中还会涉及政府、职业学校、毕业生等相关利益群体，企业评价结果的反馈还需要进一步论证及落实。由此看来，企业开展职业学校毕业生就业质量及满意度评价的难度较大。

六 国有企业办学体制机制建设存在滞后性

作为举办方，国有企业对所属高职学校负有直接的管理责任，因

---

① 刘景峰、齐永意、刘治安：《对高职毕业生就业质量监控与评价体系的探索》，《职教论坛》2010 年第 21 期。

此其办学体制机制是否顺畅是国有企业办高职学校可持续发展的决定因素之一。但是目前看来，国有企业办学体制机制存在滞后性，企业只是在单方面履行办学责任，没有把办学体制机制的建设与学校的可持续发展诉求紧密结合起来。具体表现为采用一对一的传统办学模式、学校办学自主权受到企业董事会的限制以及尚未建立校企沟通协调机构和机制。

（一）采用一对一的传统办学模式

在职业教育改革创新的时代背景下，我国职业教育的办学模式呈现多样化的发展态势，集团化办学、股份制和混合所有制办学、中外合作办学等新型办学模式层出不穷，形成了与经济社会发展特点相契合的结构形态和运行机制。然而，反观作为职业教育重要办学主体之一的国有企业，由于举办职业教育已经不再是企业的主要职能，因此其在办学模式创新方面的表现迟滞。虽然国有企业办学中政企合一的制约因素已经消除，但是大部分国有企业采用的仍然是一对一的传统办学模式。在该模式下，企业和学校之间是一对一的关系。具体来说，在这种关系中，学校的举办方是国有企业，学校在行政上接受举办企业的管理；企业对学校的办学活动享有决策权和管理权，只是在业务上接受省级教育行政主管部门的指导。学校的任务主要是依托企业办学，组织学生参加相关考试和考核，并依据国家的考试考核标准授予合格者毕业证书和资格证书。其间，企业向学校派遣优秀专业技术人员，调拨折旧生产设备，提供实习岗位等。学校在企业的统筹管理下组织教育教学活动，培养供需匹配的生产、管理、服务一线人才。诚然，在企业自建自管的模式中校企零距离合作的优势明显，但是该模式具有封闭性，相关企业缺少与同类办学主体以及其他办学主体之间的合作交流，既增加了企业的办学压力，又阻碍了学校可持续办学目标的实现。因此国有企业打破当前单一的办学模式具有必要性。

（二）学校办学自主权受到企业董事会的限制

一所高职学校的办学自主权主要包括人事管理权、财务管理权以及经营决策权等。一般来说，受隶属关系的影响，高职学校办学自主权的大小主要取决于主管单位对其的干预程度。① 在国有企业的管理组织体系之下，国有企业办高职学校隶属于国有企业，国有企业董事会对学校人、财、物的调配拥有较大话语权。在访谈中，有受访者提到学校在人事管理、财务管理以及经营决策等方面受到了企业的限制，在现代大学制度下，至今仍未形成完善的内部治理结构。具体而言，在人事管理权方面，国有企业办高职学校的人事管理体系是企业人力资源管理体系的一部分。在这种人事管理体制下，该类学校的校长由企业管理层兼职或直接任命。此外，企业不断缩紧所属高职学校的人事任用指标并对指标使用进行严格的控制，阻碍着学校面向社会引进专业技术人员或能工巧匠担任学校专职教师。在财务管理权方面，国有企业办高职学校的资产是企业资产的一部分，在这种资产管理关系下，该类学校的资产调配、使用、核对等财务工作都必须在企业财务部门的指导下开展，阻碍着学校充分发挥各类资源的办学作用。在经营决策权方面，学校的办学方针和重大事项的决策必须提请企业董事会并得到批准，但是企业董事会成员对当前国内高职教育的全貌把握不够，在行使经营决策权时难免过于强调经济效益，不利于学校的长远发展。企业对学校人事、财务、经营决策的话语权过大，反而使学校的办学自主权受限，影响学校领导班子工作的主动性和积极性。

（三）校企沟通协调机构和机制尚不完善

相较于不存在历史隶属关系的企业和高职学校，国有企业及其所属高职学校之间的合作关系是校企合作的成功典范。但是这种良好的合作关系更多是基于双方上下级的行政管理关系，对合作形式和合作内容等具体事宜的沟通协调缺少组织和机制保障。具体而言，一方面，校企沟通协调实体机构建设进程缓慢。从受访者的回答来看，办有高职学校的国有企业建设校企沟通协调实体机构的情况基本上可以分为以下三类：第一类是企业内部已经建立起校企沟通协调机构；第二类是企业有建立校企沟通协调机

---

① 汤敏骞：《高职学校办学的隶属关系因素研究》，《教育与职业》2017年第6期。

构的计划，但是由于种种原因还未付诸实践；第三类是企业内部没有建立校企沟通协调机构，也没有建立该类机构的计划。三类情况中以第二类和第三类情况居多，致使校企双方没有沟通协调的平台，信息共享受阻，难以有效执行合作政策。另一方面，校企沟通协调机制尚未形成。学校和举办企业之间应就哪些事务进行沟通？如何有效地沟通？由哪些人员负责具体沟通事宜？这些问题是构建校企沟通协调机制的关键问题，也是在现实中概念较为模糊的问题，使校企双方的沟通协调受到阻碍。校企双方对各项合作事务的认识不一致，学校始终处于被动地位。可见，校企沟通协调实体机构和机制仍需要切实完善，以在组织和机制上帮助学校继续依托举办企业开展办学活动。

综上所述，我国企业作为职业教育重要办学主体面临来自经费支持制度不够健全、激励制度不够合理、法律制度不够完善、管理机制不够顺畅、评价制度不够科学、部分企业办学体制机制建设存在滞后性等诸多方面的障碍。实际上，有些问题是伴随企业办学全过程的老问题，有些则是企业作为职业教育重要办学主体地位确立后面临的新问题。但是，无论如何，这些新旧问题的长期存在与交替干扰使企业发挥职业教育重要办学主体作用存在内部疲软、外部乏力的情况，并深刻影响着企业作为职业教育重要办学主体举办或参与举办职业教育的积极性和主动性。长此以往，既不利于职业教育的健康可持续发展，也不利于企业的长足进步。因此，探寻问题背后的深层次原因，是当下破除企业作为职业教育重要办学主体制度障碍的关键。

第二节　企业作为职业教育重要办学主体的制度障碍成因分析

综观企业作为职业教育重要办学主体的诸多制度性障碍，企业要真正成为职业教育重要办学主体并不能一蹴而就，只有在真正破除制度障碍的基础上，企业才会发挥重要办学主体作用。然而，要破除这些制度障碍，首要的是挖掘企业作为职业教育重要办学主体制度障碍存在的深层次原因。同时，从系统论的观点来看，任何系统都是一个有机的整体。因此，在分析企业作为职业教育重要办学主体制度障碍存在的原因时，也要从整体出发，避免割裂地看待问题。

一　长期形成的固有观念

企业作为职业教育重要办学主体制度障碍存在的原因之一是长期形成的固有观念，这种固有观念集中体现在三个方面：一是由于职业属性的不同以及工作环境的差异，社会大众容易形成对职业教育的固化思维，使职业教育长期受到轻视；二是社会大众对职业教育作为一种教育类型的认识不足；三是社会大众在潜意识里认为，公办职业教育比民办职业教育更有利于受教育者的职业发展。

（一）　对职业教育的固有偏见影响企业的价值选择

在漫长的社会发展中，我国形成了"学而优则仕""万般皆下品，唯有读书高""劳心者治人，劳力者治于人"等传统价值观念。由于中国传统文化中存在贬低体力劳动的倾向，与体力劳动密切相关的职业教育历来得不到民众的重视。还有一个不容忽视的事实是，士在士、农、工、商四大职业群体中有最为崇高的社会声望，士从事的是脑力劳动，与脑力劳动密切相关的学术教育总是得到民众的青睐。这些现象至今仍然存在于整个社会当中，在面临教育选择时，人们首先选择接受普通教育，而将接受职业教育作为无法获得学术教育机会的替代选择。企业作为重要办学主体举办或参与举办职业教育的属性与特质不明晰，这是影响企业办学积极性和主体作用发挥及时性的根本要素之一。同时，从普通教育与职业教育的比较来看，职业教育主要培养从事生产、技术、服务等行业的专门人才，通俗来讲就是"手艺人"。接受职业教育的人所从事的是劳动强度大、工作环境较差的职业。由于所受教育与将来从事的工作和社会地位有密切联系，以及中国传统文化中根深蒂固的"劳心"和"劳力"概念，人们对职业教育存在偏见。虽然在新中国成立后，人们对职业教育的偏见有所变化，但脑力劳动在人们心目中占据高位的事实仍然未能改变。^① 当下，情况也并没有得到根本性好转。因此，在一定程度上，政府对于职业教育发展的关照范围有限，相关财政、激励、评价等法律法规和政策内容不全面，甚至带有明显的摸索性。

虽然职业教育作为教育类型的表述出自新时代我国职业教育改革的文件《国家职业教育改革实施方案》，但是职业教育系统对类型属性的追求远早于此。从近代职业学校教育的出现算起，职业教育系统对其类型属性的追求可以分为局部化阶段和体系化阶段。^② 然而，无论是在局部化阶段还是在体系化阶段，职业教育圈对职业教育是教育类型的事实最为重视，其他群体对职业教育的印象仍然不容乐观，总体上职业教育的类型属性仍然得不到重视。

在局部化阶段，职业教育系统中致力于凸显职业教育类型属性的主要是各类中等职业学校，这些中等职业学校对本校的办学模式、课程结构和人才培养方式均进行了改革探索。在办学模式改革方面，各中等职业学校打破封闭办学的格局，加强与劳动力市场的互动；在课程结构改革方面，各中等职业学校摆脱学科本位逻辑的桎梏，采用工作本位逻辑来统筹组织各课程要素；在人才培养方式改革方面，各中等职业学校的重点由掌握扎实的专业理论知识转向形成核心职业能力。中等职业学校办学模式、课程结构以及人才培养方式对工作适应性的增强，使职业教育的类型属性在中等职业教育层次得以显现。在体系化阶段，职业教育类型属性的凸显得益于办学层次的高移，主要体现为高等职业教育的大发展。20世纪90年代以来，出于对高等教育大众化以及培养高水平技术技能人才的需要，我国采用了"三教统筹""三改一补"等举措扩大高等职业教育的规模，发展至今，高等职业教育已经占据了高等教育的半壁江山。^③ 除此之外，从

---

① 李延平：《职业教育公平问题研究》，教育科学出版社，2009，第112页。

② 徐国庆：《确立职业教育的类型属性是现代职业教育体系建设的根本需要》，《华东师范大学学报》（教育科学版）2020年第1期。

③ 石伟平等：《中国教育改革40年：职业教育》，科学出版社，2018，第85~86页。

2014 年《国务院关于加快发展现代职业教育的决定》提出探索发展本科层次职业教育开始，本科层次职业教育的探索建设工作正在稳步推进。高等职业教育大发展和本科层次职业教育的探索发展，使职业教育的类型属性在职业教育体系层面得以显现。可见，职业教育系统在职业教育类型属性的强调方面做了很多有益的尝试。但是对这种类型属性的认识还不具备普遍性。因为不论是 20 世纪 80 年代发展中等职业教育，还是 21 世纪早期发展技术应用型本科教育，都是把办学水平较差的普通学校改办为职业教育。① 尤其对于很多办学优异的高职学校来说，其由中职"升格"而来的出身使得高职学校的高等性难以明确。为此，大多数高职学校执着于升本、力争摆脱职业教育的轨道，这就使得高职院校的职业教育属性逐渐弱化，存在普通化偏移的倾向。因类型属性的偏移，企业作为重要办学主体举办或参与举办职业教育的属性与特质更加的不明晰，这是影响企业办学积极性和主体作用发挥及时性的根本要素之一。

（二）公办与民办的认可差别阻碍主体作用的发挥

企业作为职业教育重要办学主体制度障碍存在的原因除了社会对职业教育的固有偏见之外，还有对公办职业教育与民办职业教育的认可差别。2017 年，新修订的《民办教育促进法》第二条指出，"国家机构以外的社会组织或者个人，利用非国家财政性经费，面向社会举办学校及其他教育机构"统称为民办教育。无疑，企业办的职业学校就是民办职业教育，主要包括民办中等职业教育和民办高等职业教育。这种观念导向的明显的身份差别在根本上影响着企业办职业教育的战略抉择。

一直以来，"上公家学""吃公家饭"是社会大众对受教育者起点和终点的普遍期待。虽然，近年来在基础教育阶段（主要是幼儿园、普通中小学），因民办教育资源的优质性，人们对民办教育产生了热情。但是，在职业教育领域，"公办校"依然是"一家独大"。"公办校"，尤其

---

① 徐国庆：《确立职业教育的类型属性是现代职业教育体系建设的根本需要》，《华东师范大学学报》（教育科学版）2020 年第 1 期。

是一些地方教育行政部门直属的职业学校，各类资源应有尽有。家长也认为学生进入公办学校后，学生的人身安全、职业发展等均有强有力的政府做后盾，在择校时对企业办的职业学校则会再三考虑。同时，企业作为职业教育重要办学主体举办或参与举办的职业学校也受政府观念的影响，如尽管国家出台的免学费政策同样适用于符合条件的企业所办的中职学校，但在一些地方却存在政府落实不当的现象。① 一些地方人为地把企业等所办的民办高职排在公办学校之后，造成不平等竞争。此外，对于企业办职业教育没有相应的评判评估标准，用同一把尺子评判公办职业学校和企业等所办的民办职业学校，这对企业办学来讲是极不公平的。因此，在公办职业教育与民办职业教育存在认可差别的观念下，企业作为职业教育重要办学主体举办或参与举办职业教育既不能得到有力的财政支持，也无法获得平等的生存待遇，阻碍企业举办职业教育。

二　利益相关者的博弈

企业作为职业教育重要办学主体存在诸多制度障碍的直接原因是利益相关者之间的博弈，同时，制度上的约束与激励很难促使不同利益主体集合成利益共同体，由此，利益差别在扩大的过程中加大了利益相关者之间的利益分化与利益冲突。企业作为职业教育重要办学主体是相关者利益分配的过程，代表着一种对办学主体及其过程的分配。

（一）不同利益群体之间存在利益分化

利益分化是指各利益主体因利益实现渠道和实现程度不同而引起利益差别的过程，② 是特定群体为了追求自身利益最大化的表现。企业作为职业教育重要办学主体制度障碍存在的直接原因之一是政府、企业、职业学校等不同利益群体之间的利益分化。

① 周凤华：《民办职业教育的现状分析与策略研究》，《中国职业技术教育》2017年第6期。
② 于春洋：《略论利益分化对民族地区政治稳定的双重影响》，《学术论坛》2008年第7期。

作为利益主体的政府，其博弈行为主要表现为设计政策并有效执行。[①] 政府希望企业作为职业教育重要办学主体能够培养结构合理、数量充足的技术技能型人才，以促进产业经济增长、技术进步，提高劳动者素质，取得良好经济效益和社会效益。但企业作为重要办学主体的制度本身不完善，在政策设计与实际执行过程中，无法保证不同利益群体间的利益相对平衡，利益的纠纷必然存在，企业因合理诉求长期得不到满足而对职业教育办学热情不高。同时，目前我国职业教育仍采用政府主导型质量保障模式，企业、社会组织等利益群体的质量保障权力仍然非常有限甚至缺位。这种权力结构使利益群体之间的地位显然是不对等的，政府单方面制定规则，企业、职业学校等无法参与规则的制定。政府通过职业学校执行规则，企业无法参与职业教育质量评价的全过程。这样一来，政府就无法有效地关照到企业等利益相关者的权益，会导致各利益群体所获利益不平等。因此，各利益群体间的利益适配是非常关键的。

（二）同一利益群体内部出现利益冲突

利益的有限性与应对手段的局限性，使同一利益群体内部常常出现利益冲突，突出表现在短期内很难对某些重要问题达成一致意见或相互让步。政府内部不同部门之间的利益冲突、企业内部的利益冲突等也直接影响着企业作为职业教育重要办学主体的顺利实现。

首先，政府内部不同部门之间存在利益冲突。由于不同政府部门对各自利益的维护，政策制定缺乏系统性考量，容易出现政策法律之间割裂、不配套、衔接性不足的问题。在涉及企业未深度参与职业教育办学问题时，怎么处罚、由谁处罚的问题也未得到彻底解决。2018 年人力资源和社会保障部、财政部印发了《关于全面推行企业新型学徒制的意见》，而2019 年教育部办公厅发布了《全面推进现代学徒制工作的通知》。从政策目的与政策内容来看，两份文件的主旨均是培养高质量的技术技能人才。

---

① 姚树伟：《职业教育发展动力机制研究——基于利益相关者理论分析框架》，博士学位论文，东北师范大学教育学部，2015，第 43 页。

归根到底，"企业新型学徒制"和"现代学徒制"的育人本质是一样的，但由于部门利益的冲突，两部门各自为政，从一定程度上弱化了对于"学徒制"试点的推进与执行。其次，企业内部也存在利益冲突。一是企业投入与回报的不匹配。企业参与职业教育办学需要投入一定量的资金、技术、人力、物力等，但育人具有周期性，这些投入的资源难以在短期内转化为企业所需的经济回报，这种投入与产出的不匹配，会影响企业参与职业教育办学的积极性。此外，企业还需要承担学生的实习实训费用、实训基地维护费用等，这些都会增加企业的运营成本，更易使企业产生抵触情绪。二是企业人力资源配置的冲突。企业参与职业教育办学意味着企业员工的工作负担加重，企业需要承担学校的教学、指导等额外工作，如果企业没有合理安排这些工作，很有可能激起员工的不满情绪，从而影响员工的满意度。此外，企业参与职业教育办学培养的优秀潜在员工，存在被其他企业"挖墙脚"的可能性，潜在的人才流失风险也会降低企业参与职业教育的热情。

三　政策逻辑的影响

我国职业教育的发展长期受到政策逻辑的深刻影响，政府在不同程度、不同方面对于职业教育发展的干预较多，关于其介入职业教育的限度并不明确，也导致地方政府责任界限模糊。同时，政府对职业教育发展的市场逻辑关注不足，市场介入职业教育的权利与能力十分有限，市场逻辑的边缘化现象严重。

（一）政府介入职业教育的限度不明确

政府介入职业教育的限度实际上就是政府干预职业教育发展的程度。长期以来，尤其是市场经济体制建立之初，我国政府对于职业教育发展的介入程度之深显而易见，政府的深度介入在推动职业教育发展的同时，也造成了企业作为重要办学主体举办或参与举办职业教育的"惰性"。

新中国成立之初，虽然当时我国的校企关系不完全是现代意义上的校企关系，但校企关系是十分密切的，甚至实现了"校企一体化"。然而，这种和谐的关系是政府行政命令指导下的结果，实际上是政府行为。同时，在建立社会主义市场经济体制的过程中，政府为了给企业的市场化进程消除障碍，使企业轻装上阵，通过政府政策规制，对企业的一切办社会职能进行了剥离，其中就包括企业剥离举办职业教育职能。这一次校企剥离产生了巨大的影响，致使校企关系疏远。当前，虽然政府大力倡导企业作为职业教育重要办学主体，但并未获得企业的充分响应，这说明完全通过政府的行政干预很难建立校企合作的利益平衡机制，也难以高质量、长效地实现企业作为重要办学主体举办或参与举办职业教育。因此，纵观新中国成立以来职业教育发展的全过程，政府对于职业教育的介入限度非常不明确。政府何时介入、介入多大程度、在哪些方面介入、如何介入等方面均存在问题，即政府在很大程度上忽视了介入职业教育的"尺度"，缺乏按照职业教育发展的内外部逻辑来考量职业教育发展的思考。长此以往，企业对自己能否作为职业教育重要办学主体必然存在疑虑。

（二）地方政府的责任界限模糊

作为一种教育类型，职业教育的特别之处在于形式灵活、市场性强、深受地方条件影响，这三个特点决定了职业教育与其他教育类型相比，其发展更加离不开地方政府的扶持与指导。[①] 具体到国有企业办高职学校的发展来看，我国国有企业办高职学校可持续发展的关键词之一就是"地方责任"，换句话说，地方政府责任的界限清晰与否深刻影响着国有企业办高职学校的进步与否。但是就目前来看，地方政府责任的界限模糊是影响国有企业办高职学校的可持续发展的主要问题之一。而地方政府责任界限模糊的主要表现是权责分配失衡和地方政府选择性执行政策。

一是职业教育权责分配失衡。权责分配是对中央政府和地方政府所拥有的权利和所承担的责任进行配置，合理的权责分配是保证政府行政效率

---

① 祁占勇：《职业教育法律问题研究》，陕西师范大学出版总社，2019，第95页。

的重要前提。据此，职业教育权责分配是依据事权和责权相统一的原则，对中央政府和地方政府在职业教育领域所拥有的权利和所承担的责任进行分配。合理的职业教育权责分配是职业教育体系化发展的基本要求，也是职业教育可持续发展的重要保证。对于我国而言，各级政府对国有企业办高职学校管理权力和责任分配的失衡弱化了其管理基础，使该类学校的办学得不到有效的指导和支持。这种权责分配的失衡显然是国有企业办高职学校的可持续发展面临问题的一大成因。从权责结构上来说，我国各级政府的权责分配应呈现为金字塔型，其所拥有的权力大小和所承担的责任大小相匹配。具体来说，在这种权责结构中，中央政府所拥有的权力大，所承担的责任也大，而地方政府所拥有的权力小，所承担的责任也小。就国有企业办高职学校的权责分配来看，其呈现结构不是理想的金字塔型，而是与之相反的倒金字塔型。① 在倒金字塔型权责结构中，各级政府关于国有企业办高职学校的权责分配并不平衡，中央政府权力大且责任小，而地方政府权力小且责任大。以职业教育经费投入为例，一般来说，中央政府按照当年教育财政预算向职业教育投入一定经费的同时，地方政府需要投入规定比例的配套经费，但是最终中央政府抽走了较高比例的职业教育财政收入。如此一来，对国有企业办高职学校管理权责分配的失衡显而易见，这进一步加大了地方政府的管理负担，从而降低了中央政府和地方各级政府的行政效率。

二是地方政府选择性执行政策。20 世纪末 21 世纪初，我国中等职业教育规模大滑坡，因此国家出台相关政策，支持职业教育的发展。在这些职业教育政策中，虽然直接提及国有企业办高职学校的不多，但是仍然存在大量与企业举办职业教育有关的内容，相关政策的累计颁布数量与前一时期相比数量可观（见表 4-5），从宏观、中观和微观层面为国有企业办高职学校的办学提供了政策目标和政策手段。但是政策内容的日渐丰富并

---

① 石伟平：《中国职业教育发展报告（2013—2014）》，华东师范大学出版社，2019，第 51 页。

不意味着政策目标的最终实现，这中间还要经历政策执行的过程。地方政府在执行企业举办职业教育的相关政策时，存在选择性执行政策的现象，使国有企业办高职学校不能充分享受到政策红利。

表4-5 2000~2019年企业举办职业教育政策文件的累计颁布情况

单位：个

时间	政策文件名称	政策文件数
2002年	关于大力推进职业教育改革与发展的决定	1
2004年	关于进一步加强职业教育工作的若干意见	1
2005年	关于大力发展职业教育的决定	1
2009年	关于加快推进职业教育集团化办学的若干意见	1
2010年	国家中长期教育改革和发展规划纲要(2010—2020年)	1
2014年	关于加快发展现代职业教育的决定	1
2017年	关于深化产教融合的若干意见	2
	关于国有企业办教育医疗机构深化改革的指导意见	
2019年	国家职业教育改革实施方案	2
	建设产教融合型企业实施办法(试行)	
合计	10	

资料来源：笔者自制。

政策执行是政策文本转化为政策行动的关键环节，是将政策规定的内容变为现实的过程，是为了实现政策目标而重新调整行为模式的动态过程。[1] 政策的执行在政策法规生命过程中发挥着至关重要的作用。[2] 政策执行的主体是地方各级政府，政策的最终效力往往取决于地方政府执行度的高低，而如果地方政府在执行政策的过程中受到控制递减定律和反控制定律的双重作用，则政策执行度偏低。控制递减定律的核心思想是"组织规模越大，上层领导者对其组织行为的控制力就越弱"，反控制定律的核心思想是"统治者或上层官员越想控制其下属，下属越逃避或抵制这

---

[1] 祁占勇：《职业教育政策研究》，教育科学出版社，2018，第133页。

[2] 陈振明主编《政策科学——公共政策分析导论》，中国人民大学出版社，2003，第260页。

种控制"。① 从当前企业举办职业教育政策的执行度来看，受以上两种定律的叠加影响，地方政府往往选择性执行政策，以致政策的预设目标与地方政府的具体执行之间往往存在较大差异。这种具有选择性的政策执行行为主要表现为地方政府未执行政策或对政策执行不到位。一方面，已经颁布的政策强调了企业举办职业教育的必要性，并且提出了支持性的政策措施作为参考，但是地方政府出于管理层认识不一、不具备执行条件等原因，在实际操作中没有采取措施推进政策目标的实现，使政策成为一纸空文，例如国有企业办高职学校的生均拨款问题以及教育费附加返还问题。另一方面，某些政策针对的是在现实中迫切需要解决的问题，同时地方政府也认识到了这种迫切性，但是实际操作起来有难度，于是政策只得到了部分落实，发挥了部分政策效力，例如企业办学激励问题。由此看来，地方政府选择性执行政策是影响我国国有企业办高职学校的可持续发展的主要因素之一。要推动企业办职业教育，不仅政策内容要过关，政策执行更是要过硬。

（三）市场逻辑的边缘化

市场逻辑是市场为了维系市场经济的存在和发展而自发形成的制度安排和行动机制。政策逻辑和市场逻辑是职业教育发展中的一对"孪生兄弟"，只是大多数职业教育发达国家更加注重遵循市场逻辑发展职业教育。然而目前，在我国职业教育的发展中，由于受政策逻辑的深刻影响，市场逻辑被边缘化，突出表现在市场的变化对职业教育的影响并不明显，职业教育仍然能够按部就班地发生发展。

通常而言，职业教育是所有教育类型中与市场关系最为密切的，而在我国的长期发展中，政府作为主办方、管理方创办了大量的职业学校。学校按照教育行政部门的规划和要求招生、开设课程、进行人才培养，无论产业、市场的需求如何变革，学校的教学工作都不会发生根本性的改变。

---

① 〔美〕安东尼·唐斯：《官僚制内幕》，郭小聪译，中国人民大学出版社，2017，第140~147页。

在这种情况下，即使政策层面做出应对，也只能"哪里痛，治哪里"，或者是"推一步，走一步"。要真正使企业作为职业教育重要办学主体，核心在于使职业教育的发展能按照市场逻辑进行。然而，目前我国职业教育的总体发展也好，企业作为重要办学主体举办或参与举办职业教育也罢，在制度上本身就缺乏市场逻辑的导向。由此，在企业办学经费投入、政策激励、管理等方面，也存在市场逻辑的边缘化，从而使企业作为重要办学主体举办或参与举办职业教育时障碍重重。

四　现有政策的效力不足

从长期的发展过程来看，我国职业教育校企关系实际上深受政策的影响。就企业作为职业教育重要办学主体制度障碍存在的原因而言，现有政策的效力不足是一大问题。

（一）政策的频频出台降低了其效度

进入 21 世纪以来，党和国家对职业教育愈加重视。我国出台了大量的职业教育政策，节选部分如表 4-6 所示，均在不同层面对校企关系进行了大量的引导和规制。然而，我国企业作为职业教育重要办学主体的发展还没有达到政策预期，政策失效问题明显。

表 4-6　21 世纪以来职业教育校企关系的政策文件（节选部分）

序号	时间	政策文件	发文机构
1	2002 年 8 月	关于大力推进职业教育改革与发展的决定	国务院
2	2004 年 4 月	关于推进职业教育若干工作的意见	教育部、财政部
3	2004 年 9 月	关于进一步加强职业教育工作的若干意见	教育部等七部门
4	2005 年 2 月	教育部关于加快发展中等职业教育的意见	教育部
5	2005 年 10 月	关于大力发展职业教育的决定	国务院
6	2006 年 3 月	关于职业院校试行工学结合、半工半读的意见	教育部
7	2006 年 4 月	关于进一步加强高技能人才工作的意见	中共中央办公厅、国务院办公厅
8	2007 年 4 月	企业支付实习生报酬税前扣除管理办法	国家税务总局

续表

序号	时间	政策文件	发文机构
9	2009 年 2 月	关于加快推进职业教育集团化办学的若干意见	教育部
10	2010 年 7 月	国家中长期教育改革和发展规划纲要（2010—2020 年）	国家中长期教育改革和发展规划纲要工作小组办公室
11	2010 年 11 月	中等职业教育改革创新行动计划（2010—2012 年）	教育部
12	2014 年 5 月	关于加快发展现代职业教育的决定	国务院
13	2014 年 6 月	现代职业教育体系建设规划（2014—2020 年）	教育部等六部门
14	2017 年 9 月	关于深化教育体制机制改革的意见	中共中央办公厅、国务院办公厅
15	2017 年 12 月	关于深化产教融合的若干意见	国务院办公厅
16	2018 年 2 月	职业学校校企合作促进办法	教育部等六部门
17	2019 年 1 月	国家职业教育改革实施方案	国务院
18	2019 年 3 月	建设产教融合型企业实施办法（试行）	国家发展改革委、教育部
19	2019 年 9 月	国家产教融合建设试点实施方案	国家发展改革委等六部门
20	2021 年 10 月	关于推动现代职业教育高质量发展的意见	中共中央办公厅、国务院办公厅
21	2022 年 12 月	关于深化现代职业教育体系建设改革的意见	中共中央办公厅、国务院办公厅
22	2023 年 6 月	职业教育产教融合赋能提升行动实施方案（2023—2025 年）	国家发展改革委等八部门

资料来源：笔者根据相关文件整理。

政策执行是政策得到落实与实施的中介与桥梁，没有政策的执行，政策制定所确定的目标就会落空，问题就得不到有效解决。国务院前总理朱镕基曾感叹："如果发一个文件，能兑现 20% 就算成功了，不检查落实根本不行。"[①] 可见，颁布政策的数量并不能代表政策的效度，"重制订、轻

---

① 涂端午、魏巍：《什么是好的教育政策》，《教育研究》2014 年第 1 期。

行动,有文本、没执行"的政策难免会遭遇失真或低效的尴尬。当然,企业作为职业教育重要办学主体需要政策的支持与推动,需要从政策层面释放更多的"红利",同时,我国职业教育校企关系相关政策出台的意图都是好的,目的都是促进企业更好地发挥职业教育重要办学主体作用。但是,不论从目前企业办学的经费投入政策,还是从税收优惠等激励政策与管理政策来看,政策规定还存在不具体、不明确的问题。同时,有些政策措施没能很好地考虑企业、职业学校、学生等的实际需要,有关部门存在调查不足的现象,在制定相关政策时没有充分认识到政策的适用性与政策范围的有效性,使政策措施缺乏操作性、协调性与同步性,难以得到有效的贯彻执行。因此,目前我国企业作为职业教育重要办学主体制度障碍存在的主要原因并非政策文本不足,而是政策文本的有效性及对政策文本的执行效力不足。

(二) 政策伦理失范削弱了其权威性

伦理是政策的价值基础与内在诉求,也是政策发挥其规范功能的重要保证。教育政策伦理是国家在调整和分配有限的教育效益资源以实现特定教育目标的过程中所遵循的伦理价值原则。[①] 而权威性则是教育政策有效执行的根本保证。企业作为职业教育重要办学主体政策规划中的伦理失范削弱了政策的权威性,使企业作为职业教育重要办学主体的相关政策效力不足,进而成为阻碍我国企业成为职业教育重要办学主体的主要因素之一。

从本质上讲,公平性与公正性是政策伦理的基本规定,公平性又体现在政策的合法性上。[②] 政策作为协调和平衡社会公共利益的工具和手段,其要想被公众接受并发挥应有的作用,就必须在内容和形式上都是合法的。显然,形式合法就是从政策的生成到评估的各个环节都按照法定程序

---

① 刘世清:《教育政策伦理问题研究》,博士学位论文,华东师范大学教育科学学院,2007,第21~22页。

② 王春城、赵小兰:《公共政策规划中的伦理失范与治理》,《国家行政学院学报》2015年第6期。

进行；而内容的合法性则是指政策所规定的行为准则、具体措施等能够符合多数人的长远利益，能够被公众认可并接受。[①] 公正性和合法性相生相长，而公平性则更多发挥着调节作用，避免政策的价值缺失和偏差。在相关政策的制定、执行、评估等过程中，企业作为重要的办学主体和利益主体，却很难参与各个环节，更多是被动接受。企业作为职业教育重要办学主体相关政策的失范明显存在，在极大程度上削弱了政策的权威性，增加了企业对于政策的不信任，加大了政策执行的难度。

（三）有关国有企业举办职业学校的政策缺失

国家教育政策体系包括总政策和具体政策，企业办学问题是国家教育问题的一个方面，因此企业办学政策体系属于教育具体政策的范畴。借鉴孙绵涛对教育具体政策的结构解析，企业办学政策体系应当包括企业办学质量政策、企业办学体制政策、企业办学经费政策以及企业办学教师政策。[②] 国有企业所办高职学校的本质是实施高等教育的公益性学校，在教育系统内理应平等享受同级同类学校的政策待遇。但是，当前的企业办学政策中有关国有企业举办高职学校方面的政策缺失，这一问题主要体现在政策对职业学校性质及其管理权限的界定模糊、职业学校在经费政策中处于不利地位等方面。在具体政策的规制上，政府在教育经费投入方面对职业教育是不利的，激励政策对于企业的现实关照也是十分有限，各利益主体在权利与义务上也体现出不平衡性。以国家首批国家产教融合型企业参与职业教育办学获得的政策优惠为例，在具体调研中发现，虽然政府许诺给予产教融合型企业"金融、土地、税收、财政"等的优惠，但在实践中，政府利好更加偏向国有企业，这极大地挫伤了民营企业举办职业教育的热情。

一是政策对职业学校性质及其管理权限的界定模糊。教育办学体制政策的核心在于协调各级各类教育之间的关系以及教育管理主体之间的关

---

① 陈潭：《公共性：公共政策分析的一般范式》，《湖南师范大学社会科学学报》2002 年第 4 期。

② 孙绵涛：《关于国家教育政策体系的探讨》，《教育研究》2001 年第 3 期。

系，但是对于国有企业举办高职学校而言，当前企业办学的体制政策在这两个方面存在对职业学校性质及其管理权限界定模糊的问题。就各级各类教育协调政策而言，当前的企业办学体制政策对国企举办高职学校的性质界定模糊。从表3-1的统计可以看出，76所国有企业举办高职院校的属性均为公办高职院校。然而，政策界定上的模糊使它们既没有被教育部门划入公办高职院校的范围，也没有被民政部门划入民办高职院校的范围，只能算作"社会力量办学"。① 公办高职学校享有的权益包括为学生发放奖助学金、申请课程和教学改革项目、申请实习实训基地建设项目等，根据《民办教育促进法》的相关规定，民办高职学校享有的权益包括政府资金扶持、贷款利率优惠、低价或无偿获取教学用地等。"双非"的身份使国有企业办高职学校无法享有上述两类性质学校的权益，同时也给签订合同、贷款和招标等办学活动带来不便。就教育管理主体协调政策而言，当前的企业办学体制政策对国有企业和政府部门的管理权限划分模糊。当前国有企业办高职学校接受国有企业和省级教育行政主管部门的双重管理。一方面，学校是国有企业组织结构的组成部分，在行政上接受国有企业的管理；另一方面，学校又是学制体系的组成部分，在业务上接受省级教育行政主管部门的指导。对这种双重管理关系的清晰表述在学校章程中较为常见，但是并未在政策上固定下来，学校管理的不稳定性明显。因此，在现实中国有企业和政府部门对学校的管理容易走向两个极端：一端是双方推诿管理责任，将学校置于"谁都不管"的处境；另一端是双方交叉管理，学校的办学方向出现不断摇摆的现象。在与受访者交谈的过程中，笔者发现推诿管理责任的情况多于交叉管理的情况。

二是企业举办的职业学校在政策经费支持上常处于不利地位。当前，企业办学的资金筹措渠道主要包括政府财政拨款、企业自身投入以及社会各界力量的投入。然而，就政府拨款而言，现行的生均拨款政策在面向企

---

① 宁吉喆主编《2014 中国经济社会发展形势与对策　国务院研究室调研成果选》，中国言实出版社，2014，第 372 页。

业举办的职业学校及高职院校时显得不适配，且专项经费政策对这些院校的扶持力度相对薄弱。具体来说，2014 年财政部、教育部联合颁布的《关于建立完善以改革和绩效为导向的生均拨款制度加快发展现代高等职业教育的意见》中，虽明确要求各地应建立健全高职院校生均拨款制度，并覆盖所有独立设置的公办高职院校，但由于企业办学性质的多样性及经费来源的差异性，部分企业举办的职业院校难以享受到国家生均拨款政策的实际惠益。① 此外，随着国家经济体制改革的不断深化，中央政府正在逐步优化财政转移支付结构，增加一般性转移支付的比例，同时整合专项转移支付。但在职业教育领域，无论是中央还是地方的财政专项资金投入仍显不足。更值得关注的是，国有资产管理部门尚未设立专门的经费项目来直接支持企业办学的资金需求，② 这在一定程度上制约了企业办学的可持续发展与创新能力提升。

---

① 童卫军、任占营：《行业企业举办职业院校的现实困境与对策研究》，《高等工程教育研究》2015 年第 6 期。

② 王志远：《企业作为职业教育重要办学主体的发展演进与制度保障》，硕士学位论文，陕西师范大学教育学部，2020，第 61 页。

第五章　国际视野下企业作为职业教育重要办学主体的制度设计

制度体系的形成是一个不断探索、不断创新的长期过程，在这个过程中，高质量的制度供给能有效保障企业作为职业教育办学主体的介入性逐渐提升。国际上诸多国家都依据本国国情构建了适切的企业作为职业教育办学主体的制度体系。无论是以双元制职业教育体系而著称的德国、注重产学合作教育与企业内教育的日本、推行 STC 改革运动的美国，还是行业主导职业培训的新西兰，企业作为职业教育重要办学主体地位均通过一系列的制度设计在这些国家得以确认与落实。

第一节　德国企业作为职业教育重要办学主体的制度

在德国，企业是双元制模式得以建立的关键一元，是职业教育与培训的实施主体。这一制度构建，源自 1969 年德国《联邦职业教育法》（Berufsbildungsgesetz，BBiG）的出台，该法标志着双元制职业教育与培训体系的确立，职业学校教育与企业职业培训由此正式统一为一个体系。此法律是协调市场经济中各机构之间相互作用的杰出范例，被认为是一个"成功的典型案例"，[①] 该法首次统合了各种有关企业培训的分散法规，对

---

① 蔡心心：《德国职业教育在高等教育领域的发展与渗透》，《中国职业技术教育》2021 年第 3 期。

企业内职业培训（双系统）、职业培训准备、进修和职业再培训进行了规范，进而确定了职业教育各主体之间的关系。《联邦职业教育法》分别于2005年与2019年进行了更新与修订，进一步强化了德国企业在职业教育中的主体地位与合法性。[①] 法律的认可与赋权，为企业参与职业教育起到保驾护航的作用，构成德国职业教育走向卓越的主要原因之一。[②] 此外，支撑企业参与职业教育办学的制度构建与宏观背景下的各类社会因素亦是形塑德国企业作为职业教育重要办学主体的关键部分。

一　《联邦职业教育法》确立企业在职业教育中的主体地位

《联邦职业教育法》成为该国企业参与职业教育办学的动力之源，为职业教育的人才培养质量提供了根本保证，从而形成口碑与影响力的良性循环。《联邦职业教育法》是一部基于工作场所的职业教育法律。该法共分为七部分，分别为通用总则，职业教育，职业教育组织，职业教育研究、规划与统计，联邦职业教育和培训研究所，罚款条例，过渡与最终条款，共计106条。其中，通用总则第三条明确说明该法主要用于企业与跨企业的职业教育。《联邦职业教育法》的内容聚焦企业实施或参与职业教育过程中的具体问题，该法在第二部分"职业教育"的第一章集中体现了企业在职业教育中的主体地位，指出企业作为办学主体的权利与义务往往相伴相生、互为表里，且权利与义务的规定主要围绕企业、学徒和企业师傅三方展开。

（一）企业的权利与义务相伴而生

法律规定，符合资格的企业享有实施职业教育的权利，也需要承担相应的义务。办学资格审核主要由德国的行业协会负责，行业协会在审核企业提交的文件后，再派专门人员到企业专门考察雇主的素质与企业

---

① 李忠、亓婷婷：《德国企业作为职业教育主体的法律保障及其启示——基于德国〈联邦职业教育法〉的文本分析》，《职教论坛》2017年第4期。

② 刘鸫根、张春晗：《当前高职院校改革发展需把握好的五个问题刍议》，《高教探索》2019年第10期。

的基础设施，评判企业是否符合开办职业教育的条件。而符合条件的企业根据《联邦职业教育法》第五条，需按照培训规定开展职业教育活动，主要形式是学徒培训，即课堂教学与实地训练结合，学徒培训年限必须不少于两年且不多于三年。此外，该法第二部分第一章第三小节第二十七条至第三十条明确了企业的职业教育与培训设施、企业师傅、学徒、职业教育内容的相关规定，为教与学的长期稳定关系提供了必要的法律保障。

（二）企业直接对学徒负责

第一，企业有权且有义务与学徒签订职业教育合同。签订职业教育合同既是对企业投资行为的合理保障，也是对学徒个人权利的维护。每份职业教育合同必须由企业立即送交主管当局，以便列入职业教育关系登记册，确保教育关系的正当化、合理化、明确化。而合同内容必须包括如下内容：职业教育的性质、内容与目的；职业教育的年限；校外培训的具体措施；学徒训练时长；学徒试用期时长；学徒工资与报酬金额；假期时长；终止条款与服务条款。① 此外，学徒和企业师傅的职责也得到进一步细化，师傅必须确保向学徒提供实现培训目标必需的专业能力，承担学徒在职业教育期间产生的一系列费用以及参加相关考核所需的培训材料。而学徒必须积极努力地学习。通过职业教育合同的签订，不仅企业与学徒之间的联结加深，而且企业、企业师傅、学徒三者之间形成了绑定关系，企业师傅也直接对学徒的教育质量负责，并且行业协会也在其中承担建立与维护合同关系的官方第三者的角色。

第二，企业有权对学徒进行考试，有义务对通过考试的学徒颁发资格证书。《联邦职业教育法》规定，学徒在学习期间须进行中期和期末两次国家考试。这两次考试主要考核学徒的专业知识与技能掌握程度，

---

① "Ausbildung & Beruf　Rechte und Pflichten während der Berufsausbildung," Bundesministerin für Bildung und Forschung, 2021 - 07 - 14, https：//www. die - duale. de/SharedDocs/Down loads/dieduale/de/Neue - Broschuere - Ausbildung - und - Beruf. pdf? __blob = publicationFile& v = 2, Accessed：2022 - 07 - 30.

期末考试还用于判断学徒是否具备专业的行为能力。其中，学徒应证明自己已掌握了必要的专业技能，具备必要的专业知识和技能，熟知职业学校的教学内容。考核内容以培训规定为依据。通过期末考试的学生可获得由企业出具的合格证书、职业学校出具的毕业证书以及考试证书。而负责考试内容制定与结果评定的考试委员会的成员中至少 2/3 的成员必须是雇主和雇员的代表，考试评估必须记录基本过程，并记录与评估相关的事实作为评判依据。

二　企业作为职业教育重要办学主体的支撑制度构建

《联邦职业教育法》作为德国双元制职业教育体系中的"主心骨"，为企业参与职业教育提供了基本架构，但仅仅依靠一部法律并不能够使德国企业顺利融入职业教育之中。深度参与职业教育办学等诸多事宜，仍需要适配的管理体制、经费制度、激励制度作为可持续发展的动力之源。

（一）以企业需求为核心的职业教育管理体制

保障企业参与职业教育办学的关键机构是"主管机构"（Zuständige stellen），该机构与政府和社会合作伙伴一起发挥着至关重要的作用。主管机构包括行业协会以及各种联邦和州当局。主管机构负责它们所代表的工业部门和地区的职业培训，该机构主要负责确保职业教育机构教学的适宜性、监督企业培训工作的开展、为企业、企业师傅和学徒提供咨询、建立和维护职业教育合同，以及组织考试制度并举办期终考试。每个主管机构都需设置职业培训委员会，它由六名雇主代表、六名雇员代表和六名职业学校教师组成。职业培训的所有重要事项均应通知职业培训委员会并征求其意见，并且委员会必须就所有重要职业教育领域的问题向社会进行告知和咨询后再决定实施计划。"主管机构"是自治机构，德国所有工商会、手工艺商会和自由职业的相关专业委员会都被分配了参与到双元制职业教育体系中"主管机构"管理的职责。

另外，其他管理机构也为企业诉求的合理表达提供了空间，组织之间的权力架构有助于企业积极为职业教育的发展建言献策。从国家层面来说，联邦教育与研究部（Bundesministerium für Bildung und Forschung，BMBF）负责一般的职业教育与培训政策问题，而企业的需求往往是促进和改善职业教育与培训的战略和计划的重点。而联邦职业教育和培训研究所（Bundesinstitut für Berufsbildung，BIBB）的委员会由企业、工会、联邦州和联邦政府四方代表组成，该研究所致力于刺激创新，并为初始职业教育与培训（IVET）和继续职业教育与培训（CVET）开发实践方案。[①] 在地区层面，各联邦州均设有职业培训委员会，其成员公平地代表雇主、雇员和最高地方当局并就职业培训问题向州政府提供咨询意见。以企业需求为核心的德国双元制职业教育管理体系不仅畅通了企业人才需求的合理合法表达，还有效保障了企业参与职业教育政策的制定与治理。

（二） 以促进学生发展与学生培训开展的职业教育经费制度

企业参与职业教育的教育经费制度规定主要来自《联邦教育促进法》（Bundesausbildungsförderungsgesetz，BAföG），以及其他职业教育相关法律的部分条款。完善的职业教育经费制度明晰了企业的职责与政府需要援助的部分。德国职业教育经费保障体系是由公共财政和私营经济共同资助的一种多元混合模式，其主要包括企业直接资助、企业外集资资助、混合经费资助、国家资助和个人资助五种类型。[②] 而各州对双元制非全日制职业学校和全日制职业学校负责，包括设计学校课程、支付教师薪酬等。其中，德国企业主要负责承担企业内职业教育培训的费用，尤其是德国大中型企业，主要以直接资助和设立基金的集资资助等形式提供。企业承担的费用占德国职业教育经费投入的大部分，甚至达到政府拨款的 7 倍多，是

---

① "Vocational Education and Training in Europe：Germany," Cedefop, 2019-02-16, https：//www.cedefop.europa.eu/en/print/pdf/node/31782, Accessed：2022-07-25.

② 王继平、尉淑敏：《新世纪以来我国中职学生资助体系建设的回顾与反思——兼谈德国经验的借鉴》，《职业技术教育》2021 年第 18 期。

劳动部门提供的经费的 3.4 倍。[①] 而国家和各级政府承担职业学校的各项费用。不仅如此，政府还专门拨款支持"双元制"职业教育中的主管各类企业培训的各种行业协会，为德国职业教育的发展提供有力支持。此外，德国双元制职业教育体系的经费投入还格外注重对学生个体的资金供给。学生进入职业教育领域学习是免费的，而德国各级政府对职业学校的经费投入分级负责。德国联邦政府通过对联邦职业教育与研究部、联邦经济事务与能源部（Bundesministerium für Wirtschaft und Energie，BMWi）和联邦劳工和社会事务部（Bundesministerium für Arbeit und Soziales，BMAS）的资助方案，为职业教育与培训提供资金。通过一些重要的项目联邦教育基金、联邦教育和培训援助法案、持续培训拨款、升级奖学金和继续教育奖金对学生提供必要的经济援助。在地方，联邦各州与地方政府（有时也与市政协会）合作开展针对企业内部员工的职业培训，并要求雇主在其中承担大部分费用。德国的继续职业培训调查显示，2015 年，德国企业在职业继续教育中为每名员工平均花费了 683 欧元。德国还计划逐步提高学徒的工资待遇。《联邦职业教育法》2019 年的修正案规定，从 2020 年开始的学徒制，最低工资必须至少为 515 欧元，到 2023 年应至少增加到 620 欧元。

（三）物质与名誉兼顾的企业参与职业教育激励制度

尽管德国有着企业参与职业教育办学的悠久历史，但吸引企业参与不应仅依赖具有强制性的硬约束，还应注重激励制度的建设。只有充分调动雇主和雇员参与职业教育的积极性，方能实现校企合作的长远可持续发展。因此，德国对企业参与职业教育的激励制度分为两种类型，即物质激励与名誉激励。

第一，物质激励包括财政激励与硬件支持。在德国，联邦政府通过优惠政策来鼓励企业参与职业教育活动，企业参与职业教育的投入大部分可以通过减免税及财政补助得到补偿，通常企业可以获得占其净投入费用

---

① 马宇：《德国"双元制"职业教育发展特点新论》，《教育评论》2012 年第 6 期。

50%~80%的补助。此外，企业通过学徒制招收的学徒，所支付的工资只有正式员工工资的1/4~1/3。从投资回报的角度分析，企业的人力投资回报明显高于人力投资成本，并且企业还能从培训的学徒中吸纳切实所需的员工，节省招聘和上岗培训的费用，缩短员工的适应时间。① 而硬件支持主要针对难以独立开展职业教育的中小型企业，德国会提供专门的平台保障中小型企业有开展职业教育的能力。譬如，跨企业职业培训中心（Überbetriebliche Berufsbildungsstätten，ÜBS）是德国高级职业培训和继续教育的集中补充性学习与职业资格证书认证的场所。其不仅配备专业知识深厚、实操经验丰富的教师和带教师傅，还提供高标准、较先进的教育基础设施与设备。该平台有助于保障熟练劳动力的供应，为德国高质量的职业教育做出了重要贡献。此外，德国从2006年就开始推行"工作启程者+"（"JOBSTARTER plus"）计划。该计划目前已资助了德国300多个区域项目，所有项目都提供了针对性措施来支持以前没有参与职业教育经验或拒绝参与职业教育的中小型公司。"工作启程者+"计划促进了区域结构化发展，有助于学生更好地从学校过渡到职场。它将当前职业教育政策与各区域的经济发展潜力与劳动力市场饱和度相结合，确保技术技能型人才的技能区域性适配，保证中小型企业在市场不确定的情况下仍有参与职业教育的积极性与承载力。

第二，对参与职业教育企业的名誉激励。通过参与职业教育，企业可以提高社会声誉，树立良好的企业形象。企业参与职业教育并非没有门槛，而是需要经主管部门按照《联邦职业教育法》的资质标准审查认定，这类企业一般被称为"教育企业"，具有教育性。德国联邦职业教育与研究部发布的《2020年职业教育报告》显示，2018年，德国实际聘用双元制学徒开展职业培训的企业（教育企业）共计42.7万家，占企业总数的19.7%。②

---

① 陈钰：《德国"双元制"职业教育成功的关键因素分析》，《成人教育》2019年第10期。

② 《德国科教动态 | 德国发布〈2020年职业教育报告〉，职教发展态势良好》，同济大学中德人文交流研究中心，2020年6月10日，https：//sino-german-dialogue.tongji.edu.cn/44/73/c7539a148595/page.htm，最后访问时间：2024年8月12日。

三 企业作为重要办学主体制度形成的社会因素

德国企业能够有效地深入职业教育领域开展办学，绝不仅仅是单方面依靠完善的制度构建。德国企业参与职业教育办学的历史、产业结构发展的必然需求、职业教育理论的最新突破、德国企业组织结构的特殊性与企业投入职业教育的可观收益等因素，均是促成德国企业作为重要办学主体制度落地的社会因素。

（一）历史传统与社会文化的长久浸润

第一，德国企业能高效且全面多元地参与到职业教育办学中，离不开德国历史悠久的企业育人传统。根据史料记载，德国最古老的行会是1106年沃姆斯的贩鱼者行会和1128年马格德堡的制鞋者行会，[①] 这种"师傅带徒弟"的培训形式在13世纪得到普及，在手工业中推广开来，并最终发展为较为稳定的行业学徒制。诚然，行业学徒的现象并非德国特有的，整个西欧乃至世界都有类似的培训形式。在德国，手工业学徒培训制度已有250多年的历史，工业培训学徒也有100多年的历史。200多年来，企业培训在德国职业教育中都占有举足轻重的位置。[②] 20世纪30年代，德国政府开始通过制定统一的教学计划，将企业培训与职业学校教学紧密结合起来，使企业参与职业教育实践教学的模式得以持续并不断发展。[③]

第二，德国素有崇尚技术技能的社会氛围。在德国社会观念中，每一种职业都是神圣且平等的。技术技能型人才被视作企业的灵魂和生命，在企业家心中远远比重大的科技成果更有价值。这类群体不仅有着较高的工资收入，而且社会地位也比较高。绝大部分家庭乐意让自己的孩子进入职

---

① 周丽华、李守福：《企业自主与国家调控——德国"双元制"职业教育的社会文化及制度基础解析》，《比较教育研究》2004年第10期。

② 周丽华：《辅助原则与德国"双元制"职业教育中经济组织的主体地位》，《外国教育研究》2015年第2期。

③ 冯旭芳、李海宗：《德国企业参与职业教育实践教学和培训模式对我国的启示》，《职教论坛》2008年第18期。

业教育领域学习，掌握相关技术技能。"双元制"作为一种教育思想、教育制度，已经深深扎根于德国社会的土壤中，并促进了德国经济社会的发展。

第三，德意志民族文化传统中双重自由观催生企业的责任基因。根据郭少棠教授在《权力与自由——德国现代化新论》中的解释，双重自由观即个人拥有自由、平等的权利，但自由的基础是秩序，自由是一种在秩序中的自由。① 双重自由观在德国政治文化中表现为兼顾国家主义与自由主义。在职业教育领域，具体地体现为企业从事的经济活动是自由且应当的，而员工培训也是经济活动中不可缺少的部分，企业拥有设计培训时间、内容及组织等方面的决定权，企业开展的职业教育应当遵守、服从于一定的制度与规则。②

（二）高精尖制造业为主的产业结构持续需要高级技术技能人才

德国拥有高度发达的制造业和与之交织在一起的相关服务产业，目前全球的机械设备有 1/6 是德国生产的，德国每年出口额是 1800 亿欧元左右，根据制造业的 32 个细分领域，德国是其中 16 个领域的世界第一。并且德国是欧盟青年失业率最低的国家之一，也是最大的贸易顺差国。③ 根据德国联邦议会技术发展后果评估办公室的一项研究，德国经济用于研究和发展的资源中有 90% 都用在制造产业中。对于与制造业相关的服务型产业来说，工业企业是其重要的动力来源和消费者，制造业的从业人员占到德国经济界劳动力的近 60%，而制造业的产值则达到德国总产值的近 80%。④ 综合以上数据，可以判定德国是一个以高精尖制造业为主的现代

---

① 郭少棠：《权力与自由——德国现代化新论》，华东师范大学出版社，2001，第 15 ~ 19 页。
② 周丽华、李守福：《企业自主与国家调控——德国"双元制"职业教育的社会文化及制度基础解析》，《比较教育研究》2004 年第 10 期。
③ "What Is Germany's Dual Education System—And Why do Other Countries Want It?," Deutsche Welle，2020-02-15，https：//www.dw.com/en/what-is-germanys-dual-education-system-and-why-do-other-countries-want-it/a-42902504，Accessed：2022-07-25.
④ 〔德〕菲利克斯·劳耐尔：《双元制职业教育——德国经济竞争力的提升动力》，《职业技术教育》2011 年第 12 期。

工业社会。经济的高质量发展与产业结构的高端形态，必然要求技术技能水平同步达到高水准以实现技能与产业之间的高均衡，促进产业结构的良性循环。根据德国联邦劳动部在 2017 年发布的《联邦政府技术劳工概念进展报告》，为了实现德国的进一步繁荣和发展，国家必须"支持所有求职者适应劳动市场的变化和新需求"，除了提供更灵活的工作时间之外，求职者也有必要为自己设立一个"就业机会账户"，为自己的就业投资。据德国预测研究所估计，到 2040 年德国劳动力市场总计缺少 330 万合格的技术工人、医生护士和专业研究人员。德国尽管有着成熟的双元制职业教育体系，却仍然面临着技术技能人才的短缺，这无疑为企业参与职业教育办学带来了全新的目标与挑战，而德国联邦政府也将推行政策以推动越来越多的适龄学生参与学徒制。

（三）职业教育理论的不断深入为企业参与提供有效指引

早期教育学者在关于教育与生产劳动相结合领域与当代教育学者对职业能力与行动导向教学过程的研究与实践，为企业参与职业教育办学提供了扎实的基础研究与理论方法。裴斯泰洛奇在新庄"贫儿之家"进行教育与生产劳动相结合的初步实验，发现了两者结合对人的和谐发展和社会改造的重要意义。马克思将教育与生产劳动相结合的思想进一步系统化、丰富化，明确了教育与生产劳动相结合是提高社会生产的一种方法。[1] 而凯兴斯泰纳的劳作学校理论更是丰富了德国公民教育的内涵。这类早期的教育思想结晶有效启发了企业作为职业教育办学主体的思想观念。

而职业能力研究与过程导向的教学研究是职业教育研究的基本内容，德国学者在该领域的卓越成就为企业的参与职业教育提供了可行路径。一是德国学者认为现代技术工人既要有能力完成岗位所需的工作任务，也需要具有灵活性和启发性的方法手段，以解决未知情景中的问题，并将职业能力按内容分解为专业能力、方法能力与社会能力，这反

---

[1]　赵文平：《企业作为职业教育的学习地点：德国的经验分析与启示》，《中国职业技术教育》2018 年第 12 期。

映了德国职业能力理论的整体性、综合性的特点。围绕职业能力的开发研究，使德国学者愈发专注于将职业能力贯彻到整个职业生涯发展中，将其与员工的发展与组织构建创造性地联系起来，为工作场所的学习理论提供了必要的知识论基础，创设了企业中新的学习形式。二是德国职业教育教学范式从行动导向转向过程导向。过程导向的教学范式面向不断发展的职业过程，注重培养学生的自我调整、自我提高能力，在教学上强调灵活性与复合性，要求以真实的企业实践为导向来设计教学，而对学习者的要求则更多的是在工作岗位上进行学习。基于该教学范式的突破，德国政府分别在 2003 年和 2004 年颁布的机电和电气专业领域的《职业教育条例》在坚持行动导向教学原则的基础上，采用了完整工作过程导向的教学范式。①

（四）双元制和德国企业组织结构的相互依赖与成就

根据德国不来梅大学劳耐尔教授的观点，双元制有效促成了德国企业从功能性的组织结构转变为业务过程导向的组织结构。② 基于双元制职业教育培养出来的专业人才，使建立现代企业结构成为可能。德国双元制职业教育体系与企业组织结构配套，两者之间的共生关系保障了职业教育发展有效弥合产业转型与企业技术开发的需求。

第一，德国企业业务过程导向的组织结构强化了职业教育双元制的特性。德国企业的组织结构具有以下特征：业务过程导向的用工制度；扁平的权力等级制度；强调员工的设计能力、积极性和责任感；企业内部注重质量意识培养。③ 其要求企业员工不仅具有良好的基础制造技能，而且具有融入生产过程的社会性能力。如此高的企业员工素质要求必然催生了企业介入职业教育的动机，需要职业教育的受教育者在企业内部接受教育与培训，以尽快适应企业生产与制造的节奏。这种需求不断拉动企业在职业

---

① 陈鹏：《德国职业教育学习领域课程的整合意蕴之透视》，《职教论坛》2016 年第 9 期。

② 〔德〕菲利克斯·劳耐尔：《双元制职业教育——德国经济竞争力的提升动力》，《职业技术教育》2011 年第 12 期。

③ 陈德泉：《德国双元制职业教育的重新审视》，《中国高教研究》2016 年第 2 期。

教育办学领域与学校和政府的合作不断深化。

第二，德国企业组织结构凸显了技术技能人才的重要性。相较于美国企业中流水作业的泰勒制范式，德国企业的业务过程导向组织结构强调员工之间的相互理解与企业决策的全员参与，这种特征强调了职业教育的价值与不可替代性，技术技能型人才作为一种特殊的人才类别，通过教育制度与企业制度得到民众的认可。因此，德国企业所需的岗位要求进一步强化了职业教育体系的形态确立，越来越多的德国民众选择双元制，进入企业，成为学徒的一员。以业务过程导向的企业组织结构和双元制是双向的共生关系，并非单向的促进关系。双元制有利于以业务过程为导向的企业组织结构的形成发展，同样，该企业组织结构也是双元制得以顺利展开的重要条件。①

第三，美国学者凯瑟琳·西伦在《制度是如何演化的：德国、英国、美国和日本的技能政治经济学》一书中解释，德国双元制职业教育体系是一个大的"制度包"的组成部分，这个"制度包"包括集中化集体协商制度、银行与产业间强联盟关系以及促进行业协会和工会合作的制度。② 这个"制度包"在一定程度上，将双元制与企业组织结构紧紧捆绑在一起，解决或缓解了企业参与职业教育办学过程中可能出现的行动困境。

（五）企业在参与过程中实现物质与名利的双重获益

如前文所述，物质与名誉兼顾的企业参与职业教育激励制度很好地贴合了企业"经济人"的属性需求。无论是从获得国家的经费补贴和教育企业的名誉方面来看，还是将参与职业教育的投入与收获的税务方面的特惠与补贴相比，都证明企业参与职业教育是"合算的生意"。此外，企业能通过"双元制"职业教育体系获得低廉的劳动力，极大地节约了人力资源成本。不仅支付给学徒的工资相较于技术工人更为低廉，还省

---

① 陈德泉：《德国双元制职业教育的重新审视》，《中国高教研究》2016 年第 2 期。

② 〔美〕凯瑟琳·西伦：《制度是如何演化的：德国、英国、美国和日本的技能政治经济学》，王星译，上海人民出版社，2010，第 5 页。

去了招聘、选拔、培训等诸多繁琐的录用程序，并能有效节省新员工对岗位的熟悉时间。人力成本的节约亦是带动企业参与的关键。而以持续发展的眼光来看，根据企业产品生产的技术知识要求和产品质量的生产技能要求对培训者进行有针对性的培训，① 能有效促进技术技能型人才在技术创新方面做出贡献。

然而，企业主动、积极参与职业教育办学，进而实现企业"名利双收"、学生实操技能提升、社会技术进步共赢局面的根本逻辑，在于德国政府确立了企业是职业教育优先行动主体的基本原则，即政策制定、财政供给、资源扶持等方面的投入，均优先考虑企业及其员工的利益所得。在职业技能培训这件事上，德国政府充分肯定了企业与员工是最重要、最直接的当事人这一论断。② 据此，德国政府更多是以"引导者""辅助者"的身份介入职业教育办学，给予了企业选择与发展的空间与自由。

第二节　日本企业作为职业教育重要办学主体的制度

日本在 20 世纪 80 年代创立的以终身雇佣制为主、企业主导、贯穿职业生涯的职业教育模式成为世界典范之一。日本前首相佐藤荣作曾说过，日本能在短短 20 年间从一片废墟到成为世界第二大经济体，其秘诀就是日本拥有世界上最好的教育。但是，由于受 20 世纪 90 年代后泡沫经济及 21 世纪初次贷危机的影响，日本经济发展陷入困境，与之相伴的传统雇佣形式受到冲击，企业主导的职业教育也随着雇佣形式的变化而不断完善。

---

① 冯旭芳、李海宗：《德国企业参与职业教育实践教学和培训模式对我国的启示》，《职教论坛》2008 年第 18 期。

② 周丽华：《辅助原则与德国"双元制"职业教育中经济组织的主体地位》，《外国教育研究》2015 年第 2 期。

一　日本企业作为职业教育重要办学主体的基本模式

企业参与职业教育对于日本经济的发展起到了加速作用。日本的职业教育大致起源于明治维新时期，经过一百多年的演进，形成了一个有特色且制度化的职业教育体系。日本企业作为职业教育重要办学主体经历了一个不断深化的过程。最初日本仿效西方国家尤其是美国的合作教育，逐步建立了比较完整的多元化办学的职业教育体系，企业开始对职业学校给予资金、场地、技术等支持。自 20 世纪 70 年代起，企业和市场逐步发挥主导作用。日本于 1958 年制定了《职业训练法》，并在 1969 年、1978 年、1985 年多次修订。《职业训练法》从法律上明确了企业教育的地位。按照《职业训练法》的规定，企业教育制度分为企业内部训练制度和公共职业训练制度。[①] 日本企业作为职业教育重要办学主体从事职业教育主要有产学合作教育和企业内教育两种形式，企业内教育更是目前的主流。

（一）产学合作教育

产学合作教育即指产业界与学校合作进行的教育，类似于德国"双元制"，是日本学习美国"合作教育"的结果，对于日本战后经济的快速发展起到了重要作用。随着战后经济的飞速发展，日本工业化进程加速，生产技术革新，企业对专业技术技能人才的需求也日益旺盛，而公立职业学校培养出来的人才缺乏实用性知识技能，且存在与具体生产实际脱轨的现象，日本政府动员企业参与职业教育，成立企业教育学校，完成由政府主导、企业边缘向市场主导、政府协助的转变。1957 年，日本经济团体联合会（简称"经团联"）在《关于振兴科学技术教育的意见》中提出，要加强学校与产业界的合作关系，并进一步加强企业内技术人员的培养制度与定时制高中及函授制高中的之间的联系。日本政府还多次强调教育要有计划地培养高素质的劳动者，以此来达到恢复经济的目的。1960年，日本制定《国民收入倍增计划》时指出，要培养人才、振兴科学技

---

① 丁宁：《日本职业教育发展历程、特点及启示》，《教育与职业》2019 年第 4 期。

术，并提出"对于教育训练来说，今后更重要的是推进产学合作"，于是合作教育体制被确立并迅速推广。[1]

对于中等教育阶段的产学合作教育，日本主要采取定时制高中或函授制高中同职业训练机构双结合的模式。学生既是高中生，又是职业训练机构中的受训生。学生在学校学习基础课程及部分专业理论课程，在职业训练机构学习其余专业知识并投入实践，也有高中派教师到企业集中面授基础课程的现象。随着生产技术的革新，企业对于技术人员学历有了更高的要求，因而日本企业与学校的合作不再局限于中等职业院校。日本科学技术与经济协会的调查显示，2/3 的企业同大学合作进行研究开发，这些大学包括综合性大学、理工科大学和高等职业技术学校。在与高等学校进行产学合作教育时，企业多采用共同研讨、资助或捐赠等形式，帮助高等学校学生提高专业理论知识和科研能力的同时努力产生新的研究成果，并应用到实际生产之中。

（二）企业内教育

企业内教育是日本职业教育的一大法宝，是日本目前的主流职业教育模式。日本企业在录用员工时更为看重员工的基本素质，而非专业技能，其理念为高素质的员工由企业自己进行培养。企业内教育是针对企业员工，以提高技术技能水平为目的，密切联系实际生产活动的终身化持续性教育，是企业员工的再教育。日本最初建立的企业内教育设施是设在横须贺造船厂的横须贺黉舍，[2] 当时主要为日本军国主义服务，以火器制造为主。横须贺黉舍的出现代表着日本企业内教育的萌芽，与现在意义上的企业内教育存在很大的不同。1955 年，企业内教育在日本国内迅速普及。日本企业内教育目前的培养模式主要有在岗培训（On the Job Training，简称 OJT）、离岗培训（Off the Job Training，简称 OFF-JT）和自我启发式教育（Self Development）三种。

---

[1] 石伟平：《比较职业技术教育》，华东师范大学出版社，2001，第 173 页。

[2] 〔日〕细谷俊夫：《技术教育概论》，肇永和、王立精译，清华大学出版社，1984，第 164 页。

在岗培训是指企业在工作实践中由主管负责人对员工进行的，以个人指导为方式的训练。由于企业内教育是贯穿员工终身的长期教育和职业训练，因此在岗培训的内容也不仅局限于技术技能，随着能力及岗位的变化，企业还会教授员工包括经营、管理、人际交往、道德素养等方面的知识。与中小企业相比，大企业在岗培训有自己的一套成体系的制度化培训方法。离岗培训是脱产式培训，是企业员工在企业内职业培训部门或外部职业培训机构进行的短期培训进修，包括参加企业外的讲座等。中小企业由于规模较小，人力财力都相对有限，为促进企业发展，汲取新技术新知识，许多中小企业在企业联合的基础上设立专门学校，进行职业能力开发。① 一些实力雄厚的大企业则根据《职业能力开发促进法》的规定设置内部职业培训机构，专门培训企业内核心技术人才，如 1987 年成立的日产工业短期大学（后更名为日产技术学院）就以"培养与生产设备的先进化、汽车电子化对应的技能人员"和"培养将来的工作岗位的核心，即能够成为现场监督者的人才"为目的进行训练。这些短期大学对员工入学的条件进行了严格的限制，如日产技术学院规定，入学者须为日产汽车及其关联公司的员工，年龄在 20 岁以上，具有高中以上文凭，且具有两年以上的实际工作经验。在这种情况下，最低入学年龄为 20 岁，最高入学年龄为 31 岁。虽然入学后的两年是全寄宿制，但周末时学生也可以在校外过夜。② 自我启发式教育即指企业员工在工作中自发、主动地进行学习和训练，收获知识和技能。理查德·桑内特在其《匠人》一书中提出"创造之人"与"劳动之兽"的观点，并与他的老师阿伦特针对这一问题产生不一样的见解。他说："匠艺本身绝对不是一种和精神活动无关的机械性重复，但话又说回来，它也不是你花心思就一定能够掌握的。"③ 当技术达到一种熟练的境界时，劳动便不再是一种机械化的活动，充分的了解会使劳动者真正产生思考，领悟到劳动背

---

① 聂长顺：《日本中小企业的人才培养》，《现代日本经济》1996 年第 5 期。
② 山脇誠司「企業における職業訓練の実例」『計測と制御』41 巻 1 号、2002 年 1 月。
③ 〔美〕理查德·桑内特：《匠人》，李继宏译，上海译文出版社，2015，第 5 页。

后的深层次内涵，从而产生创新。事实上，"只有不断地屈从于既定规则，才能实现对某项事物的精通"。① 正如英国哲学家波兰尼的"缄默知识"理论所述，我们所知道的多于我们能够言说的。与在岗培训和离岗培训相比，自我启发教育更加能够发挥员工的主观能动性，激发员工的学习意愿和创造力。

二　日本企业雇佣形式的新变化及缘由

21世纪以来，尤其是近年来受全球经济发展的影响，日本的经济环境发生变化，传统的以终身雇佣制为主导的雇佣形式已不适应时代的需求，日本企业雇佣形式由终身雇佣制为主导向多元雇佣形式并行转变。

（一）日本雇佣形式的新变化

所谓终身雇佣制度，就是指年轻人从毕业到退休一直在同一所企业就业，与企业形成长期而稳定的雇佣关系的制度。随着二战后经济的快速崛起，日本逐渐确立了以终身雇佣制为主体的雇佣体系，终身雇佣制、年功序列制和企业工会组织更是被称为日本企业经营的三大法宝。但是随着经济状况的改变，终身雇佣体系已失去了存在的土壤，从根本上被动摇。日本目前的雇佣形式已发生变化，传统的终身雇佣制已不适合日本经济发展新形势，雇佣体系逐渐走向多样化。日本厚生劳动省的企业雇佣惯例调查显示，无论大企业还是中小企业对终身雇佣的重视度都呈现明显的下降趋势，尤其是原本最重视终身雇佣制度的大企业，其重视度下降趋势最为明显。员工中途调动和离职比增高，企业解雇员工现象也频发。2001年，终身雇佣制受到重大的冲击，许多大牌企业，如富士康、索尼、三菱相继裁员，曾许诺绝不解雇任何一个松下人的"终身雇佣制鼻祖"松下集团也被迫宣布裁员。日本企业目前采取多元化雇佣的模式，打破终身雇佣的局限，非正式员工激增。多元化雇佣模式在日本国内迅速普及。1995年，

---

① 〔美〕马修·克劳福德：《摩托车修理店的未来工作哲学：让工匠精神回归》，粟之敦译，浙江人民出版社，2014，第42页。

日本最大的经济团体经团联在《新时代的日本经营》中对未来的企业雇佣进行了分类，即"分层雇佣"理论。第一类为长期积蓄能力型，适用于管理、综合或技术骨干等职务，可延续终身雇佣制；第二类为高度专业能力型，适用于某些专门部门，如研发、技术性较强的职位，可采取合同制等雇佣形式；第三类为灵活雇佣型，即技术性不强、从事一般事务的普通劳动者，可采取派遣、短工等非正式雇佣形式。这种分层雇佣模式对于企业内教育而言也具有很大的变革意义。日本企业参与职业教育的模式是以终身雇佣体系为基础建立的，企业为增加稳定性、利益最大化而开展企业内教育，但现在的多元化雇佣使员工流动性增强，企业内教育体系也面临新的挑战。

（二）雇佣形式变化的原因

纵观日本企业雇佣形式演变历史，日本企业雇佣形式的变化直接受到经济社会和意识形态的影响。具体而言，技能需求的提升、产业结构的升级、女性就业需求的增加、年轻人工作意愿的变化综合作用于日本企业雇佣形式的转变。

1. 技能需求提升的外在压力

技能偏态型技术进步①已经在全球范围内实质性出现，企业对知识复合型人才的需求上升。但工业4.0时代产业结构转型过程中，全球人才供需不匹配问题仍是制约经济发展和工业化水平提升的重要原因，知识型产业工人比例依然较少，经济发展因此受到制约。光辉国际咨询顾问公司（Korn Ferry）的新研究发现，目前全球人才危机可能使各国损失数万亿美元，如果不加以解决，到2030年各国熟练工人供需将严重失衡，全球人才短缺将超过8520万人，财务损失可能达到8.452万亿

---

① 技能偏态型技术进步（skill-biased technological change）是指技术工人通过获取更高的技术技能水平和受教育程度，拥有应用新型设备进行生产活动的能力，从而实现技术进步和产业结构升级，这种技术进步方式是劳动力市场中出现的对就业结构的新要求。产业结构转型与人力资本需求是一个双向驱动关系，产业结构决定了人力资本的需求结构，人力资本的供给又对产业结构发展产生重要影响。

美元，相当于德国和日本的 GDP 总量。① 终身雇佣制度在一定程度上固化了人才流动，限制了职工获取更好发展平台的自由，中小企业中知识型人才的比例将进一步降低。迫于此，日本企业亟须改变雇佣形式，积极引进高技能人才，淘汰低技能职工，从而实现员工素质及企业竞争力的提升。

2. 产业结构升级的必然选择

劳动力首先由第一产业向第二产业转移，然后再向第三产业转移。在科学研究和技术服务业、金融保险业、法律、咨询等高端服务业占据绝对主导地位的表象之下，其实是雄厚制造业基础的支撑。20 世纪六七十年代后，第三产业的迅猛发展成为世界各国产业结构的一大特色，至20 世纪 90 年代，日本从事第三产业的人数占总就业人口的 60.2%，并逐年攀升。"先进技术和新生产模式的引入已导致越来越多的制造业生产单位采用包括集成产品和服务提供的商业模式，这一过程通常称为制造业服务化。"② 它是制造与服务的融合，是产品中的服务环节回归制造业本身，是制造业由产品制造向服务创新转型的新趋势，对企业竞争力和客户满意度的提升具有重要价值。产业结构的转型升级使原有的就业结构被改变，制造业的服务化使其对高技能人才的需求增加，而低端劳动力则适用于劳动密集型产业。大量企业在此过程中变革管理模式，高端劳动力同低端劳动力的分流问题成为一大难题，终身雇佣制的壁垒由此被打破，企业需要吸收更多的知识型高技能人才从事管理、服务类工作，同时临时雇佣非正式工人从事低端制造型工作，实现人员的最优化配置。

---

① "Future of Work：The Global Talent Crunch," Korn Ferry, 2018-03-18, https：//www. kornferry. com/content/dam/kornferry/docs / article - migration/FOWTalentCrunchFinalSpring2018. _ pdf, Accessed：2021-12-03.

② Luca Mastrogiacomo, Federico Barravecchia and Fiorenzo Franceschini, "Enabling Factors of Manufacturing Servitization：Empirical Analysis and Implications for Strategic Positioning Proceedings of the Institution of Mechanical Engineers," *Journal of Engineering Manufacture* 234 （2020）.

3. 女性就业需求增加的推动

随着社会经济结构的变化以及新时代女性自我意识的觉醒，女性就业问题成为目前的一大难题。受日本传统文化的影响，过去日本女性婚后多不再进入职场，但自 20 世纪 90 年代以来，受泡沫经济及 21 世纪初全球经济危机的影响，传统一家三口中女主内男主外的模式已较难保证家庭生活质量，2012 年后女性就业及再就业数量呈明显上升趋势。目前女性就业面临种种困境，首先在企业雇佣方面，2018 年日本厚生劳动省针对就业平等问题进行了调查，结果发现有 69.8% 的企业回答采用男性的原因是没有女性申请，其次有 12.4% 的企业表示女性申请者不符合考试招聘的标准，9.5% 的企业表示女性在招聘前已被拒绝。按规模划分，雇员人数在 5000 人以下的公司中，超过一半的企业表示没有女性申请，而雇员人数超过 5000 的公司中，48.1% 的公司表示其测试结果不符合招聘标准。[①] 日本总务省《劳动力调查年报》数据显示，2018 年日本共有劳动力人口 6830 万人，其中男性劳动力 3817 万人，女性劳动力 3014 万人，数量基本持平，但是正式雇佣中女性占比仅为 26%。[②] 日本女性劳动力数量变化如图 5-1 所示。山口一男教授在 2005 年针对日本工资构造基本情况进行的统计调查中发现，无论是哪种形式的雇佣，女性的工资都比男性低。就此，他指出："我国人才利用的不合理性，不是因为长期雇佣、按年龄涨工资等日本雇佣惯例不合理，而是人才活用都是以此为前提，具有片面性。"[③] 2018 年日本厚生劳动省工资结构基础调查数据显示，男性平均工资 337600 千日元（年龄 43.6 岁，连续工作 13.7 年），女性平均工资 247500 千日元（年龄 41.4 岁，连续工作 9.7 年），女性平均工资仅为男性的七成。[④]

---

① 厚生労働省「平成 30 年賃金構造基本統計調査」，2019 年 3 月 29 日，https://www.mhlw.go.jp/toukei/list/chinginkouzou.html，最后登录日期：2024 年 8 月 3 日。
② 総務省統計局「平成 30 年労働力調査年報」，2019 年 3 月 29 日，https://www.stat.go.jp/data/roudou/report/2018/pdf/summary2.pdf，最后登录日期：2024 年 8 月 3 日。
③ 〔日〕NHK 特别节目录制组：《女性贫困》，李颖译，上海译文出版社，2017，第 149 页。
④ 厚生労働省「平成 30 年賃金構造基本統計調査」，2019 年 3 月 29 日，https://www.mhlw.go.jp/toukei/list/chinginkouzou.html，最后登录日期：2024 年 8 月 3 日。

许多女性由于学历较低而更少有机会就业，女性劳动者一般被雇佣的职位多为技术性不强、从事一般事务的灵活性岗位，女性群体再就业人数的大幅增长加速了雇佣制度的多元化。

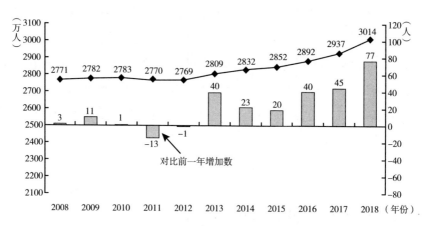

图 5-1　日本女性劳动力数量变化

资料来源：総務省統計局「平成 30 年労働力調査年報」，2019 年 3 月 29 日，https://www.stat.go.jp/data/roudou/report/2018/pdf/summary2.pdf，最后登录日期：2024 年 8 月 3 日。

4. 年轻人工作意愿变化的要求

东京苏菲亚大学的摩根教授曾指出，"日本式管理之所以要变，主要原因之一是它所要管理的人变了"。① 受西方价值观的影响，日本青年人从过去的"会社本位"思想向"个人中心"主义转变，他们更多地追求自我价值。日本 2013 年《厚生劳动白皮书——探索年轻人的意识》报告显示，泡沫经济崩溃以后，严峻的经济雇佣形势持续，年轻人中非正式劳动者的增加，导致雇佣不稳定和收入减少。另外，随着过去 20 年间经济全球化的发展，日本企业所需要的人才也发生了变化。现代的日本年轻人生活在严峻的时代，其对财政、社会保障、经济、雇佣等的悲观态度很强烈。近年来，由于就业环境严峻，社会中存在企业和学生之间的不协调、

① 宋德玲：《近十年来中国的日本企业终身雇佣制研究综述》，《日本学论坛》2006 年第 3 期。

未就业者的存在、非自愿的非正式雇佣劳动者增加等问题。关于工作的目的，越来越多的年轻人表示是享受快乐的生活，为了金钱和能力提升而工作的年轻人减少。在选择公司时，他们试图证明自己的能力和个性，并寻求建立具有长期就业机会的职业。这些变化对日本企业管理模式和雇佣制度而言是一种挑战。

三 日本企业雇佣形式的变化对企业参与职业教育形式的影响

雇佣形式的变化对企业的发展产生直接影响，更影响着企业参与职业教育的形式。随着日本企业由实行终身雇佣制向多元雇佣制度并行的转变，企业参与职业教育的教育对象、教育模式等均发生变化。

（一）日本企业对非正式雇佣员工再教育重视程度的提升

"影响企业参与职业教育态度的因素主要有经济、政策、国情等，但最终决定因素是企业的利益目标。"[①] 20 世纪 50 年代，由于经济快速增长的需求，企业极度缺乏技术力量，日本行业企业采取产学合作的模式参与职业教育，在学校内设置以应用技术教育为主体的课程以保障企业技术型劳动力的供给。但随着 20 世纪 70 年代后日本经济步入稳定发展期，企业发展到以开发研究为主体的阶段时，合作教育无法满足企业对于高层次精英型人才的需求，企业利益无法得到保障，参与合作教育的热情逐渐下降，取而代之的是企业对企业内教育的重视，企业自主培养需要的高素质技能型人才。进入 20 世纪 90 年代后，随着泡沫经济及次贷危机的影响，日本国内经济情况发生改变，在这种情况下，日本企业参与职业教育也发生了相应的调整。

日本总务省劳动力调查数据显示，截至 2018 年，日本 15 岁以上人口数量为 11101 万，其中劳动力人口共计 6830 万人，自 2012 年以来呈逐年上升趋势，就业率达 97.6%。在这种劳动力人口增多且就业率升高的情

---

① 刘春生、柴彦辉：《德国与日本企业参与职业教育态度的变迁及对我国产教结合的启示》，《比较教育研究》2005 年第 7 期。

况下，企业参与职业教育的状况成为人们关注的热点。日本厚生劳动省每年对企业内教育情况进行调查分析，形成《能力开发基本调查结果概要》报告。企业内教育自 1955 年后在日本行业企业中迅速普及，日本经团联1961 年发表的《企业学校的实况》中记载，至 1961 年 4 月，这种企业内学校在日本国内共有 51 所，形式多样且以大企业举办为主，配备了专职老师和教学计划，以日立制作所于 1910 年设立的日立工业专修学校、八幡制铁等为代表。[①] 由于企业内教育需要耗费较高的资金，最初设立相关设施的多为实力雄厚的大型企业。随着经济的发展，中小企业也开始支持企业内教育。

厚生劳动省 2018 年《能力开发基本调查》报告显示，日本企业对于员工的再教育十分重视，在全员教育与选拔教育方面，59.3% 的企业看重对正式员工的全员教育，53.7% 的企业看重对非正式员工的全员教育。从企业规模上来看，实施企业内教育的企业比例随着规模的扩大而增加，且各规模企业均对正式员工的企业内教育十分看重（见图 5-2、图 5-3）。大型企业的正式员工企业内教育几乎可达到全员教育的程度，中小型企业也在努力推进。企业规模越大，员工的自我启发能力越强。与前几年数据相比，企业对于离岗培训的重视度有所提升，但仍以对在职培训的重视为主，重视及比较重视正式雇员和非正式雇员在职培训的企业分别为 73.6% 和 76.8%。与此同时，职业能力评价直接与职工薪资待遇相关联。数据显示，2018 年日本企业正式员工待遇与职业能力评价关联度达 79.4%，非正式员工关联度也达 66.6%，可见企业对于职业教育的重视。

（二）雇佣形式变化下日本企业职业能力开发新措施

高效的企业管理制度是很容易复制的，而高效的企业管理团队和合理的人才配置却是不可复制的。在终身雇佣制向多元化转变的过程中，各个

---

① 〔日〕细谷俊夫：《技术教育概论》，肇永和、王立精译，清华大学出版社，1984，第222～223 页。

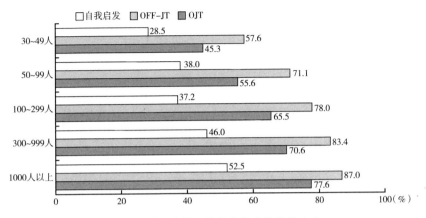

图 5-2　对正式员工进行企业内教育的企业

资料来源：厚生労働省「平成 30 年度能力開発基本調査」，https：//www. mhlw. go. jp/toukei/list/104-1-h30seigo. html。

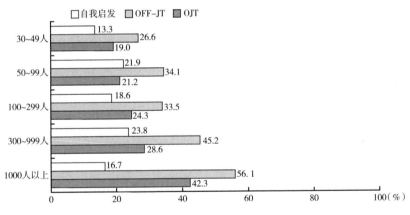

图 5-3　对非正式员工进行企业内教育的企业

资料来源：厚生労働省「平成 30 年度能力開発基本調査」，https：//www. mhlw. go. jp/toukei/list/104-1-h30seigo. html。

企业都采取了不同的措施。每个企业的具体情况不同，因此只有企业自己培养的人才才能更好地适应企业发展的需求。日本企业在长期的探索中努力寻求自己的培养人才的独特模式，如松下集团，其创始人松下幸之助主张"70 分"原则，他认为人才只要 70 分符合岗位需求就可以了，不能强求 100%的适用，而员工进入公司后则需要经过长时间的培养锻炼，才能成为最适用于松下的人才。① 为了加强日常培训，松下总公司内专门设有教育训练中心，下设八个研修所和一所高等职业学校，八个研修所分别是培养领导干部的中央社员研修所、培训技术人员的制造技术研修所、培训销售和营业人员的营业研修所、培养对外工作及国内外贸人员的海外研修所，以及四个日本主要地区的员工培养研修所（见表5-1），而松下电器高等职业训练学校则用来培训刚招进来的高中毕业生和青年员工，新员工均需接受 8 个月的实习培训才能入职上岗。松下集团在日常管理培训中形成了自己的特点，以日常管理为主对员工进行在岗培训，并十分看重员工的自我启发式教育。可见，日本企业在员工教育方面更看重实践与自我思考能力，企业内教育对于企业文化与技术的提高具有重要价值。

表 5-1　松下集团人才培养体系

日常教育培训	教育训练中心	中央社员研修所	培训主任、课长、部长等领导干部
		制造技术研修所	培训技术人员和技术工人
		营业研修所	培训销售人员和营业管理人员
		海外研修所	培训松下国外的工作人员和国内的外贸人员
		东京、奈良、宇都宫、北大阪四个地区社员研修所	培训公司在该地区的工作人员
		松下电器高等职业训练学校	培训刚招收进来的高中毕业生和青年职工
	松下商学院		培养销售经理的一年制商业大学
自我开发训练	社内留学制度		技术人员可以自己申请，经公司批准，到公司内办的教育训练中心学习专业知识，公司根据发展需要，优先批准急需专业的人才去学习
	海外留学制度		定期选派技术、管理人员到国外学习
	星期六培训制度		专门培训愿意提前退休的职员计算机等方面技能

资料来源：根据曾信智编著《松下幸之助的经营智慧》（浙江大学出版社，2011）整理制作。

———————

① 曾信智编著《松下幸之助的经营智慧》，浙江大学出版社，2011，第 22 页。

近年来日本企业裁员和员工跳槽现象频发，雇员中外国人的比例增加，企业教育也随之进行调整。日本 2019 年劳动经济白皮书显示，为解决人手不足的问题，企业愿意中途雇佣的比例已从 2003 年的 34%上升到了 67.2%。企业在录用中途雇佣者时较过去而言对于其技术技能、职业经验方面更为看重，2018 年厚生劳动省青年就业调查数据显示，与应届毕业生相比，企业除强调职业意识、勤劳热情、挑战精神、沟通能力及职场礼仪外，更看重中途雇佣者对业务有用的职业经验（10.7%）和培训经验（40.6%）。多种雇佣形式并存的状态使企业在进行企业内教育时也可分层分类进行。随着外部市场的拓展以及雇用外国职员的比例升高，日本企业在进行离岗培训时，教育内容除常规基础知识以及所要求的各阶段员工职业技能外，7.3%的企业都设计了语言及国际化应对能力相关课程。

长期以来，日本企业职业教育是基于终身雇佣制下的教育，企业为员工设计了贯穿终身的教育模式，而企业进行职工培训本身的目的便是增强职员的稳定性、提高员工的忠诚度。在终身雇佣制下，劳务费为企业固定开支，只有最大限度开发员工的潜能，才能避免资金浪费。在泡沫经济的催动作用下，正式员工的劳务支出成为企业的一大负担，终身雇佣制度面临转型，多元化的雇佣制度成为未来的新趋势，这对企业职业教育构生了新的挑战。

第三节　美国企业作为职业教育重要办学主体的制度

"由于世界环境瞬息万变，来自正规教育的人力资本迅速贬值，企业提供的技术技能型人才培训是积累行业前沿知识的重要方式"，[1] 企业成为职业教育不可或缺的组成部分。在美国，在政府推动、利益驱动等多重

---

[1]　Stefan Bauernschuster, Oliver Falck and Stephan Heblich, "Training and Innovation," *Journal of Human Capital* 3 （2009）：323-353.

动机激励下，企业作为职业教育的重要办学主体，主要从参与学校本位教学活动、提供工作本位指导培训和加强学校本位与工作本位联结等三个方面参与社区学院的技术技能型人才培养工作。

一 美国企业作为职业教育重要办学主体的动力机制

随着企业生产技术的革新，企业生产结构转向扁平化的后福特主义经济模式，这种经济模式对人才提出了更高的能力要求。但是过去美国社区学院技术技能型人才培养模式中企业、政府、社会组织等主体缺位，导致技术技能人才培养中出现了滞后性、结构失衡等问题。美国迫切需要吸引多元主体参与技术技能人才培养，建立适应经济发展模式、提高人才培养标准、符合职业教育改革理念的人才培养模式，这是美国企业参与职业教育的动力机制，也是顺应美国高素质技术技能型人才培养发展趋势的重要举措。

（一）符合后福特主义经济发展模式人才培养的要求

随着市场竞争的加剧和消费者个性化需求的提升，传统的单一大规模生产方式逐步发展为定制化生产模式，以弹性专业化生产和精益生产为特征的后福特主义经济发展模式的优势逐渐显现，发达国家的经济发展模式也逐渐从福特主义转向后福特主义。"后福特主义的新规则中，财富增长取决于国家或公司是否能开发工人的技能、知识和见识，企业的发展取决于产品或服务的质量与价格。"[1] 后福特主义经济模式下，企业要求工人在生产中将质量控制、机器维护、清理工作等不能增加产品最终价值的间接劳动形式与生产过程相结合，"工人不仅要具备完成本职工作的技能，还要具备完成别人工作的技能，这种工作组织方式内在地对工人提出了多技能的要求"。[2] 企业对工人要求的提高也是技术技能型人才培养的关注点——从注重岗位技能培训向"提供能适应社会快速发展变化的

---

[1] 徐国庆：《职业教育原理》，上海教育出版社，2007，第115页。
[2] 徐国庆：《职业教育原理》，上海教育出版社，2007，第117页。

能力培训"① 转变，推行能力本位职业教育（Competence Based Vocational Education），即以企业需求为导向，重视对学生实际能力的培养，强调教学的实践性、开放性和职业性，通过校企合作的形式来联结招生市场和就业市场，实现职业教育与社会需求的紧密结合。

（二）回应美国高技能人才的能力标准要求

随着美国政府颁布一系列先进制造业发展的战略政策，美国开始重视对高技能人才的培养。2018 年，美国就业和培训管理局从个人能力、学术能力、工作场所能力、行业技术能力、部门技术能力、管理能力以及职业特定能力六个方面对高技能人才的知识和技能水平做出了明确的界定，相应地也对人才培养方式和标准提出了更高的要求。

但是美国先前的高技能人才培养制度中存在主体缺位问题，传统培养制度无法培养出符合能力标准的高技能人才。其一，高技能人才合作培养中政府宏观调控不足，劳动力市场秩序混乱，加剧了先进制造业高技能人才短缺。与其他国家相比，美国劳动力市场流动更加自由，技术技能型人才流动性强，培训公司无法充分享用培训的收益，因此企业参与技术技能型人才培训的积极性不高。其二，高技能人才合作培养中企业缺位导致技术技能型人才结构性短缺。企业在技术技能型人才合作培养中主要提供实习实训基地、工作场所教育、行业发展最新动向等，它的缺位会导致高技能人才培养的质量不合格和结构不合理。其三，社会组织相关功能的缺位影响利益相关者对职业教育的选择。例如，社会宣传机构的缺位导致学生、家长及企业等利益相关者对职业教育和技能人才存在偏见，影响学生和家长对高技能人才发展状况和就业前景的判断；劳动力中介机构的缺位导致人才培养供给方和需求方之间信息交流不畅，学校人才培养和企业人才需求之间不适配，降低了人才培养的效率和人才的适配度，由此产生"有人没活干、有活没人干"的社会问题；社会监督机构在人才培养过程

---

① 黄日强、周琪：《能力本位职业教育：当代职业教育的发展趋向》，《外国教育研究》1999 年第 2 期。

规范性和人才质量考核方面的缺位导致学生、家长、企业对职业教育水平和高技能人才培养质量的不信任。

二 美国企业作为职业教育办学主体的制度确立及变迁

在美国，虽然企业参与职业教育高技能人才培养的历史悠久，但直到1963年《职业教育法》颁布后，企业才成为职业教育高技能人才培养的法定主体。20世纪60年代以来，由于第三次科技革命提高了企业生产效率和生产的复杂程度，企业迫切要求参与到技术技能型人才的培养过程中，政策内容也开始肯定企业在技术技能型人才培养中的地位。20世纪90年代以来，信息化发展对技术技能型人才的要求进一步提高，技术的更新换代要求技术技能型人才的培养有前瞻性和创新性，各种媒体、劳动力中介机构、科研机构等社会组织也成为技术技能型人才培养的重要参与者，企业一方面承担了新的义务，另一方面也向社会组织让渡出了部分权利，职业教育中与企业参与相关的制度发生了变化。

（一）政府统筹、校企合作的高技能人才培养制度

第三次科技革命大大提高了社会生产率，促进了产业结构和劳动力结构的调整。美国高技能人才培养目标开始由政府引导向市场需求过渡，企业在高技能人才培养中的地位和作用大大提高了，企业开始作为合法主体参与到高技能人才的培养过程中。本阶段高技能人才培养形成了政府统筹、校企合作的"三螺旋"式人才培养制度（见图5-4）。

从20世纪60年代起，在美国，企业成为技术技能型人才培养的合法主体。在职业教育系统化之初，企业就开始参与职业教育。但直到1963年《职业教育法》规定"各州的职业教育部门与企业要相互合作"，[①] 美国才首次通过法律为企业参与职业教育办学赋权。这标志着企业作为职业教育重要办学主体获得了政府的支持和认可，这一法案拓宽了"职业教育"

---

① The Vocational Education Act of 1963, Educational Resource Information Center, 1978-08-01, https://files.eric.ed.gov/fulltext/ED159450.pdf, Accessed：2022-07-20.

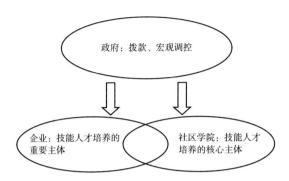

图 5-4　政府统筹、校企合作的高技能人才培养制度

资料来源：笔者自制。

这一概念的内涵——职业教育不仅包括根据州职业教育委员会或地方教育机构的合同在课堂上进行的职业培训，也包括为适应工作环境而开展的企业岗位实习活动等。但是由于社会的复杂性和社会改革的惰性，1963 年《职业教育法》所提出的教育部门与企业合作的观念未能充分落实。全国职业教育咨询委员会对传统职业教育观念进行反思，提出职业教育课程改革的新建议：教学内容上加强普职融通，教学场所上不拘泥于学校和实验室，教学形式上打破常规班级授课制，"将学校教学和现场训练结合起来，形成一个正规的工读合作计划"。[①] 美国国会接受建议后颁布了《1968 年职业教育法修正案》，"支持在规划和教学中涌现的新颖、创造性观念"，[②] 系统地提出了合作教育的职业教育观和操作原则。此后，1982年的《合作训练法案》进一步提出"政府和企业共同参与成人职业训练课程的制定、修改和实施"，[③] 赋予了企业参与社区学院课程制定和实施的权力。吸引了大批企业和社区学院参与，到 1985 年 75% 的社区学院参

---

①　马骥雄：《战后美国教育研究》，江西教育出版社，1991，第 132 页。

②　The Vocational Education Amendments of 1968, Educational Resource Information Center, http://files.eric.ed.gov/fulltext/ED039352.pdf, Accessed：2022-07-20.

③　Robert F. Cook and V. Lane Rawlins, "The Job Training Partnership Act：New Federalism in Transition," *The Journal of Federalism* 15 (1985)：97-110.

与了这种合同制教育。① 20 世纪 80 年代及以前关于企业参与技术技能型人才培养的立法，主要对各级政府和企业在技术技能型人才培养中的职责划分和职业教育项目的开发做出了法律规定，但是并未对校企合作的具体形式进行界定。直到 1994 年颁行的《从学校到工作机会法案》，才把企业与学校之间的合作以法规的形式固定下来，企业通过参与课程开发、为社区学院学生提供实习机会、加强工作场所与学习场所的联结来参与技术技能型人才培养。

这一时期的法案在政府参与技术技能型人才培养的相关职责方面，延续了先前的拨款和管理制度，并进一步加强了联邦政府对职业教育发展的宏观指导作用和州政府在落实职业教育项目中的主体作用，建立了从联邦到州完备的职业教育管理体系。在联邦政府层面，1963 年的《职业教育法》赋予联邦教育总署广泛的权力，规定"联邦政府财政专员根据财政规划划拨职业教育经费，经费的 90% 用于职业教育活动的长期拨款和短期项目拨款，10% 用于开展职业教育研究等提高职业教育水平的研究活动"；在州政府层面，"州内设置州职业教育委员会，按照联邦拨款政策和使用程序，将拨款分配给地方教育机构用于建立地区职业教育中心，使社区每个年龄段的人都有平等接受职业训练和职业再训练的机会"。② 1968 年的《职业教育法修正案》完善了国家职业教育管理机构，提出"在联邦设立一个由总统任命的全国职业教育咨询委员会，每季度召开一次会议，主要负责向联邦教育专员提供未来发展建议和向国会报告职业教育拨款的使用情况"；在州教育机构建设方面，"接受联邦资金的州也必须建立对应的咨询委员会，与州教育委员会协商制定职业教育年度计划和长期规划"。③ 1972 年，在《职业教育修正案》中，联邦教育部对 1968 年《职

---

① 万秀兰：《美国社区学院的改革与发展》，人民教育出版社，2003，第 150 页。

② The Vocational Education Act of 1963, Educational Resource Information Center, 1978-08-01, https://files.eric.ed.gov/fulltext/ED159450.pdf, Accessed：2022-07-20.

③ The Vocational Education Amendments of 1968, Educational Resource Information Center, 1969-06, http://files.eric.ed.gov/fulltext/ED039352.pdf, Accessed：2022-07-20.

业教育修正案》规定拨款范围进行扩大，对其拨款额度也进行提高；把过去一直由地方决策和管理的事务归于联邦教育总署，使联邦政府对职业教育发展的宏观指导作用得到进一步加强。① 随着技术技能型人才培养机构数量和种类的增加，美国 1982 年《合作训练法案》要求各州设立职业培训协调委员会统筹协调和推进技术技能型人才的合作培养，并对该机构在技术技能型人才培养中的职能做出了清晰的界定。第一，职业教育协调委员会管理、指导和审查州内所有的职业教育和技能培训项目，验证项目的可行性与合法性；第二，职业教育协调委员会通过与教育部、劳工部等部门合作，确定全州范围内就业和培训以及职业教育的需求，并就人才培养计划向州长和地方企业提供发展建议，加强社区学院与私营行业委员会等机构的联系；第三，监督人才培养方案实施中支持方案的运行情况，如国家相关财政支撑、保障服务的可用性、响应性和支持力度，并就如何提高支持方案的有效性向州长、行会、州立法机构等机构提出建议。②

（二）"企校政社"多主体共建共享共治的高技能人才培养制度

20 世纪 90 年代以来，受信息化飞速发展的影响，美国的工作结构和岗位性质发生了巨大的变化，社会职业更迭速度加快，岗位对技术技能型人才能力的要求也在不断提高，劳动者必须具备职业准备基础、人际交往能力、广博的职业知识和灵活的应变能力，才能适应不断变化的职业世界。技术技能型人才能力的多样化要求培养主体更加多元化，因此技术技能型人才培养的主体关系模型从政企校"三螺旋"模型向政府主导、校企合作、社会组织推动的多元主体合作"四螺旋"模型转变，形成了多元主体合作的高技能人才培养制度（见图 5-5）。在该制度中，政府、企业和社区学院之间原有的边界和界限逐渐打破，每个主体在合作中除了扮演好自身角色，同时还发挥了其他主体的职能。随着中介机构等社会组织

---

① Education Amendments of 1972, Educational Resource Information Center, 1972 - 05 - 22, http：//files. eric. ed. gov/fulltext/ED061465. pdf, Accessed：2022-07-22.

② L. W. Tindall and S. B. Hedberg, "Job Training Partnership Act," *Teaching Exceptional Children* 19（1987）：43-45.

的介入，高技能人才培养主体间的关系结合更加紧密，形成了一种个体独立、相互支持、跨界发展的协同结构。

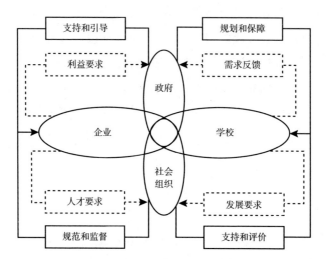

图 5-5　多元主体合作的高技能人才培养制度

资料来源：笔者自制。

　　进入 21 世纪后，各国都认识到"技术技能型人才培养在促进就业、经济振兴、实现社会和谐与包容中起着关键作用"，[①] 因此调整技能战略、推进职业教育技术技能型人才培养模式改革成为世界职业教育发展的重点，美国将建立职业教育"合作伙伴关系"和引导多元主体参与职业教育作为改革的抓手。从政策内容来看，美国在 21 世纪前十年将建立以社区学院为中心的高技能人才"合作伙伴关系"作为改革重点，主要通过拨款资助、政策引导等形式吸引其他主体参与职业教育、了解技术技能型人才培养的重要性，从而提高各主体对技术技能型人才培养工作的责任感；近十年来，在主体责任感提升的基础上，鼓励各主体主动承担培养技术技能型人才的责任，创新多元主体合作培养高技能人才的格局。

---

　　① 　于志晶、刘海：《中国制造 2025 与技术技能人才培养》，《职业技术教育》2015 年 21 期。

在 21 世纪前十年，政策内容大多是倡导各主体参与到人才培养活动中，但是未明确提出雇主、企业及其他主体参与社区学院课程开发和实施的路径。2006 年，《帕金斯法案Ⅳ》首次从政策方面进一步拓展了技术技能型人才的培养主体，支持各级各类学校与"当地劳动力投资议会、商界、工业界和中介机构之间建立合作关系"，[①] 为中介机构等社会部门参与技术技能型人才培养奠定了政策基础。2009 年的《技能战略：确保美国工人和行业形成具有竞争力的技能》报告进一步强调了技术技能型人才培养工作中的多元主体合作，要求加强技能人才培养各部门间的合作伙伴关系，满足行业企业对技能人才的需求；通过完善劳动力发展的政策法律、加强培训项目之间的联系和增加劳动力培训拨款，建设完善的生涯发展路径；搭建桥梁，实现联邦技能投资与劳动力市场需求的匹配。为了推动技能战略相关政策的有效落实，次年奥巴马政府又启动了"为了美国未来的技能"政策行动，旨在"加强行业与社区学院的伙伴关系，确保社区学院学生获得劳动力市场需要的技能和知识"。[②] 奥巴马政府通过一系列的技能战略和政策行动扩大了技能人才培养主体，为社会第三部门参与社区学院职业教育提供了政策依据。

最近十几年来，特别是 2012 年《投资美国的未来——生涯与技术教育变革的蓝图》颁布以来，美国政府成立专门的合作联盟推进社区学院与其他机构建立合作伙伴关系，并通过"配对"的举措来加强雇主、产业和劳动力等主体在课程设计和执行过程中的合作。[③] 其政策内容经历了从宏观构建到中观组织实施，再到微观主体职能界定的细化过程。2014 年，《劳动力创新与机会法案》从宏观角度入手，要求经济发展、劳动力开发和教育体系密切结合，树立教育、职业和服务社会三位一体的人才培

---

① 汤霓、石伟平：《新职业主义视角下美国社区学院产教合作模式研究》，《外国教育研究》2015 年第 5 期。

② 谷峪、李玉静：《国际技能战略比较分析——以澳大利亚、英国、美国为中心》，《职业技术教育》2014 年第 1 期。

③ 汤霓、石伟平：《新职业主义视角下美国社区学院产教合作模式研究》，《外国教育研究》2015 年第 5 期。

养目标，构建政府、学校、企业、社区等多方共建共治共享的人才培养体系。2018 年的《加强 21 世纪生涯与技术教育法案》更是以统筹协调、多方合作及有效评估作为主要改革原则，对职业教育办学联合体做出了更明确的规定，明确了州政府与地方人才培养项目、行业企业和劳动力发展系统之间的合作方式，确保生涯与技术教育项目能够满足地方经济的需求。美国颁布的《2019 年全美学徒制法案》和《2021 年全美学徒制法案》更是对技术技能型人才培养工作中的重要参与主体——劳动力中介机构——进行了职能界定，并特别强调了劳动力中介机构在协调技术技能型人才培养和企业人才需求之间的重要作用，并以拨款的形式推进劳动力中介机构与各利益相关者之间的合作。

三 从 STW 到 STC：企业作为职业教育办学主体的制度实践

如何帮助学生能够顺利从学校过渡到工作场所是美国乃至世界各国职业教育都面临的重要课题。20 世纪 80 年代末，为解决青年失业率上升、劳动力市场对高素质劳动力的迫切需求等一系列问题，美国联邦政府颁布了《从学校到工作机会法案》，在全国范围内推行从学校到工作（School-to-Work，STW）教育改革政策，其中改革的核心就是进一步确立企业在美国职业教育中的主体地位。进入 21 世纪以来，随着美国教育改革的推进，STW 运动在经费、管理、课程等方面都不能很好地满足社会和公众的需求，逐渐退出了历史舞台，而与 STW 政策一脉相承的"从学校到职业生涯"（School-to-Career，STC）改革运动以其"学生本位"的理念在各州扎根并发展起来。通过研究 STC 改革运动中企业在职业教育中发挥的作用，可以总结企业发挥职业教育办学主体作用的经验。

（一）企业在 STC 运动中发挥着重要主体作用

根据美国《从学校到工作机会法案》，STW 包括学校本位学习、工作本位学习和联结活动三个部分。学校本位学习是一种基于较高学术标准及职业技术标准的教室内学习，旨在让学生学到基础技能和理论知识，将工作中所需要的技能总结成理论知识传递给学生；工作本位的学习是在师傅指导下的工作场所中体验和结构性训练，旨在通过"做中学"的方式使学生掌握职业技能，让学生明白如何将学校内所学的理论知识与工作场所的真实场景联结起来；联结活动是指学生学习的两个场所之间的相互配合活动。① STC 运动保留了《从学校到工作机会法案》所提出的三个组成部分。要研究 STC 中企业参与职业教育的方式，首先要明确学校中学习的课程与企业生产之间的联系；其次要重点研究企业是如何帮助学生获得工作体验、进行技能培训以及获得相应技能证书，并对学生未来职业生涯发展产生影响的；最后要明确学校和企业及其他社会机构协调企业与学校之间关系、建立并维系沟通桥梁的策略。

1. 学校本位的学习：企业参与大量基础教学活动

STC 要求学校教学为学生终身发展服务，因此学校必须在充分考虑到学生未来发展的前提下，对学生进行职业生涯指导规划及开展宽领域、活模块的教学。老师和辅导员在学校中通过观察学生日常表现和师生谈话判断学生性格，同时结合学生在各种职业探索活动中的选择和表现，向学生和家长提出关于学生未来发展的建议。在课程方面，学校将各行业相关领域的理论学习和职业技术进行整合，并按照学习规律制定学习计划、开发课程内容，学生可以根据自己的兴趣方向和未来职业规划选择课程。在此过程中，企业辅助学校开展教学探索和进行课程开发，其内容包括生涯探索、职业咨询与指导、制定技能和学术标准、多元化课程开发及课堂中的就业和技能培训等。

从目前实施的情况来看，学校本位的学习获得了辅导教师和企业的认可和支持。首先，在职业生涯规划课程和生涯探索活动中，学生根据自己未来的经济预算、税务开支以及时间规划选择适合自己的工作，并在进一步了解获得该工作所需要的能力后，定制个性化的高中课程表。从结果来

---

① School-to-Work Opportunities Act of 1994，GovTrack，2022-07-25，https：//www.govtrack. us/congress/bills/103/hr2884/text.194，Accessed：2022-09-21.

看，参与生涯探索活动的学生在根据自己的兴趣选择课程方面准备得更好。① 其次，部分企业也认可学校制定的技能标准和提供的技能培训，声称"为我们的劳动力所需的知识、技能和能力设置统一的标准，有助于招聘、聘用、培训和晋升，并能帮助教育工作者开发有效的、相关的课程"。②

2. 工作本位的学习：企业参与职业教育的主要方式

学校本位的学习使学生获得了职业意识的培养、未来职业的选择方向以及职业基础理论的教育，而工作本位的学习才是企业参与职业教育的主要方式。工作本位的学习一般包括两方面：一是企业参与与工作经验相关的求职和一般能力的培训，如简历制作与面试技巧、人际交往能力培训等；二是企业对学生进行工作场所所需能力的指导，使之在实践中熟练技能，并通过州级或县级的技能考核从而获得技能水平证书。值得关注的是，并非所有的企业都有资格为学生提供以上两方面的学习内容，美国对参与职业教育的企业有严格的资格审查制度，只有通过审查的企业和雇主才有资格参与到 STC 运动中的项目。

（1）企业参与职业教育的资格。地方企业是 STC 系统的重要组成部分。STC 运动要达到所追求的目标，必须对意图参与职业教育的地方企业进行资格审查。以加利福尼亚州为例，在 1996 年收到 STC 基金后，该州就发出了一项申请请求（Requirements for Application，RFA），以确定哪些地方企业有资格获得 STC 的资金支持。在 RFA 中，国家没有规定企业必须遵循特定的模式，企业可以自由地选择可行的方法和开发相应的系统来满足自己的需要，但参与职业教育的企业必须要在规定时间内满足以下四个目标：①建成全面的区域 STC 系统；②提高参与企业的工作质量、效益，扩大企业经营范围；③允许全体学生参与；④形成完备的管理计

---

① "California School-to-Career: Helping Students Make Better Choices for Their Future," State of California, 2022 – 07 – 25, http://www.stc.cahwnet.gov/content/evalrpt.doc, Accessed: 2022 – 09 – 10.

② *California School-to-Career Evaluation Study*, White Paper, Educational Resource Information Center, 2001 – 06 – 01, https://files.eric.ed.gov/fulltext/ED471979.pdf, Accessed: 2022 – 07 – 28.

划。政府分别将四个目标进行了要素划分，企业可以自主规划每个目标完成的时间，自主安排完成目标所使用的方式和策略。

（2）企业参与职业教育的过程。企业在通过申请后就能获得参与职业教育的资格，企业与当地学校联合为学生提供职业技术教育，并根据RFA所提出的四个目标划分阶段、制定策略和安排活动，[①] 以避免在下一轮资格审查中失去参与 STC 中项目的资格。

首先，获得资格的企业要制定清晰的、有针对性的策略，充分利用本企业的已有资源提升本企业在区域内的影响力，以获得更多的合作伙伴。美国教育部颁布的《从学校到职业的转变——给雇主的快速指南》从三个方面对企业策略的制定提供了一些可供参考的建议：[②] 第一，企业要在现有条件的基础上参与教育，调查企业在教育方面已经做了哪些努力并在此基础上再接再厉；第二，企业参与职业教育要立足于解决当前的业务需求，将 STC 与企业的招聘和营销目标联系起来，同时要关注本行业内更新换代快的领域，为青年人提供进入这些领域的机会；第三，企业在参与职业教育中资源要向所在社区的学校和职业伙伴倾斜，在社区内至少赞助一所学校并帮助其实施 STC 教育项目。

其次，企业在制定好策略后要通过相关活动付诸实践。在工作场所学习中，企业参与职业教育的方式有以下四种。第一，企业通过派出经验丰富并受过一定教育理论指导的雇员，以讲座的形式对学生进行直接辅导。第二，企业通过提供培训和实习对教师进行指导，辅助教师创新相关课程。第三，与合作院校建立 STC 体系。雇主提高课程的相关性，加强创新的学校改革，向学校提供最先进的信息和资源，并通过参与咨询委员会发挥领导作用，为企业定向培养技术技能人才；第四，企业进行内部调

---

① *California School-to-Career Evaluation Study*, White Paper, Educational Resource Information Center, 2001-06-01, https：//files. eric. ed. gov/fulltext/ED471979. pdf, Accessed：2022-07-28.

② "Get Connected to School-to-Career—A Quick Guide for Employers," Educational Resource Information Center, 2022-07-25, https：//eric. ed. gov/? id＝ED474220, Accessed：2022-09-03.

整。企业根据 STC 的原则调整企业政策、雇佣惯例和资源分配方式，在招聘中优先考虑参与 STC 的学生，在促进本行业 STC 发展方面发挥领导作用，推动构建高质量的劳动力发展系统。

最后，企业要通过协调生产为学生进行合理的实习安排。以加利福尼亚州马林县为例，马林县的从学校到职业生涯合作伙伴计划（School to Career Partnership）为本县公立学校的学生提供企业实习计划，该计划为学生提供了动手实践的机会。实习计划为学生提供春季、夏季和秋季三个实习学期（见表 5-2）；同时根据学生的需求、雇主的需求和 STC 的相关规定进行组织实习岗位，学生可以根据自己的意愿选择实习时间和岗位。该实习计划将现场实习与学分挂钩，选择春季和秋季实习学期学生在实习满 48 小时后可以获得相应的高中学分，选择暑期实习的学生在完成不少于 54 个小时的现场实习，以及完成在马林学院开设的职业衔接学习班的学习并通过考核后，可获得 1.5 个大学学分，学生可以根据自己的生涯规划自主选择实习学期。

表 5-2　马林县 2019~2020 学年实习安排

学期	申请截止日期	实习期
春季学期	1 月 17 日	2 月 10 日至 4 月 3 日
夏季学期	5 月 1 日	6 月 15 日至 7 月 24 日
秋季学期	9 月 13 日	9 月 30 日至 11 月 22 日

资料来源：马林县政府官网，https://www.Marin.org/Page/5142。

3. 学校场所与工作场所的联结：企业作为中介

将学校本位的学习与工作本位的学习结合是 STC 的重要内容之一，这样可以为学生提供从学校到企业的顺利对接。如果学生能够直接将其在学校所学应用到工作环境中，他就能更快地适应工作环境。STC 有利于加强学校和企业两大主体间的联系。以加利福尼亚州为例，为帮助学校了解企业的运作流程和工作环境，企业雇佣专门的联络人员负责学校与企业间的信息沟通；允许教师进入工作场所实习，使教师接触真实的工作环境；允许教师参与企业培训课程的开发。为帮助企业了解学校教学，学校创造性地设置了"一日校长"项目，企业主以学校校长的身份了解学校教学、课程设置以及参与学校管理，体会学校在校企合作中面临的困境。[①]

（二） 企业作为职业教育重要办学主体的保障条件

STC 系统的正常运行需要学校和企业双方的合作，又离不开社会力量的支持。教育和培训系统与劳动力市场不匹配的主要原因是行业、教育者和劳动力培训者之间缺乏规模和系统的沟通。因此，建立完备的职业教育"通道网"有助于州政府、地方政府、当地教育工作者和社区帮助毕业生拓宽就业途径，降低青年人失业率，这一"通道网"的建设需要政府和企业的共同努力。

1. 政府的倡导和协调

政府作为整个 STC 运动的倡导者和协调者，发挥着重要的保障作用。其一，政府可为 STC 运动提供政策支持和进行资源调度，政府通过协调各州资源分布、整合教育资源等手段提高教育质量。其二，政府有权制定激励和规范企业参与职业教育的政策法规，从政策和法律层面保障企业参与职业教育的权益，加速推动 STC 运动的进程。其三，政府可为企业和学校提供及时、持续的职业咨询信息。通过政府提供的信息，青年人可以了解到岗位的空缺情况及未来发展趋势，从而确定自身的职业生涯发展目标；雇主可以获得市场上劳动力的供应情况和劳动力水平，做出是否聘任求职者的决定。其四，政府在企业和学校间扮演"协调员"的角色。核心技术是部分企业长期在市场中占据一席之地的秘密武器，因此对于行业内的某些核心技术，企业不愿传授给实习生，因为实习生将来有自主选择就业岗位的权利，将这些知识传授给学生将使企

① *California School-to-Career Evaluation Study*，White Paper，Educational Resource Information Center，2001-06-01，https：//files. eric. ed. gov/fulltext/ED471979. pdf，Accessed：2022-07-28.

业未来发展面临重要挑战。教育管理者往往认为企业只关注自身利益，不关注学生未来的发展；还认为向学生灌输技术会扼杀学生创新的天性，导致学生成为"工具人"。因此，政府需要改变两者对彼此的错误认知，组织学校和企业积极沟通。例如，鼓励雇主参与到课程开发中去，采取与学校或学生签订保密合约等形式选择性地开放企业生产中的核心技术；引导学校公正地看待企业实习中学生所学到的知识和经验，可以通过向企业提供指导教师等形式向工作本位教育中的"师傅"教授教学法来提高其教学水平。

2. 社会各界为企业持续参与提供支持

首先，企业要保障好学生的安全。企业生产过程中存在各种不确定性因素，在生产过程中保障学生的安全变得尤为重要。企业必须为实习生提供安全、合法的实习环境，这意味着企业自身要了解有关青年劳工的法律问题，同时在实习生进入企业前对他们进行法律和安全知识的培训；企业按规定需要与学校和政府签订文件，进行安全责任划分，同时避免企业压榨实习生。其次，教育回报具有延迟性和回报率低的特性，因此企业只有持续性参与职业教育才有可能取得回报，但仅靠单个企业持续性对教育进行投资是不切实际的，企业必须与其他企业和社区进行合作。STC 的可持续性在很大程度上取决于社会各方利益相关者的有效协作，这些利益相关者应该包括当地企业、社区组织、大专院校和家长，各方利益相关者通过沟通协调和经费支持来鼓励当地企业长期参与职业教育。

综上所述，美国企业参与职业教育的方式多样，有学徒制、合作教育、技术准备计划等。但总体而言，企业参与技术技能型人才培养的制度主要体现在学校本位教学活动、提供工作本位指导培训和加强学校本位与工作本位联结三个方面。

一是在学校本位教学方面的企业参与学校教学制度。在终身教育理念影响下，学校教学不仅要关注学生当前的发展，更要充分考虑到学生的终身发展，因此学校在教学中必须对学生进行职业生涯指导规划及开展宽领域、活模块的教学。企业应辅助学校开展教学探索和课程开发，将工作中所需要的技能总结成理论知识传递给学生，包括生涯探索、职业咨询与指导、制定技能和学术标准、多元化课程开发及课堂中的就业和技能培训等。二是在工作场所实践教学中由企业主导的人才培养制度。企业通过派出经验丰富并受过一定教育理论指导的雇员，以讲座的形式对学生进行直接辅导；企业提供培训和实习场所，对教师进行指导，辅助教师创新相关课程；企业与合作院校建立学校到企业的过渡路径，向学校提供最先进的信息和资源；企业调整企业政策、雇佣惯例和资源分配方式，推动构建高质量的劳动力发展体系，向学生提供技能培训、实践教学资源，通过"做中学"的方式，形成企业主导的工作场所人才培养制度。三是学校与工作场所的联结制度。企业在加强学校本位与工作本位联结方面发挥着重要的中介作用，当学生能够直接将其在学校所学应用到工作环境中时，能更快地适应工作环境。因此，企业应雇佣专门的联络人员负责学校与企业间的信息沟通；允许教师进入工作场所实习，使教师接触真实的工作环境，增强教学真实性；允许教师参与企业培训课程的开发，保证企业培训课程的设计，尊重学生发展规律。

第四节　新西兰企业作为职业教育重要办学主体的制度

新西兰企业参与职业教育办学主要通过两个途径。第一个是加入行业培训组织（Industry Training Organisations，ITOs）。其作为新西兰高等教育（tertiary education）的重要组成部分，具有强大的组织力与聚合力，在推动受训者工作场所学习组织化、规模化发展中发挥着重要作用。第二个是参与新西兰技能与技术学院（原称为新西兰理工学院，在2020年职业教育改革后16所新西兰理工学院被统称为新西兰技能与技术学院，但仍旧保留学院名称与学院独立建制）的微观课程与教学设计、活动开展与课程质量评估。无论是企业通过ITOs参与企业培训，还是企业参与学校本位的职业教育，企业均在新西兰职业教育办学中发挥了重要主体作用，多方共同努力提供最高标准的培训，以满足社会部门和行业的需求，推动和保障了新西兰职业培训体系的构建，为世界提供了"新西兰样板"。

一 为行业企业发展服务的新西兰 ITOs

经济全球化背景下，各国产业结构转型与升级速度不断加快，为了培养助力新西兰经济高质量发展的技术技能人才，自 1992 年 11 月起新西兰各行业自发组建 ITOs。ITOs 是政府认可、行业所有的实体组织，在促进学员工作场所学习方面发挥着关键作用，尤其推动了行业主导、雇主深度参与的新西兰职业教育与培训模式的构建。

（一）新西兰 ITOs 的界定

新西兰 ITOs 是政府认可、行业所有的独立实体机构，属于营利性组织，主要协调"准员工"、企业员工的在职和脱产培训，使他们能够获得新西兰职业框架中的资格证书。实现行业对职业培训的主导权，保证职业培训能满足行业当下和未来对劳动者技术技能的需求，这是 ITOs 成立的初心，也是迄今为止 ITOs 组织运行最核心的使命。目前，ITOs 共包含 11 个不同行业的具体培训组织，涉及传统行业、新兴行业服务领域，涵盖第一产业、零售与社会服务业、建筑与基础设施行业、创意产业与高新技术业，这些行业和部门的快速发展是新西兰强大经济实力的基础。①

（二）新西兰 ITOs 的制度化历程与发展现状

新西兰 ITOs 的制度化历程分为创建与快速发展阶段、受挫与重建阶段、维护与发展阶段和稳定与新发展阶段。在创建与快速发展阶段，为促进新西兰产业发展以提升国际竞争力，ITOs 应时而生并快速壮大。1992 年 11 月，新西兰成立了最早的三个 ITOs，涉及管道、燃气装置与排水系统、乳制品业与细木工业领域。从 1993 年起，ITOs 的数量稳步提升，到 1996 年达到巅峰，数量为 52 个。在受挫与重建阶段，刚建立的 ITOs 在资

---

① Industry Training Federation, *Creating Real Futures Together: New Zealand's Industry Training and Apprenticeship System* (Wellington: Industry Training Federation Publishing, 2016), p. 118.

金、政策等方面频频受挫，很多都由于财政资金不足或缺乏政府支持而解散。为扭转局面，行业与雇主共同参与国家资格标准的制定与职业资格证书的开发，全面对 ITOs 进行改革。1996 年 4 月，40 个 ITOs 一致通过组建行业培训联盟（Industry Training Federation，ITF）的决定。行业培训联盟以 40 个 ITOs 的代表机构形式存在，此时还是一个松散的集团组织，并未得到全体成员的鼎力支持，在组织和发展目标上未达成共识。在维护与发展阶段，随着新西兰经济的转型与产业的持续升级，ITOs 越发意识到行业培训联盟在与政府和其他社会团体的博弈中能更好地保障行业整体利益，因此积极加大资金、设备、人员的投入力度，促使联盟进一步发展。1998 年底，共有 45000 人注册参与了 ITOs，仅两年后人数就达到了 85000人。① 此时，ITOs 和行业培训联盟高度关注对国家资格标准的维护，确保受训者是合格的、国家认可的。在稳定与新发展阶段，通过行业培训联盟的积极发声，ITOs 在职业培训中的领导地位得到稳固，ITOs 迎来了新的发展。2000 年，ITOs 成为技能领导者（skills leadership），表明 ITOs 不仅涉及在职培训，更对整个行业的发展具有领导作用。2008 年，ITOs 成员间合作更加紧密，已经形成了多个 ITO 联盟。这些联盟在战略与运营方面鼎力合作，其中建筑环境培训联盟（the Built Environment Training Alliance，BETA）、服务行业培训联盟（the Services Industries Training Alliance，SITA）尤其活跃。

　　新西兰 ITOs 的发展现状分为发展环境和培训成效两方面。一方面是发展环境。就内部环境而言，一是数量众多的 ITOs 几乎包含了新西兰所有的行业领域，但同时也稀释了政府与社会在培训领域的投资，存在组织松散、资源浪费的问题，实际上并不能为每一个行业的发展提供及时有力的支持。为了能给企业雇主和受训者提供更好的服务，ITOs 进行组织间的合并与调整，整合为如今的 11 个联盟。同时，ITOs 形成了良好的培训文化与行业范式，即只有通过教育或培训后获得相关国家资格证书的劳动

① 马君、刘昕荷：《基于行业主导、雇主主体的新西兰职业教育与培训模式研究——以行业培训组织（ITOs）为例》，《河北师范大学学报》（教育科学版）2020 年第 1 期。

者才能顺利上岗。二是在管理体制上，ITOs 优化管理模式，加强对内部各行业组织的管理，按时组织会议讨论行业发展的现状与未来需要，并鼓励组织间建立联盟，在某一培训领域里联合出手，增强行业组织的领导力。就外部环境而言，一是知识经济时代信息爆炸、技术更新周期缩短，很多行业领域自动化与机械化程度越来越高，社会对"技术技能人才"的定义不断变化，准确预测未来的技能需求成为具有现实意义的工作。由于 ITOs 不同于学校教育，能更快地对技术变化做出反应，在预测未来技术需求上也更有优势，因此，其必将得到更广泛的社会认可，迎来新一轮的大发展。二是在快速变化的工作世界，特定的资格标准变得逐渐不适用，ITOs 需要建立相应的体系支持和鼓励"及时"学习，进行通用能力的培养和通用资格的设计。另一方面是培训成效。时任行业培训联盟首席执行官的乔希·威廉姆斯（Josh Williams）在 2006 年曾讲道："目前我们每年有 145000 人参加由 11 个行业培训组织支持、25000 家公司参与的工作场所培训和学徒培训，这是目前规模最大的中学后教育与培训形式。我们只使用了政府投资在高等教育领域总投入的 6%，即每投资 100 万新西兰元，ITOs 就能培训出 300 多名合格的技术工人。相比之下，理工学院只能培养 50 人。"① 由此可见，相比其他高等教育机构，ITOs 不仅参与人数众多，并且成效显著。具体表现如下。一是受众规模越来越大。当前越来越多的新西兰人为了畅通他们的职业生涯路径，通过行业组织的培训接受进一步的技能训练与学业指导。在 2008~2017 年十年间，通过 ITOs 接受职业教育与培训的人数最多，远高于其他职业教育与培训机构的培训人数。ITOs 承担了绝大部分职业培训活动，在职业培训体系中发挥着举足轻重的作用。二是效益更高。相比其他教育与培训机构，ITOs 的培训完成率更高，能用更少的资金获得更多的国家职业资格证书，投入产出比最高。参与 ITOs 培训的学生不需要申请学生贷款，还能顺利取得职业资格

---

① "Creating Real Futures Together: NZ's Industry Training and Apprenticeship System", 2019-01-22, https://www.itf.org.nz/news-and-publications/publications, Accessed: 2024-08-02.

证书，完成国家职业资格培训的大部分任务。在 2016 年，参与 ITOs 的人数大幅度增长，分别有 106405 人和 43045 人参与传统的行业主导的职培训与学徒培训，共有 52140 人次取得了资格证书，比大学（35500 人次）多出 16640 人次，比理工学院（42665 人次）多出 9475 人次，展现了超高的绩效水平。[1]

（三）新西兰 ITOs 的角色定位

根据菲利克斯·劳奈尔（Felix Launer）的观点，"技能分为企业专用性技能、行业专业性技能和通用技能三种类型。这些技能在它们的资产专用性上（即可移植性上）存在显著的差异。企业专用性技能需要通过在职培训获得，并且可移植性最低。这些技能对于那些开展这类培训的雇主而言是有价值的，但是对于其他雇主而言没有价值。行业专用性技能可以通过见习和职业学校获得，这些技能，尤其是在得到权威认证之后，会得到该行业内所有雇主的认可"。[2] 因此，职业培训必须由行业整体规划，才能保证受训者技能的可移植性。ITOs 作为行业所有的实体组织，其角色定位为：会同产业界设计国家技能标准，通过审核系统对国家技能标准进行公平、有效和持续的评估；安排正规的职业培训，使学员能够达到国家技能标准，促进学员在工作场所的学习。[3] 同时，在《职业培训和学徒制修正案（2014）》中，政府规定 ITOs 要设计清晰的路径以使受训者达到四级及以上的高级资格，同时保持对其所服务行业的强大支持。[4] 总

---

① "Creating Real Futures Together: NZ's Industry Training and Apprenticeship System", 2019-01-22, https://www.itf.org.nz/news-and-publications/publications, Accessed: 2024-08-02.

② 〔美〕彼得·A. 霍尔、戴维·索斯凯斯:《资本主义的多样性:比较优势的制度基础》, 王新荣译, 中国人民大学出版社, 2018, 第 130~134 页。

③ "Sector Performance Information," Tertiary Education Commission, 2019-03-05, https://www.tec.govt.nz/funding/funding-and-performance/performance/sector/, Accessed: 2022-07-22.

④ "Governance of TITOs," Tertiary Education Commission, 2019-02-05, https://www.tec.govt.nz/teo/working-with-teos/itos/governance/#:~:text=Governance%20of%20TITOs%20Last%20updated%208%20November%202021, Industry%20Training%20and%20Apprenticeships%20Act%201992%20%28the%20Act%29, Accessed: 2022-08-03.

之，ITOs 要参与培训标准与国家资格的制定，在培训的过程中根据职业资格设计培训过程，保证培训的开展有据可依，并在培训结束后根据资格标准对培训进行评估，提出改进意见。

与其他职业培训的组织与社会团体不同，ITOs 自成立伊始就具有天然的优越性，具体表现为以下三点。一是在与行业关系方面的优越性。与以学生为主要服务对象、提供学历教育与资格证书培训的理工学院不同，ITOs 能更加紧密地与行业结合。ITOs 作为众多企业雇主的代表，能及时了解行业对雇员技能类型与技能水平的最新要求，并将这些信息准确地提供给企业雇主与培训提供者，帮助雇主对现有培训进行调整。二是在培养场域方面的优越性。不同于理工学院在学校或指定合作的几个培训基地对学生展开培训，参与 ITOs 的每一个学员始终在真实的工作场景中接受培训，这种培训完全是工作过程教学。三是相比于私人培训机构或由社会团体兴办的培训组织，ITOs 具有资金、政策上的优势。在资金上，ITOs 能吸纳更多政府在高等教育领域的投资，有充足的经费支持企业雇主开展培训。在政策上，ITOs 能获得政府的更多支持。ITOs 自成立起就得到新西兰政府的认可，并不断通过立法保障 ITOs 在职业培训中的领导地位和主导作用。

二　新西兰 ITOs 的特色

新西兰行业主导的工作场所培训与学徒培训成效显著，得益于 ITOs 在其中发挥的关键作用。ITOs 确立和维护了行业与企业雇主在培训中的话语权，积极与职业培训中的利益相关者（政府、企业、雇员等）进行沟通，为其做出正确决策提供充足的信息，为行业标准与国家资格标准的制定建言献策。同时，ITOs 作为归行业所有的实体组织，不只关注培训绩效，更发扬人道主义精神，关注受训者的职业生涯与生活质量，倡导基本技能培训和职业素养的培养。

（一）ITOs 规定行业和企业雇主在培训中具有话语权

在新西兰行业主导的培训与学徒制模式中，雇主拥有参与和管理培训的权利。一是 ITOs 规定，在培训的全过程中，ITOs 要发挥行业的主导作用，构建以雇主为核心的工作场所培训。首先，雇主有权利和义务在受训者学习业务时，对其进行教育、培训和指导，并对受训者专业发展进行投资。雇主主导基金（employer-led fund）的设立，保障了雇主在培训投资中具有主动权，提升了投资的有效性。二是 ITOs 还为行业内雇主提供招聘方案资料包，包含招聘计划、广告设计与投放、面试、决策及录取、欢迎新雇员的信息和具体流程，真正将雇主置于行业的中心，为雇主提供全方位的服务。以建筑行业培训组织为例，在基本的招聘信息中还加入了各种规范的表格与广告范例，以方便建筑行业的雇主进行员工招聘。三是在学徒培训中，雇主有权根据行业需求为学徒提供培训计划和培训协议，规定岗位要求和学徒将取得的资格，保证培训能为学徒带来进入行业所需的技能与资格证书，真正做到了管理培训、评价培训。

（二）ITOs 是职业培训利益相关者间的"联络员"

人才培育离不开行业组织"零对接"信息，它是培养合格人才的重要依据。职业教育急需行业组织提供当前培养的人才是否满足行业、企业需求的真实信息，[①] 如何为其提供有效信息不仅关乎决策的准确性，更关乎职业培训的质量。在新西兰，ITOs 作为职业培训利益相关者间的"联络员"，推动了职业培训的顺利开展，主要体现在以下三个方面。一是由于负责工作场所培训的中央机构由劳动部门转向教育部门，作为高等与职业教育重要组成部分的 ITOs 成为沟通教育与劳动市场的桥梁。随着国家政策的调整，ITOs 需要将这些政策及时准确地转换为规范的行业规则，并将行业需求传达给雇主与学习者，建立高效的职业培训体系。二是就行业整体而言，雇主关注潜在受训者的数量与质量，因此，学校成为 ITOs 共同关注的一个场域。但多数普通中学很少为学生提供职业信

---

① 刘根华、胡彦:《行业组织参与职业教育的问题及路径研究》,《高等工程教育研究》2016 年第 4 期。

息或职业选择，致使学生在离校后没有相关学科背景或对行业知之甚少，甚至不清楚想要进入哪个领域。因此，许多 ITOs 通过为学校提供门户计划（gateway programmes）或培训信息包，将行业信息与需求尽早传递给学生。同时，ITOs 参与设计就业导向的高中课程，展示不同能力毕业生的职业生涯选择路径。由行业培训联盟构建的五种颜色编码的"部门路径"（Sector Pathways）系统，为学生提供了一种获得国家教育成绩证书（National Certificate of Educational Achievement，NCEA）的全新方式。部门路径绘制了资格路径与职业选择路径供学生参考，并指出了完成各行业培训建议的学分。三是在学徒培训中，ITOs 必须保持中立，不能参与雇主与学徒关于就业协议及培训具体问题的讨论，但必须就如何获得权威建议为双方及时提供信息，以保证雇主与学徒对话的有效性。

（三）ITOs 对受训者的基本技能培养具有社会公益导向性

企业员工培训能降低企业交易成本，同时提高员工生产力，使企业有机会通过专业技能培训和通用技能培训获利。因此，ITOs 没有一味将目光聚焦在受训者的工具价值上，而是提倡受训者基本工作技能的培养。ITOs 倡导并联合其他机构关注成人在识字与算数方面的能力。根据2012 年的统计数据，大约有 485000 名年龄在 20～65 岁的新西兰人没有任何职业资格（其中 310000 人正在工作）。[①] 研究表明，在工作场所内低读写算能力是影响业务绩效和生产力的关键因素，低识字率与低数学水平可能导致风险、错误、浪费，甚至导致事故和团队合作失败。提升成人基本技能是培养熟练劳动力和提高社会与经济福祉的关键。因此，行业培训联盟、新西兰商务（Business NZ）、新西兰工会理事会（New Zealand Council of Trade Unions）、新西兰英语合作伙伴组织（English Language Partner New Zealand）与毛利人扫盲组织（Literacy Aotearoa）

---

① The Ministry of Education, The Ministry of Business, Innovation and Employment, *Tertiary Education Strategy 2014 - 2019* （Wellington: The Ministry of Education, The Ministry of Business, Innovation and Employment Publishing, 2014）, p. 15.

等五大组织通过调查，提出要"提高目前成人读写算教育的资金投入；确保相关政府机构将提高成人读写算能力作为优先推广事项，并广泛借助网络力量；优先瞄准读写算能力低的群体和行业，进行成人读写算水平的提高；为成人学习者提供支持，不论他们身处何处"。① 《高等教育优先事项声明（2007）》也明确指出，要"提高劳动力的读写算能力"。这实际上提高了新西兰员工整体的通用能力，助力行业的战略性发展。

（四）ITOs 对职业资格与行业标准具有开发、运行、维护的职责

从各国培训体系来看，行业组织在技能标准的制定中起着重要作用。作为行业内企业的代表，ITOs 集中代表了本行业的共同利益，对行业内企业有一种天然的约束力。具体而言，ITOs 具有三项核心职责：制定和完善行业技能标准；管理本行业职业培训；发展和完善行业主导的培训和学徒培训。首先，对 ITOs 来说，开发基于能力的职业资格与标准是首要职责。ITOs 不仅对当地职业资格与技能标准进行制定与完善，还与国家资格委员会、新西兰政府共同设计国家资格框架与职业资格证书。其次，ITOs 以国家认可的职业资格标准与国家资格证书为依据，对职业培训进行管理。1992 年的《职业培训与学徒法案》明确规定"学徒要获得相关的四级水平资格证书，获得至少 120 个学分，并符合相应职业的监管要求"。在学徒培训中，除了培训协议，每一个新西兰学徒还必须与雇主签订培训计划。培训计划列出了与培训相关的详细内容，涉及学徒将获得的资格、获得该资格的必要标准和能力、学徒可能需要的其他关键技能、培训交付方式与评估的详细规定、学徒成就目标、学徒定期审查和报告的框架。② 最后，雇主与 ITOs 根据国家资格框架规定

---

① "Stepping Up to Better Working Lives：Workforce Literacy in New Zealand，" Industry Training Federation，2019-04-10，https：//ndhadeliver. natlib. govt. nz/delivery/DeliveryManagerServlet？dps_pid＝IE32207216，Accessed：2022-07-21.

② "Code of Good Practice for New Zealand Apprenticeships，" Tertiary Education Commission，2018-12-22，https：//www. tec. govt. nz/assets/Publications-and-others/The-code-of-good-practice-for-new-zealand-apprenticeships. pdf，Accessed：2022-07-06.

的岗位要求设计培训计划，保证每个受训者完成培训时不仅是合格的，而且能同时获得一个或多个国家资格证书，具体的资格证书数量取决于受训者选择进入的行业与培训项目。通过行业主导的培训，每年大约有5万名受训者能获得新西兰国家资格证书。这可以有效地解决技术进步对技能需求与技能供给对接不足的困难，并对技能供给的质量提供保障，从而使"技术进步—边际生产效率—工资挤压效应"的动力机制拥有足够的动力源。

三　新西兰 ITOs 深度参与职业培训的支持机制

得益于 ITOs，行业主导的培训成为新西兰效益最好的职业培训方式，可以说是助力新西兰经济快速发展的"秘密武器"。保障 ITOs 深度参与职业培训，实质上就保障了培训能为行业所有、为行业发展服务，使行业与雇主在培训中始终具有主导权。

（一）政策法规规定了 ITOs 深度参与职业培训的合法地位

新西兰以立法形式规定行业、企业在培训中的权利和义务，使行业参与职业培训有法可依，这是行业、企业进行职业教育与培训的重要保障与持久动力。政府在 1992 年《职业培训法》中明确规定，代表行业的 ITOs 是组织职业培训的工具，明确 ITOs 的职责为"设置国家行业标准；购买培训；保护培训提供者的合法权益；保障工作场所的培训质量"。随着新西兰经济的转型发展，高等教育提供的人才与社会发展的需求匹配度不高，因此，2002 年新西兰政府通过《高等教育发展战略（2002）》，旨在更好地将高等教育体系与政府经济目标、社会发展目标相结合。与此同时，政府修订了《职业培训法》，提出要提升职业培训的有效性与适应性，ITOs 要就技能与培训需求问题为行业提供领导力，开发战略性的培训计划，协助行业满足高等教育发展的需求，促进职业培训质量的提高，以满足雇主与雇员的需求。随后，高等教育委员会更新了 ITOs 的职责规定，明确 ITOs 的职责为通过战略性培训计划确定行业技能需求，提升行业整体的培训质量，关注重点由受训人数转变为培训完成率；增加更高级别证书的注册数，提高受训者中毛利人、太平洋族群与女性的比例，提升行业贡献水平，基于标准培训措施（standard training measures）进行职业培训。

（二）行业培训联盟保障 ITOs 能够深度参与职业培训

法律规定了 ITOs 应在职业培训中发挥引导作用，推动工作场所培训的开展，但实际上政府期望与现实间存在差距。ITOs 意识到健全的机构是职业培训为行业所有并受其掌控的制度保障，因此成立了行业培训联盟，保障 ITOs 真正能做到深度参与职业培训。作为 ITOs 上级组织的行业培训联盟，一直以来倡导工作场所培训和现代学徒制，与主要政府部门、教育部门、雇主和行业进行合作，在培训资金、就业政策等方面代表行业，为 ITOs 组织中的所有企业与雇主发声，为政府部门与教育部门建言献策，为新西兰提供更加熟练与具备高素质的劳动力。同时，行业培训联盟为满足特定行业的需求，鼓励雇主在对员工教育与培训中发挥引导作用，鼓励员工终身学习。[①] 此外，行业培训联盟与国家资格委员会（National Qualifications Authority，NQA）、技能新西兰（Skill New Zealand）、高等教育委员会和职业培训战略（Industry Training Strategy，ITS）都有密切联系，共同致力于推动高等教育与职业教育发展，保证行业主导的新西兰职业培训体系正常运转。

（三）政府支持下保障 ITOs 深度参与职业培训的筹资方式

职业培训与国家经济的发展紧密相关，高质量的职业培训能为国家经济发展提供合格的劳动力。目前，国际范围内有四种鼓励雇主增加培训投资的机制，分别是自由放任式机制、雇主高投入机制、行业培训基金、征税方案。其中，新西兰、荷兰等国企业培训的筹集模式是典型的行业培训基金模式，即针对具体的行业，以雇主和政府间达成的行业协议为基础创

---

① "International Trade Fairs Brochure," International Trade Fairs, 2018 - 12 - 05, https：//www.itf.org.nz/news-and-publications/publications, Accessed：2022-07-10.

立基金，为雇主开展培训工作提供资助。ITOs 在成立之初就受到新西兰政府的密切关注，为支持与适应其在不同阶段的发展，在 1989~2002 年政府连续对 ITOs 进行资助，具体分为以下四个阶段。第一阶段：过渡阶段（1989~1995 年）。政府鼓励行业参与，积极协助行业团体建立 ITOs，促进高绩效培训的开展，如工作场所培训，支持必要的基础设施建设并为 ITOs 提供过渡性资金。第二阶段：建立新融资系统阶段（1995~1999 年）。1995 年，新西兰政府建立新的融资系统，该系统的主要功能有六种，分别是为受训者与雇主提供信息与建议、安排在职培训、安排在职评估、支付离职培训费用、安排离职培训、进行培训质量监测。同时，新西兰政府设立行业培训基金，以平衡整个融资系统的成本。行业培训基金基于"基准单位成本"（benchmarked unit costs），合并了 1992 年以来运营的三个资金流，为不同领域的行业培训组织活动提供不同的补贴率。第三阶段：自由化与绩效衡量阶段（1999~2000 年）。政府认识到"基准单位成本"的融资体系倾向于补贴离职培训，削弱了 ITOs 对行业需求及时做出反应的能力，因此引入了新系统。与先前用于衡量行业贡献的系统不同，新系统只能体现现金贡献，不包括"实物"贡献。第四阶段：新方向与战略重点阶段（2000~2002 年）。政府提出允许 ITOs 将拨款的 10% 用于国家资格框架中 4 级以上的培训，提高现有培训标准量（Standard Trainee Measure，STM）以提升培训水平，并提出如果大多数行业允许，则授权 ITOs 对其行业征收领导力和资格开发的成本。[①] 此时，政府在一定程度上鼓励 ITOs 开展更高级别的资格培训，通过行业培训基金提高了 ITOs 在职业培训中资金的稳定性，有利于 ITOs 在行业主导的培训体系中保有主导权。

（四）保障 ITOs 深度参与职业培训的社会支持网络

除了政府和正式组织（非政府组织）主导的正式支持外，ITOs 还受

---

① G. Nicholas et al. , *A Brief History of Government Funding for Industry Training 1989 - 2002* (Wellington：Industry Training Federation Publishing，2003)，p. 7.

到以社区为主导的"准正式支持"和由个人网络（社会力量）提供的社会支持，这些支持形式共同保障了 ITOs 能深度参与到职业培训中来。以社区为主导的"准支持"指的是受训者或学徒所在的社区支持并鼓励他们通过 ITOs 组织进入职业培训领域，主要分为以下两方面。一是社区与 ITOs 长期合作并为 ITOs 提供潜在的受训人员。当社区成员由于缺乏技能或资格证书而待业或失业时，他可以联系所在社区咨询培训事宜。社区为寻求工作帮助的人提供行业和雇主的信息、培训要求和企业待遇。在相对落后的社区中，相比大学和理工学院，人们更倾向于通过社区进行职业培训。二是在新西兰不存在脑力劳动和体力劳动的严格界限，个体只要能通过劳动获得收入就值得被尊重。对于个体而言，职业培训为无法在学术教育中成功的人提供了职业选择与成功的路径。因此，不管是个人所处的家庭环境还是朋友网络，都能正视职业培训并认可其成绩，这种认可是 ITOs 持续深度参与职业培训的前提与保障。

四　新西兰企业参与新西兰技能与技术学院办学的运作模式

新西兰企业作为新西兰职业教育办学过程中不可或缺的重要主体，其除了通过 ITOs 的组织介入新西兰职业教育的发展过程，还会结合地区优势产业与新西兰技能与技术学院联合培养技术技能型人才，并在高实践性的课程与教学内容上进行商榷与共同设计，从微观层面注重人才培养的具体落实，保障多元核心利益的有效满足。

（一）依托当地优势产业合作培养技术技能型人才

新西兰技能与技术学院在专业建设过程中会依据当地企业的发展优势，布局专业的设置，紧紧依托地方产业优势且严格依照行业培养准则进行人才培养，不仅服务区域经济发展，还保障学生的就业质量。比如纳尔逊·马尔伯勒理工学院凭借当地发达的葡萄种植业，开设葡萄栽培和酿酒专业，由行业经验丰富的员工和植物和食品研究领域的科学家授课，课程是与行业企业技术人员协商后共同开发的，保证学生能够掌握行业所需的实际的和前沿的知识与技能。① 位于新西兰最发达的城市奥克兰的新西兰国立理工学院凭借当地发达的工业优势，与当地行业、企业建立深厚联系，该学院应用技术学的电工技术专业可以保证学生使用最新的电子软件、工作台模拟电路、机电一体化和电子工作台以及微处理器硬件来磨炼技能，行业企业甚至会赞助学生最后一年的实习，保证学生能在最后一年承担一项重大的行业项目。② 可以说，当地产业的经济优势与教学资源形成的良性互动是新西兰技能与技术学院与行业企业合作的优势之一，企业不仅可以介入课程的开发与设计，还可以在实习实训过程中提前挑选适合的企业发展储备人才，新西兰技能与技术学院也节省了办学成本。为了实现对区域技能发展的合理预测与规划以及对技能培训的有效设计，充分发挥地区和行业企业力量，新西兰依据国土地域划分成立了15个独立的区域技能领导团队（Regional Skills Leader-ship Groups，RSLG），这些团队由区域行业领导、主导产业代表、少数族群代表以及工人和政府代表组成，他们将与相关数据分析人员、政策顾问和劳动力专家团队合作，分析区域技能与劳动力需求走向，并向高等教育委员会及其劳动力发展委员会和当地职业教育机构提供合理化建议。③ 另外，RSLG 完全归地方管辖，享有高度自主权，中央政府负责提供财政支持和可持续的资源配置支持。RSLG 为地区范围内的技能开发与预测提供支持，力图保证学习者对未来技能发展的适应性，提高其技能与区域劳动力市场需求的适配性。

---

① "Bachelor of Viticulture and Winemaking" Nelson Marlborough Institute of Technology，2020-07-30，https：//www.nmit.ac.nz/study/programmes/bachelor-of-viticulture-and-winemaking/，Accessed：2022-08-10.

② "Bachelor of Applied Technology - Electrotechnology," New Zealand Institute of Skills and Technology，2020-07-30，https：//www.unitec.ac.nz/career-and-study-options/electrical-and-electronics-engineering/bachelor-of-applied-technology-electrotechnology，Accessed：2022-08-10.

③ "Regional Skills Leadership Groups," Tertiary Education Commission，2020-06-26，https：//www.tec.govt.nz/rove/regional-skills-leadership-groups/，Accessed：2022-07-30.

（二）高实践性的课程与教学内容

为了推动行业企业广泛参与职业教育，新西兰设立了职业卓越中心（Centers of Vocational Excellence，CoVEs），旨在加强职业教育与行业、社区和科研机构的联系，推动创新和专业知识传授，提升职业教育创新能力，造就卓越品质。目前，新西兰已成立建筑业职业卓越中心和食品与纤维行业职业卓越中心进行试点，未来还将计划设立各个行业的职业卓越中心。[①] CoVEs 与行业、职业教育机构和其他相关团体共同努力，聚焦课程开发和培训流程设计，负责课程创新与研究等具体实践，推动职业教育高质量发展。在这一过程中，行业企业能很好地介入微观课程实践当中，新西兰技能与技术学院会严格按照培训计划，践行理论学习与实际操作并重的思路。为了更好地培养学生的实操技能，学院会与企业共同依托项目实习来进行人才培养。在课程设置上，为了确保学生养成必备的职业能力，除理论基础课程不涉及实操外，其余课程均涉及掌握某项职业技能，要求将实际操作融入课程内容，基本占到总课程时长的一半，充分实现专业知识与职业技能的一体化建构。

第五节　欧洲国家中小企业作为职业教育
重要办学主体的制度

学徒制是欧洲国家职业教育与培训主要的人才培养模式，承担着本国职业教育与培训的多重任务，因此对欧洲国家而言，其职业教育人才培养质量的高低在很大程度上取决于学徒制的建设水平，高质量学徒制（quality apprenticeship）概念的产生和付诸实践既是对当前学徒制理念的升级，也是解决学徒制面临的新挑战与困境的重要举措。而高质量学徒制的建设离不开作为重要主体的中小企业的有力支持，中小企业既是学徒制

---

① "Centres of Vocational Excellence（CoVEs），" Tertiary Education Commission，2020-09-03，https：//www.tec.govt.nz/rove/coves/，Accessed：2022-07-06.

的受益者也是重要投资者（雇主）。因此，促进中小企业发展并使其积极地参与学徒制建设，是欧洲国家通过职业教育与培训促进区域经济稳定增长的重要举措之一。

一 中小企业与高质量学徒制的关系审视

高质量学徒制是欧洲国家劳动力发展计划的重要组成部分，中小企业是参与高质量学徒制建设的重要主体，能够弥补技能鸿沟、增加学徒名额、培训专门技能以及创造工作岗位，其参与程度直接影响着现代学徒制的质量。同时，在这一过程中也有利于企业养成安全工作习惯、提高生产率以及储备人力资本。

（一）中小企业的界定

国际上对于中小企业（small and medium-sized enterprises，SMEs）的界定通常以员工数量、销售量和投资总额为标准，相对大企业来说，其员工数量、销售量和投资资本额一般较小。欧盟委员会的界定是员工人数少于 250 人，营业额低于 5000 万欧元或资产负债表总额低于 4300 万欧元即为中小企业。而国际金融公司（the international finance corporation）的界定是微型企业有 2~9 名员工，小型企业有 10~49 名员工，大中型企业有 50 名及以上员工，如表 5-3、表 5-4 所示。中小企业的同义词还有微型企业、小规模企业和中小规模企业，同时小型经济单位（small economic units）这一概念中也包括中小企业。

表 5-3 欧盟委员会的中小企业标准

企业类别	员工人数（人）	营业额（万欧元）	资产负债表总额（万欧元）
微型企业	<10	≤200	≤200
小型企业	10≤x<50	200<x≤1000	200<x≤1000
中型企业	50≤x<250	1000<x≤5000	1000<x≤4300

资料来源：Eurostat，"Statistics on Small and Medium-Sized Enterprises," European Commission，2017-10-20，https：//ec. europa. eu/eurostat/statistics-explained/index. php/Statistics_on_small_and_medium-sized_enterprises#SME_definition，Accessed：2019-12-27。

表 5-4　国际金融公司的中小企业标准

企业类别	员工人数 （人）	总资产 （万美元）	年销售总额 （万美元）
微型企业	<10	<10	<10
小型企业	10≤x<50	10≤x<300	10≤x<300
中型企业	50≤x<300	300≤x<1500	300≤x<1500

资料来源：*Global Evidence on the Contribution to Employment by the Self-Employed*，*Micro-Enterprises and SMEs*，International Labour Organization，2018-09-21，https：//www.ilo.org/wcmsp5/groups/public/---dgreports/---dcomm/---publ/documents/publication/wcms_723282.pdf，Accessed：2019-12-27。

欧洲的中小企业内部存在较大的异质性，这是企业所处的环境和自身特点决定的。以行业分布为例，欧洲的中小企业多来自批发业、零售贸易业等服务行业，这些行业的门槛相对较低，而制造业的中小企业相对较少，只有部分知识密集型行业由中小企业主导，例如广告、市场研究、法律、会计和管理服务等行业。值得注意的是，虽然在规模上难以与大型企业匹敌，但是欧洲的中小企业数量众多，在为年轻人提供工作机会和学习机会方面扮演着重要角色，是新增就业机会的主要来源，也是技术创新链上的关键一环。欧洲中小企业在所有类型的企业中占比高达 99.7%，雇佣了欧洲 93% 的劳动力，在各经济体中占主导地位，[①] 1/3 的中小企业创造了新产品和新工艺，不少大型企业都对其产生依赖。

此外，从社会影响的角度来看，中小企业还能够促进地区凝聚力和经济发展水平的提高。国际劳工组织的体面工作议程（decent work agenda）和联合国的三项可持续发展目标（Sustainable Development Goals，即SDGs）中就包括这些社会影响。可持续发展的目标中，其一是消除全世界一切形式的贫困；其二是推动持续、包容和可持续的经济增长，帮助人人实现充分就业和生产性就业，拥有体面工作；其三是减少国家内部和国

---

① "Support to Trainers Competence Development in Small and Medium-Sized Enterprises," Cedefop, 2019-02-16, https://www.cedefop.europa.eu/en/events-and-projects/events/support-trainers-competence-development-small-and-medium-sized, Accessed：2022-07-20.

家间的不平等。① 知识经济时代越来越强调人力资本开发，经济合作与发展组织（OECD）将现代企业中的这种特征凝练为知识密集型服务活动（knowledge-intensive service activities）概念，但是全球经济增长放缓和贸易紧张的局势导致中小企业开展知识密集型服务活动的机会有限，再加上自身的局限，例如竞争力不足、工作条件不佳、技能提升难以实现等，使其参与技能培训与开发面临的阻碍与大型企业相比更加复杂，比如比利时中小企业在职业培训活动中的参与率比大型企业低50%。因此，了解中小型企业参加技能培训所面临的困境与现实问题是创造就业机会和提高就业质量所面临的根本挑战。

（二）高质量学徒制的内涵

高质量学徒制（quality apprenticeship）的概念由国际劳工组织（ILO）率先提出，一方面，近年来各国际组织和区域组织学徒制政策的重心纷纷转向质量和公平，强调学徒制的内涵发展和资源的合理配置。2012年，国际劳工组织于国际劳工大会第101届会议上通过了一项决议，即《青年就业危机：行动呼吁》（*The Youth Employment Crisis： A Call to Action*），重申了加强包括学徒制在内的职业教育和培训将教育、培训和工作实践联系起来的重要性。2013年，欧盟成员国通过了《欧洲学徒联盟理事会宣言》（Council Declaration on the European Alliance for Apprenticeships），宣言强调高质量学徒制计划能够为解决青年就业危机做出积极贡献。2016年，在北京召开的二十国集团劳工就业部长会议发表了《创新与包容性增长：让就业机会更加充分、就业能力更加适应、就业质量更高》（Innovation and Inclusive Growth：Decent Work，Enhanced Employability and Adequate Job Opportunities）部长宣言，追溯了二十国集团大力推动学徒制的历史，并通过了《二十国集团高质量学徒制倡议》（The G20 Initiative to Promote Quality

---

① *Global Evidence on the Contribution to Employment by the Self-Employed*，*Micro-Enterprises and SMEs*，International Labour Organization，2018 - 09 - 21，https：//www.ilo.org/wcmsp5/groups/public/－－－dgreports/－－－dcomm/－－－publ/documents/publication/wcms＿723282.pdf，Accessed：2019-12-27.

Apprenticeship）以提高学徒制的质量、数量和多样性。另一方面，欧洲国家学徒制的质量确有提升的空间。原因在于学徒制的参与人数并不等于合格人数，存在学徒中途退出或学徒的技术技能水平难以通过资格认证的风险。有学者认为"学徒制对于企业和学习者来说是极好的，但前提是他们必须是高质量的"。①

国际劳工组织对高质量学徒制的定义是："高质量学徒制是一种独特的职业教育和培训形式，结合了在职培训和非在职学习，使各行各业的学习者能够获得从事特定职业所需的知识、技能和能力。学徒制受到法律、集体协议和社会对话产生的政策决定的监管和资助，并需要一份书面合同，详细说明学徒和雇主各自的角色和责任；还为学徒提供报酬和标准的社会保障。经过明确规定和结构化的培训期以及成功完成正式评估后，学徒将获得公认的资格。"② 联合国教科文组织在 2015 年 6 月召开的"通过高质量的学徒制开展 TVET"的网络会议中提出学徒制质量的内容涵盖培训环境、社会保障、培训标准和内容、全国证书、利益相关者的利益，③ 涵盖了学徒制从准入到准出的全过程。经济合作与发展组织认为高质量学徒制应具有以下关键特征：面向不同年龄阶段群体，面向处境不利的青年，技能范围广泛，行业和职业覆盖面广，面向妇女，成本分担，结果基于能力，良好的管理，社会伙伴和相关机构共治，经过认证并与正规教育系统整合。从国际劳工组织、联合国教科文组织、经济合作与发展组织的定义可以看出，高质量学徒制的主要特征有社会共建、监管有力、融资有方、权责清晰和面向市场，最终满足学习者、家长以及用人单位的需求。具体来说，高质量

---

① "Institute for Apprenticeships Sets Out Vision on Quality," Institute for Apprenticeships and Technical Education, 2020-01-02, https：//www.gov.uk/government/news/Institute-for-apprenticeships-sets-out-vision-on-quality, Accessed：2022-07-22.

② International Labor Organization, *ILO toolkit for Quality Apprenticeships volume I: Guide for Policy Makers*, 2017-10, https：//www.ilo.org/sites/default/files/wcmsp5/groups/public/@ed_emp/@ifp_skills/documents/publication/wcms_607466.pdf, Accessed：2020-01-29.

③ 亚历山德拉·莫兹、董衍美：《通过高质量的学徒制开展 TVET——UNESCO-UNEVOC 网络会议报告（一）》，《职业技术教育》2015 年第 30 期。

（quality）的标准具有弹性空间。对于没有学徒制传统或基础薄弱的国家来说，学徒制这种新的职业教育与培训形式达到基本要求就是高质量；对于学徒制基础深厚的国家来说，追求卓越水平才是高质量。现存的学徒制形式主要包括传统学徒制、正式学徒制和非正式学徒制，正式学徒制和非正式学徒制之间的主要区别在于是否有法律保障、书面合同和正式的评估与认证。正式学徒制常见于发达国家，例如澳大利亚、德国和丹麦；而非正式学徒制常见于发展中国家，它是消除贫困的一种制度工具。在本节中我们所讨论的主要是欧洲发达国家的正式学徒制。

（三）中小企业与高质量学徒制的关系

中小企业和高质量学徒制之间是鱼水交融的关系，彼此互为依存（见图5-6）。一方面，中小企业在高质量学徒制的建设中发挥着沟通教育世界与工作世界、教育与职业、个人与社会的独特作用。新技术新经济发展趋势正在导致劳动力市场的技能需求不断发生变化，中小企业的培训能够及时反馈这种变化，弥补为雇主所诟病的技能鸿沟。一般来讲，更多中小企业的加入意味着更多的学徒名额。在学徒期间，中小企业虽然不能为学徒提供完整的生产流程培训，但是每个企业都可以提供本企业具有一流水平的专门技能培训。在学徒期结束后，不少学徒留在企业，成为正式员工。从这个角度看，中小企业能创造数量可观的工作岗位，为学徒提供更多职业发展机会，扫清个人就业能力提升的障碍。另一方面，在全球化的背景下，持续培训和终身学习被视为竞争力的关键要素，学徒制将技能与企业竞争力和创新联系了起来。在学徒期间，安全工作知识是学徒必不可少的学习内容。年轻工人由于缺乏经验和知识，更易在从事工作的过程中受到伤害。学徒在参加脱产培训的过程中能够认识到安全工作的重要性并领会相关知识，获得安全工作的经历，从而形成安全工作的思维模式。相关部门会对企业的工作条件进行严格的检查，工会也会开展一些运动，推动企业改善工作条件，保障学徒的合法权益。在学徒期结束后，留任学徒满足了中小企业大部分的技能需求，降低了企业招聘成本。在欧洲发达国家，学徒制广泛应用于大型企业和中小型企业，为企业提供了高生产力的熟练

劳动力，从根本上为企业生产率的提升提供了技术和人力保障。技术技能
是创新的驱动力，因为受到良好培训的高素质复合型技术工人往往能领悟
技术革新带来的复杂工艺并迅速适应不断发生的技术改进，比如法国沃斯
格斯地区占比 2/3 的工匠企业（artisan companies）就是当地活跃经济的源
泉。众所周知，人才培养具有长周期性，因此企业的人力资源战略规划应
具有前瞻性，从这个角度来看，中小企业参与学徒制建设有助于轻松应对
熟练工人的大量短期需求问题和流失问题，并为企业的未来发展奠定坚实
的人力资本基础。这意味着中小企业代表了一个巨大的尚未开发的学徒
市场。①

图 5-6 中小企业与高质量学徒制的关系示意

资料来源：笔者自制。

二 中小企业参与高质量学徒制建设的推进策略

在中小企业参与高质量学徒制建设受阻和青年失业危机愈发严重的背
景下，除国际劳工组织外，其他一些国际组织和区域组织相继发布了一系
列激励中小企业参与高质量学徒制建设的文件并召开专门会议。2015 年
出版的《基于工作学习的高质量学徒制指导原则 20 条》（High-
Performance Apprenticeships & Work—Based Learning： 20 Guiding Principles）
为学徒制向质量导向型转变指明了方向，其中指出了该文件出台的背景之

① R. Lerman, " Do Firms Benefit from Apprenticeship Investments?," *IZA World of Labor*
（2014）：350.

一就是中小企业在学徒制建设中的参与度不高，据此原则第 6、8、10、12、20 条，应从正面形象的树立、文化培育、培训合作、信息提供、岗位匹配、培训师的培训等方面为中小企业提供支持；[①] 2015 年，欧洲职业培训发展中心（CEDEFOP）于希腊塞萨洛尼基召开了第二届欧洲学徒制会议，本次会议的主题为"让中小企业参与学徒制"（engaging SMEs in apprenticeships），该会议就社会伙伴和大企业支持、贷款准备能力提高、学徒制管理、校企合作、宣传活动开展、企业内培训师培训、学徒招聘等主题展开了案例展示和探讨。《二十国集团高质量学徒制倡议》十条举措中的第四条提出，在培训计划中反映技能需求、解决法律和监管问题以及成本分担，以提高学徒制对企业尤其是中小企业的吸引力。在国际组织的影响下，欧洲各国为释放中小企业的经济潜力和改善严峻的青年就业形势，都致力于消除中小企业内外制约因素的消极影响，让高质量学徒制为中小企业所用。具有代表性的是奥地利、德国、丹麦和荷兰四国，它们是中小企业参与学徒制建设比例最高的欧洲国家。奥地利 2/3 的学徒在中小企业完成学徒制培训，2012 年德国中小企业的数量为 365 万家，占德国企业总数的 35.3%，约 85% 的学徒在中小企业接受学徒培训，覆盖了百余个职业。[②] 目前来看，为刺激中小企业积极参与学徒制建设，各国较为常见的做法是营造有利的经济环境、行政环境和舆论信息环境，为中小企业提供援助以及改进现有的学徒制。

（一）营造有利的经济环境、行政环境和舆论信息环境

稳定的经济环境是中小企业参与高质量学徒制建设的前提，营造有利的经济环境，主要举措是进行成本分担和财政金融政策的适当倾斜。首先，成本分担的原则是"谁受益，谁投资"，确保中小企业有长期参与的意愿。学徒制的受益主体有政府、企业和学徒，因此由政府、企业和学徒

---

① 孙凤敏：《学徒制高质量发展的行动指南——解读欧盟〈基于工作学习的高质量学徒制指导原则〉》，《中国职业技术教育》2019 年第 12 期。

② IBBF, *Barriers to SME Apprenticeship Engagement in Germany：Background Report*（Burlin：IBBF Publishing，2017），p. 3.

相应分担学徒培训的成本，企业通常支付学徒工资和内部培训费用，而国家则为学徒的校本培训买单，学徒以接受低于正式员工的工资为形式分担成本。其次，为丰富中小企业的融资途径，各国政府改进金融监管框架并采取有针对性的措施，如股权众筹和点对点贷款，由此，风险资本行业得到了更多的公共基金与私人的共同投资。信贷担保仍然是支持中小企业融资的最广泛工具，因此各国修改了相关资格标准，以针对创新公司和初创企业等类型的中小企业，许多国家还面向中小企业提供补充咨询服务。

简化明晰的行政环境是中小企业参与高质量学徒制建设的关键。营造有利的行政环境的主要举措是提供行政指导和加强监管。其一，由地方学徒制服务机构或企业联合学徒制服务机构帮助中小企业，在最初的学徒招聘到最终的资格认证的全过程中，协助企业处理起草行政文书和申请政府补贴。其二，定期审查政策执行情况，例如中小企业资助政策、认证政策和培训师的培训政策等，以明确相关政府部门和其他机构的作用和责任并协调一致，避免政策的作用分散。

积极的舆论信息环境是中小企业参与高质量学徒制建设的重要推动力量，营造有利的舆论信息环境的主要举措是对学徒制进行市场营销和拓宽中小企业的信息渠道。首先，市场营销的主要形式有颁发奖励和开展形象提高活动。中央或地方政府对学徒制有重大贡献的企业进行颁奖，借助榜样的正面示范鼓励更多的企业广泛参与。2019 年，爱尔兰举办了该国有史以来第一届年度学徒雇主奖，以表彰企业通过参与学徒制推动技能创造、经济增长和地区发展，在五家获奖企业中有一名微型企业获奖雇主和两名中小企业获奖雇主。① 形象提高活动的形式多样，常见的有组织学徒参加技能竞赛展示培训效果和举办学徒周，综合展示学徒制对个人、企业和经济的积极影响及其最新进展。例如，德国联邦就业局（The Federal Employment Agency）在每年的学徒周都会举办展览

---

① "Ireland：New Awards for Employers of Apprentices，" Cedefop，2020 - 02 - 15，https：//www. cedefop. europa. eu/en/news-and-press/news/ireland-new-awards-employers-apprentices，Accessed：2022-07-10.

会和竞赛等吸引感兴趣的企业和年轻人。其次，拓宽信息渠道的主要形式是加强宣传和沟通。通过建设传统媒体、社交媒体和专门的门户网站供中小企业获取有价值的信息，使其了解学徒制是什么、参与学徒制的好处以及如何参与学徒制，通过为企业和企业以及企业和学徒提供面对面交流的机会加强经验交流。比如，西班牙商会（Spanish Chamber of Commerce）与西班牙教育部（Spanish Ministry for Education）于2014年3月合作出版了一份52页的职业教育与培训指南，旨在通过提供有指导意义的方法和必要的数据，使对双元制感兴趣的人了解双元制的培训理念及其基本实施工具。

（二）提供有力的援助

多方援助是中小企业参与高质量学徒制建设的基础，为中小企业提供的援助主要包括财务援助、组织援助和人力援助。

财政援助的主要形式是通过税收抵免、培训基金、代金券、补助金等抵消部分培训成本。税收抵免面向所有参与学徒制的企业，按照签订合同的学徒人数抵免企业应缴纳的税款或社会保险费用，培训基金具有强制性，所有企业必须按照其工资总额的一定比例向国家或行业交纳培训基金，这些基金将发放给参加学徒培训的企业。政府机构和社会伙伴更多地使用代金券和补助金帮助有需求的中小企业。比如斯洛文尼亚从2018年开始向参与双元制的企业提供直接付款（direct payments），由国家职业教育研究所（State Institute of Vocational Education）负责管理，其主要目标是鼓励中小企业参与双元制，中小企业的学习者可获得最高每人1000欧元的付款，直接付款支付每个有资格的学生实际费用的50%~70%。[①]

组织援助的主要形式是建立跨企业培训网络和形成企业——技术学院伙伴关系。跨企业培训网络的主要功能是汇集培训资源，以使培训效益最大化。中小企业可以依据自身需求组建联合体轮训学徒，或由大型企业利

---

① "Slovakia: New Financial Incentive for Companies Involved in Dual VET," Cedefop, 2020-02-16, https://www.cedefop.europa.eu/en/news-and-press/news/slovakia-new-financial-incentive-companies-involved-dual-vet, Accessed: 2022-07-21.

用其培训优势代为培训。跨企业培训中心往往由部门商业组织设立，并支持愿意提供学徒服务的中小企业，但无法提供完整的学习内容，学徒需要企业的支持才能获得职业资格。某些地区专业优势明显的技术学院则利用这种优势与对口行业的中小企业展开合作，为其提供理论教学和实践教学资源。比如挪威的培训办公室（Training Offices）是挪威减轻单个企业的行政负担并确保学徒得到有效培训的关键，该办公室是由中小企业团体建立的联盟组织，旨在增加新的培训公司、学徒培训场所和参与学徒培训的人员，负责培训学徒并与郡职业教育与培训办公室正式签订合同。

　　人力援助的主要形式是培训企业培训师和导师。对培训师的培训由公共当局、商会、部门组织和私营职业教育与培训提供者提供，国家机构和商会为其制定指南和工具以说明资格要求和技能需求。比如卢森堡商会（Luxembourg Chamber of Commerce）发起了卢森堡强制性培训计划"培训培训师"（Train the Tutors）。该计划旨在通过提高培训师的教育教学技能来确保其对学徒的监督，商会帮助培训师融入团队，提供日常帮助以及定义和组织培训师的实践培训计划。①

　　（三）　改进现有学徒制模式

　　各个方面都达到高质量是改进现有学徒制的最终目的，改进现有学徒制的主要举措是实施具有多项具有创新性和前瞻性的试点计划、调查中小企业的具体需求和推动学徒学历水平的高移。一是在已有的学徒制质量标准和资格框架体系的基础上，在某些地区或行业先行先试，形成中小企业参与高质量学徒制的先进经验，以便在全国推广。从 2010 年开始，德国联邦教育与研究部（BMBF）资助了开展一项为期三年的"企业职业教育与培训的质量发展与保证"（quality development and assurance in in-company vocational education and training）试点计划，在手工艺、工业和服务业共有十项试点计划，旨在帮助中小企业系统解决职业教育与培训的质

---

①　"Great Apprenticeships in Small Businesses：Best Practices and Recommendations from the Chamber Network，" Eurochambres，2020-01-28，http：//www.eurochambres.eu/custom/Great apprenticeships_in_small_businesses_Final_brochure-2014-00340-01.pdf，Accessed：2022-08-03.

量问题。二是由技能供给导向转向技能需求导向，通过直接与企业经理或所有者对接或间接分析职位需求充分了解中小企业的具体技能需求为其定制相应的符合学徒框架的培训方案。比如意大利中小企业的技能需求是通过分析国家工读学校注册网（National Register for Work School Alternation）的职位来确定的。三是打通学徒的学历提升通道，将学徒的学历水平向上延伸，以取得与其他学习途径同等的地位，更好地满足雇主日益提高的学历要求。在这方面最具代表性的当数英国的学位学徒制，学徒的学历层次从中等教育层次至研究生层次不等，相当于国家资历框架的第二级至第七级，由高等教育基金委员会（Higher Education Funding Council）负责的学位学徒制发展基金（Degree Apprenticeship Development Fund）为学位学徒制的运行提供资金支持。

高质量学徒制是欧洲国家劳动力发展计划的重要组成部分，中小企业是参与高质量学徒制建设的重要主体。保证现代学徒制的质量必然不能缺少中小企业的参与，我国现代学徒制的特点是基础薄弱和起步晚，但是当前我国中小企业与欧洲中小企业参与学徒制都面临着一些共同的制约因素，如资金不足、资源短缺、能力有限等。通过上述研究可以发现，欧洲国家对于中小企业参与高质量学徒制问题的政策回应同样对我国扶持中小微企业参与职业教育与培训（学徒制）具有重要的借鉴和启示作用。我国应立足国情、市场需求和中小企业的实情，为中小企业的技能升级和技术创新营造良好的环境，多措并举，提供全方位的支持，以配套专项资金和补贴激励为主，加大在学生、培训人员和设备方面的财政投入力度，强化对税收优惠的落实和监督，以非财政手段为辅，充分发挥政府的统筹规划作用、职业学校的配合育人作用以及行业协会的沟通协调作用，鼓励中小企业间或中小企业与培训机构间就学徒培训问题加强合作，谋求互利共赢。公私伙伴携手，一道拓展中小企业参与学徒制的广度和深度，不断增强中小企业的育人信心和育人能力，释放其就业潜力和经济潜力，并将一些好的做法进行全面推广，形成良好的社会效应，改善中小企业和学徒制的社会形象。

第六章　企业作为职业教育重要办学主体的制度重构路径

从我国职业教育的发展历程来看，政策在其中发挥着重要的推动作用。尤其是改革开放以来，促进企业实质性地参与或举办职业教育一直是我国职业教育政策的重要主题。面对我国企业作为职业教育重要办学主体的制度障碍及其存在的深层次原因，立足我国企业作为重要办学主体举办或参与举办职业教育的现实情况，结合国外职业教育发达国家企业办学的成功举措与有效政策规制，为我国企业更好地作为职业教育重要办学主体提供强有力的制度保障，是当下破解企业作为职业教育重要办学主体制度障碍的关键。我国应营造企业作为重要办学主体的社会环境，完善企业作为重要办学主体的法律法规保障，统筹企业作为重要办学主体的经费投入，改革企业作为重要办学主体的管理及评价的组织供给，建立助力企业参与办学的师资管理制度。以上举措有助于发挥企业在实施职业教育中的重要办学主体作用，推动形成校企合作、知行合一的共同育人机制。

第一节　营造企业作为重要办学主体的社会环境

社会环境是组织生存和发展的具体环境，同时也影响着组织的生存和发展。政府要不要投资职业教育，要不要支持企业办学，以及企业要不要作为重要办学主体举办或参与举办职业教育，在很大程度上均受到所处社会环境的影响。因此，在政策层面加强引导，营造企业作为职业教育重要办学主体的社会环境，不仅需要从根本上提高职业教育的社会认可度，还需要关注并维护企业办学的社会声誉。宽松友好的社会环境对于企业作为职业教育重要办学主体发挥着关键作用，是企业长期且积极地参与职业教育办学的有益土壤。

一　从根本上提高职业教育的社会认可度

职业教育社会认可度是一个老生常谈的问题。办职业教育不能总说自己多重要，只有被人需要、被人认可才说明你真重要。[①] 我国职业教育的发展缺乏良好的土壤，若要完全改变社会对职业教育的看法，则需依靠一场长久的教育改革。因此，采取有效的政策引导是提高职业教育社会认可度的重要措施，而提高职业教育社会认可度也是促进企业作为职业教育重要办学主体的有力举措。

（一）树立职业教育作为教育类型的社会观念

政府要明确职业教育与普通教育是两种教育类型，消解社会中仍存在的"普职层次差别"的错误观念。2019 年，《国家职业教育改革实施方案》开宗明义地指出，"职业教育与普通教育是两种不同教育类型，具有同等重要地位"，这在我国职业教育发展史上具有重要的意义。在此基础上，政府应该做出一些具体改革，尤为重要的是破除人为性的一些制度设计。如改革高考招生与专业研究生招生制度，加快构建具有中国特色的职教高考制度，在高考填报志愿时，改变以往普通高校报考结束后再进行职业学校报考的层级报考方式，真正使职业教育高考与普通教育高考成为一个水平面上的不同类型的选拔形式。职教高考应采取"文化素质+职业技能"的测试的形式，推动职业技能测试的标准化与规范化，加大职业技

---

① 《一个中职校企命运共同体的经典样本》，中国教育新闻网，2019 年 2 月 27 日，http：//www.jyb.cn/rmtzgjyb/201902/t20190227_214444.html，最后访问时间：2022 年 7 月 9 日。

能测试在考核中的比重，借助高考的强大"指挥棒"效应，鞭策职教学子从知识建构的层面内化和吸收高级技术技能知识。两种类型的高考应采取同时填报、同时录取的招录形式。

同时，对专业研究生招生也要做出一些改革，建立以提升职业能力为导向的专业学位研究生考试招生制度。高等职业学校学生报考专业学位研究生时不再以"同等学力"条件报考，因为在我国学制体系里，高等教育本身就包括普通高等教育与高等职业教育。这样一来，既有助于构建现代职业教育体系，也有助于提高职业教育的社会吸引力，实际上也满足了企业对于"高学历"人才的特殊需求。长期以来，人们对于职业教育的认识都是工厂、机器、地位低下。其实，职业教育与普通教育都有不同的专业门类，都会将学生导向不同性质的工作岗位，甚至因当下职业分工越来越细致，普通学校的毕业生与职业学校的毕业生同在一个工作岗位的情况比比皆是。因此，政府也要加强舆论引导，改变社会大众对职业教育的工作导向是"脏、苦、贫"的固有偏见，提高职业教育的社会影响力和吸引力，向企业传递作为重要办学主体举办或参与举办职业教育的重要意义与神圣使命。

（二）树立各类职业学校同等地位的观念

引导社会树立公办职业学校与企业等所办的民办职业学校具有同等地位的观念。公办职业教育与企业等举办的民办职业教育都是我国职业教育的有机组成部分，因此，要从身份平等、机会平等、待遇平等几个方面引导社会观念的转变，使公办职业教育与企业办职业教育形成命运共同体。首先，引导社会形成公办职业学校与企业等所办民办职业学校身份平等的观念，即企业举办或参与举办职业教育是减轻国家办学压力的重要举措，两种职业教育只有办学主体与属性的不同，均属于国民教育的有机成分。应积极推进公办职业学校与行业、企业合作办学，鼓励公办职业学校与民办职业学校联合；鼓励民办职业学校探索与企事业单位、社会团体及个人的合作方式，建立多元投资并举的办学体制，推动民办职业学校重组和整合；鼓励中外合作办学；大胆引入竞争机制，使资源进一步向具有竞争优势的骨干职业学校集中。^①其次，在职业教育年度考核、评优评先等时，政府要探索同时适用于公办职业教育与企业等办的民办职业教育的评价标准，运用评估手段规范民办职业学校管理，指导和促进民办职业学校发展。尤其是在国家级特色学校、省级特色学校等评价中，应给予二者同等的竞争机会，以机会平等促进地位平等。此举不仅有助于促进我国职业教育体制的改革，也有助于刺激扩大我国的职业教育规模。最后，为民办职业学校创设与公办职业学校公平的招生环境，在招生、经费、保障等方面做到平等，并且实现两者之间的优势资源互通。教育行政部门对公办、民办职业学校的招生政策和具体办法要一视同仁，允许民办职业学校在招生过程中根据生源情况及时调整招生专业和招生人数，在教育经费拨付上采取统一的标准。此外，要建立教师引进和师资共享机制，允许民办职业学校面向社会自主招聘教职工，允许公办职业学校教师和事业单位在职人员到民办职业学校兼课、任教，允许不同学校之间、不同专业之间教师的流通、跨校兼职，鼓励胜任教育工作的工程技术人员、管理人员及有特殊技能者到民办职业学校任教。^②要在社会上形成真正产生企业办学与国家办学具有同样待遇的办学氛围，使企业作为重要办学主体举办或参与举办职业教育受到应有的重视，进而推动企业与职业学校形成命运共同体。

二　关注并维护企业办学的社会声誉

社会声誉是企业在职业教育办学过程中热切关注的方面，通俗来讲，就是企业十分关注在办学的过程中能否获得更高的社会赞誉与影响力。这主要和企业作为职业教育重要办学主体的动机有关。一般来讲，企业办学的动机通常有三种，即慈善动机、个体动机和集体动机。^③而提高社会声

---

① 周济：《以科学发展观为指导　实现中等职业教育快速健康发展——周济部长在2005年职业与成人教育年度工作会议上的讲话》，《中华人民共和国教育部公报》2005年第5号。

② 马瑜：《城乡统筹发展视野下云南民办职业教育发展的思考》，农业职业教育改革创新与发展——云南省农业教育研究会2011年学术年会，云南，2011，第110~116页。

③ 徐国庆：《职业教育原理》，上海出版社，2007，第187页。

誉是以上三种动机的重要组成部分，企业往往期望可以通过举办或参与举办职业教育获得良好的社会声誉，塑造良好的企业形象与声誉。[①] 在德国，参与双元制的企业因履行了更多的社会责任，通常都拥有较高的社会声誉。而美国企业参与职业教育大多数是为了改善国家公共环境，拓展企业发展空间。[②] 据此，我国政府要关注并维护企业举办或作为重要办学主体参与举办职业教育的社会声誉，充分调动企业参与职业教育办学的慈善动机、个人动机与集体动机，有效发挥主流媒体以及网络等新媒体的社会影响力，对企业的办学事迹以及取得的成绩进行多层次、全方位的宣传。[③]

（一）加大企业参与办学典型案例的宣传力度

从慈善动机来说，我国绝大部分企业并未充分意识到校企合作的潜在人力投入利好，大部分的合作仅仅出于助学的慈善信念。其作为一种善举也是有助于企业社会声誉提升的有力举措。我国可以参考德国联邦职业教育研究所的做法，其为了鼓励在职业教育领域中做出改革创新的机构和个人，通过设立奖项的方式来宣传其重要贡献。[④] 据此，我国为了鼓励企业作为职业教育重要办学主体，应对举办或参与举办职业教育培养的人才有突出成效的企业给予重奖，带动热心社会公益事业和慈善事业的企业参与。这种举措作为浅层合作的第一步，是有效扩散企业职业教育办学参与度的合理尝试。通过在社会面扩大对该企业办学精神的宣传，塑造典型案例以提升企业

---

① S. Sen，C. B. Bhattacharya and D. Korschun，"The Role of Corporate Social Responsibility in Strengthening Multiple Stakeholder Relationships：A Field Experiment," *Journal of the Academy of Marketing Science* 34（2006）：158-166.

② Thomas Bailey，Katherine Hughes and Tavis Barr，"Achieving Scale and Quality in School-to-Work Internships：Findings from an Employer Survey," *Educational Evalation and Policy Analysis* 22（2000）：41-46.

③ 沈剑光、叶盛楠、张建君：《多元治理下校企合作激励机制构建研究》，《教育研究》2017年第10期。

④ Federal Institue for Vocational Education and Training，"VET Policy Report Germangy," Cedefop，2012-03-16，http：//libserver. cedefop. europa. eu/ vetelib/eu/pub/cedefop/vetreport/2010_CR_DE. pdf. February 2010/，Accessed：2022-07-25.

的知名度，进而助推本企业的发展与拉动社会经济增长的绩效等，促进全社会增进对企业的认识。

（二）出台优惠政策以调动企业积极性

从个人动机来说，政府应出台灵活有效的优惠政策，调动企业家参与职业教育办学的积极性。可以说，企业家对于职业教育的重视程度直接关系到企业是否及能否作为重要办学主体举办或参与举办职业教育，事关企业办学的前途命运。基于此，需要让企业家能明显感知到与学校合作能带来的收益。此外，尤为重要的是社会舆论，特别是各种媒体要对在企业办学中取得良好成绩的企业家进行表扬和正面宣传，使其产生自豪感和荣誉感，使其所属企业能够通过举办或参与举办职业教育获得更为广泛的社会支持与理解。与此同时，我国应学习他国经验，对应作为而不作为的企业给予必要的处罚。如德国有明确规定，对违反职业培训规定的企业"判处有期徒刑"或处以"1万马克以下的罚款"。因此，我国政府可以对不按规定承担职业教育办学责任的企业给予相应的处罚，提高企业不作为的成本。

（三）打造"企校政社"的命运共同体

从集体动机上来说，企业、职业学校、政府和社会之间应形成教育的利益共同体、责任共同体、命运共同体，继续推进政府主导、多方参与、产学研销一体的办学格局。要引导社会各界特别是行业企业积极支持职业教育，以城市为节点、行业为支点、企业为重点，创建一批产教融合型城市、行业和企业，树立具有社会责任感的企业典范，形成人才培养质量提升、企业发展内需拉动与区域产业升级的"共赢"局面，带动产教融合的深度联结。要通过广泛的宣传教育使社会大众认识到企业的作为职业教育重要办学主体的社会责任，认识到企业举办或参与举办职业教育的重要性，进而引导、调动、激发企业作为职业教育重要办学主体的积极性。企业承担更多的社会责任，不仅是国家、社会和民众的共同期待，也是企业自身发展的内在要求。对于广大企业而言，努力成为产教融合型企业，也是其树立承担社会责任的典范企业形象的重要途径。

第二节　完善企业作为重要办学主体的法律法规保障

　　法律制度深刻影响着企业作为职业教育重要办学主体的能动性和灵活性，规定着企业可以在既定的法律框架下选择直接举办或参与举办职业教育等活动。完善的法律法规是政府管理促进职业教育发展的有效手段，是政府统筹协调职能的重要内容和最鲜明体现，[①]也是企业作为职业教育重要办学主体的基本依据和手段。深入剖析企业作为职业教育重要办学主体的法律制度，可以发现基础性法律缺位和配套性法律缺席导致企业办学的认知性模糊、权利与义务失衡、法律合力不足等问题丛生。因此，必须从宏观层面完善基础性法律与配套性法律法规，从中观层面注重法律之间的联结与适配度，从微观层面明确企业作为重要办学主体的权利义务配置，强化法律制度的权威性、严肃性与可操作性，稳固企业作为职业教育重要办学主体的法律地位，完善企业作为职业教育重要办学主体的法律法规保障（见图6-1）。

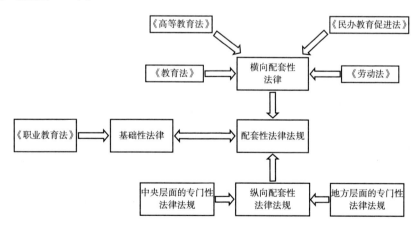

图6-1　我国企业作为职业教育重要办学主体法律制度矩阵

资料来源：笔者自制。

---

　　① 朱德全：《职业教育统筹发展论》，科学出版社，2016，第266页。

一　完善企业作为重要办学主体的基础性与配套性法律

职业教育的发展是一项庞大的系统工程，涉及众多的领域、部门、利益主体，任何一项单一的法律法规很难有效地解决企业作为职业教育重要办学主体的跨部门、跨领域问题，需要加强相关法律法规的配套规划，以实现多赢局面和良性互动的发展局面。

（一）明确企业作为重要办学主体的地位

要廓清概念内涵，消除企业举办职业教育的"身份困境"，通过专门性、高位阶统一立法对各政策法规加以统摄、凝聚，避免各类政策条款"四散而依"。企业举办职业教育是职业教育办学走出以政府为核心办学主体的一种创新型路径，是职业教育迈向内涵式发展的关键。因此，要完善职业教育基础性法律，全国人大常委会应加快《职业教育法》《教育法》《高等教育法》等法律法规的修订进程，对企业举办职业教育予以全面系统的规定，消除企业办学存在的"身份困境"。一是从企业层面来讲，基础性法律须对举办职业教育的企业的属性、规模、类型、条件等基本内容进行统一定性，促使企业举办职业教育具有法律规范性和操作性，增加约束性法律条文，明确对企业办学行为的基础性、原则性约束，为一般情况下的企业参与职业教育办学实践提供明确的法律依据。二是从职业院校层面来讲，对企业办职业院校属性予以明确、全面、系统的规定，将其划归为"公办""民办"或独立归类，并出台独立的政策法规予以支持，使企业办职业院校能够与其他职业院校享有同等的国民待遇。譬如，国有企业是我国产教融合的重要主体，却存在国有企业举办职业院校的公益性质与政府对企业的评价标准相冲突，影响了企业办学积极性。国家深化国有企业改革要求企业剥离医疗、教育等辅业，但国家相关法律法规又大力鼓励企业办学，要求充分利用企业的优质资源发展职业教育，二者存在矛盾。由于企业举办的职业院校作为职业教育机构的法律地位得不到认可，学校性质难以界定，导致学校处于政策夹缝中。企业办职业院校政府财政性资金支持少于公办院校，而收取学费标准、办学自主权又比不上民办院校，给其生存和发展带来了困难。①

（二）完善配套性法律法规，强化企业作为重要办学主体的认知

推动横向配套性法律对企业作为职业教育重要办学主体达成一致性认识。《职业教育法》作为职业教育办学的基础性法律，无法穷尽企业作为职业教育重要办学主体的相关规定，同时由于相关专门性法律法规缺失，企业举办职业教育法律制度出现结构性失衡。同时，职业教育产教融合与校企合作是涉及多重利益主体的跨界融合性教育活动，任何单一的法律制度都无法满足职业教育高质量发展的要求。对于企业作为职业教育重要办学主体这一进阶性的产教融合与校企合作模式，横向配套性法律与职业教育基础性法律的相辅相成方能保障企业办学主体作用的发挥，消除行业企业参与职业教育办学的后顾之忧，确保产教融合在规范化、法治化的轨道上运行。上下衔接紧密的专门性法律法规是企业举办职业教育得以良性运转和实现专门化办学的重要法律保障。基于此，必须建立中央与地方纵向一体化的专门性法律法规制度矩阵。

一是在中央层面。中央层面的专门性法律法规要发挥指挥与引导作用，激发上行下效的主动性，更要使企业参与职业教育办学有法可依，将企业参与办学建设、管理、投入纳入法治轨道。因此，要在《职业学校校企合作促进办法》《建设产教融合型企业实施办法（试行）》等法规中专列关于企业作为职业教育重要办学主体的实施细则，包括办学形式、保障机制、风险承担机制、追责问责机制等，进一步明确实体法内容，细化程序性要求，为企业参与职业教育办学提供更具可行性和可操作性的实施方案。除此之外，可制定《行业企业举办职业教育实施办法》，将企业作为职业教育重要办学主体的相关内容以法律法规的形式确定下来。因此，要在《职业教育法》《教育法》《高等教育法》《民办教育促进法》《劳动法》中对企业作为职业教育重要办学主体内容做统一阐释与明确规定，

---

① 周凤华：《发挥企业重要办学主体作用的历史逻辑与现实需求——兼论产教融合型企业的内涵和特征》，《职教论坛》2020 年第 6 期。

通过加强顶层设计，在现有政策内容的基础上，进一步查缺补漏，完善细节，增强政策供给的针对性，最终达成法律条文与社会认知的一致。提高配套性法律的规定性和阐释力度、衔接度和可操作性，最大程度减少法律间的矛盾冲突，实现企业作为职业教育重要办学主体法律遵守的统一性。

二是在地方层面。企业办学的有效实施关键在地方。因此，地方政府、地方教育部门、地方性立法机构等需要发挥合力，各地政府应按照《立法法》及相关中央层面的法律法规的规定，设立具有高度适应性、可行性、地方特色的专门性配套性法律法规，例如本地校企合作促进条例，不仅需要突出地方特色，强化地方政府主导、财力保障责任。还要确保企业依法履行义务，对违法企业给予制裁，通过参与校企合作企业依法减免税收、给予政策优惠等措施鼓励、调动企业的积极性。[①] 确保各方权益，保障企业办学的有序开展，做好地方法律法规配套和补充。

二　提高企业作为重要办学主体的法律法规联结度

我国政府应更加注重运用法律、经济、行政等手段发挥公共行政权力的全面统筹及协调作用，使企业作为重要办学主体的有关法律法规在核心内涵、适用范围、主体权益等方面做到有机统一，让我国政府真正成为企业作为职业教育重要办学主体的供给者和服务者，触发企业举办或参与举办职业教育的内部动机。

（一）提高中央与地方职业教育法律法规的联结度

要加强对企业作为职业教育重要办学主体的国家职业教育总体法律法规与地方各级职业教育法律法规的配套规划。完善的企业作为职业教育重要办学主体法律保障体系不仅要求职业教育法律以及与其相关的横向各类法律法规对于企业办学相关内容进行明确规定，使各相关法律相互协调、相互促进，共同保障企业顺利发挥职业教育重要办学主体作用，而且要求从中央到地方设立关于促进企业作为职业教育重要办学主体的不同等级法

---

① 丰华涛：《职业教育校企合作立法研究》，《现代教育管理》2016 年第 4 期。

律法规，从而塑造立体式的企业作为职业教育重要办学主体的法律法规保障体系。[①] 根据国家层面法律法规的指导，在地方层面制定具体、可操作的配套法律法规，从而保障企业作为职业教育重要办学主体各环节和各方面活动都能有效开展。此外，中央与地方之间的权力分配需明晰，避免两者之间的越位或缺位情况。中央提出的企业参与职业教育办学的宏观规划要由地方来具体实施，中央制定的相关法律、政策措施等需要地方落实和执行。

（二）加强职业教育法律法规同其他法律法规的联结

要加强职业教育法律法规同其他法律法规的联结，以完善法律制度。法律制度的完善程度与企业选择是否承担参与职业教育等社会责任之间存在显著的正相关关系。[②] 无论是德国还是澳大利亚与美国，其发达的职业教育以及成熟的校企合作均离不开完备的政策法规体系。如德国为了规范"双元制"职业教育的顺利开展以及加强企业参与职业教育的系统性，在《联邦职业教育法》实施的基础上，又相继颁布了《劳动促进法》《企业基本法》等，进一步规范企业参与职业教育。[③] 基于此，我国应在加快修订《职业教育法》的基础上，依据这一纲领性规定制定一系列详细、可操作的配套性法律法规。[④] 同时，为了充分保障我国企业作为重要办学主体举办或参与举办职业教育，应该将我国《劳动法》《高等教育法》《就业促进法》《民办教育促进法》等法律中对校企合作零星的、片面的相关规定进行有机整合，在《职业教育法》和企业作为职业教育重要办学主体的相关法律法规中予以细化明确。此外，在颁布新的政策法规之前，要

---

① 杨成明：《我国职业教育校企合作法律保障体系的反思与重构》，《中国职业技术教育》2014 年第 33 期。

② D. J. Zizzo and P. Fleming, "Can Experimental Measures of Sensitivity to Social Pressure Predict Public Good Contribution?," *Economics Letters* 111（2011）：239-242.

③ 王娜、徐德培：《发达国家企业参与职业教育机制与启示》，《职教论坛》2017 年第 29 期。

④ 祁占勇、王君妍：《职业教育校企合作的制度性困境及其法律建构》，《陕西师范大学学报》（哲学社会科学版）2016 年第 6 期。

对已有的法律法规予以明晰，即要审视哪些论述在已有的且尚在运行的法律法规中已然有了明确的规定，规避政策的重复出台，造成资源浪费。当然，也要避免政策法规内容的前后不一致和实质性内容的不完善，使企业在办学时对相关政策的落实上出现混乱。

三　明确企业作为重要办学主体的权利义务配置

法律制度本质上反映了社会权力的分配，法律主体间的权利和义务规定构成法律关系的内容。[①] 在企业作为职业教育重要办学主体的过程中，在法律法规层面对校企双方的权利与义务进行明晰至关重要。从德国职业教育的发展来看，《联邦职业教育法》对企业实施职业教育的权利和义务进行了明确规定。[②] 同时，德国各州学校法对双元制教育体系中的学校责任及涉及学校事务的企业责任进行了明确具体的规范，可操作性强，较好地保障了学校、企业、学生三方的利益。[③] 因此，在法律法规层面平衡分配企业重要办学主体的权利与义务，加强保障企业权利的可操作性规定，是明确企业作为重要办学主体的权利义务配置的关键。

（一）明确企业作为职业教育重要办学主体的权利与义务

在对企业重要办学主体进行权利义务配置的过程中，要注重企业权利与义务的具体性、可操作性。要对企业参与职业教育办学的具体资格、准入条件、法律地位、权利义务及其职责、退出机制以及奖惩规则等做出明确规定，不可模糊规定"企业享有相关权利、优惠"等，力求做到"明确准确、周密严谨、通俗易懂、简洁精练"，增强企业权利义务责任的详尽性，减少笼统性、概括性的软法性质的描述。让企业在面对纷繁复杂的

① 胡劲松、欧阳恩剑：《职业教育校企合作的法律制度建构——法律制度生成理论的视角》，《教育研究》2018年第1期。
② 亓婷婷：《德国职业教育立法中的企业角色研究》，硕士学位论文，天津大学教育学院，2017，第30~32页。
③ 江奇：《德国职业教育校企合作机制研究》，博士学位论文，陕西师范大学教育学院，2014，第59页。

职业教育办学问题时，能够做到"有法可依""有法能依"。其中，"有法可依"具体是指在相关法律法规中要有对于企业权利与义务的实体性规定，如详尽规范合作企业及其实训教师的资质条件，企业教育的目标、内容、形式、时间、期限、考核，对学生的义务，接受相关机构监督的义务以及违反职业教育义务须承担的法律责任等。[①] "有法能依"就是这些法律法规对于企业权利义务的规定足够明确、细化且公平，以消除企业对于法律法规的不信任，促进企业更好地作为职业教育重要办学主体举办或参与举办职业教育，实现校企之间的良性互动与职业教育的高质量发展。此外，政府需综合运用投资、财税、用地、金融等措施形成激励保障协同支持，此举是发挥企业办学主体作用的必要条件。

（二）注重企业作为职业教育重要办学主体的权利与义务相生相伴

没有无权利的义务，也没有无义务的权利。企业作为职业教育重要办学主体，在法律上权利与义务是相生相伴的。因此，不应为了推动实现企业参与职业教育而强化对企业履行重要办学主体义务的立法，对于企业应该享有的权利却"轻描淡写"。例如我国《职业教育法》中诸多条款涉及了企业应当承担的义务，第五十条规定企业应当接纳学生实习，第五十八条明确规定企业应当承担职业教育经费等。但未涉及企业参与职业教育能收获的税收减免、财政补贴等相关权利。基于以上分析，我国在考虑企业应该承担何种义务的同时，也要思考企业在承担该项义务时能够使其获得何种权利。因此，在制定企业作为职业教育重要办学主体的相关法律法规时，应该单列一章或一节专门说明企业作为职业教育重要办学主体享受的权利和需要履行的义务，给企业作为职业教育重要办学主体吃上一粒"定心丸"。

（三）统筹、均衡企业作为职业教育重要办学主体的权利与义务

法律规定社会活动主体须遵循"权利义务一致性原则"或"权利义务相统一原则"，以确保学校和企业在权利享受和义务承担上的平等。

---

① 本刊编辑部：《深化产教融合笔谈会》，《中国职业技术教育》2018 年第 1 期。

企业作为职业教育的重要办学主体，就表明企业不仅是办学的权利主体，亦是办学的义务主体。但由于已有的法律制度过度强调企业办学的义务本位而忽视其权利本位，企业在举办职业教育时产生了明显的惰性和被动性。为契合企业逐利的本质属性和完善法律制度的实体规则，职业教育基础性法律内容应该独立规划企业作为职业教育重要办学主体的办学权利与办学义务，保障权利的享受与义务的承担，提升职业教育基础性法律的权威性和公信力，推动基础性法律有效落地实施。企业权责的统一、均衡，能够保障校企双主体办学实现利益与价值的有机融合。

第三节　统筹企业作为重要办学主体的经费投入

健全的经费投入是企业作为职业教育重要办学主体的生存之本。因此，国家要从保障职业教育总体经费的合理投入、构建稳健且多渠道的企业办学经费来源、加大企业办学经费投入的动态调控和综合运用正反向税收激励手段等方面着手，统筹企业作为职业教育重要办学主体的经费投入，为企业更好地作为重要办学主体奠定坚实的物质基础。

一　保障职业教育总体经费的合理投入

合理的经费投入是实现职业教育经济价值的根本前提，我国经费保障体制不完善导致的职业教育经费短缺，严重阻碍了职业教育经济价值最大化。[①] 目前，我国职业教育经费投入机制基本形成职业教育"在国务院领导下，分级管理、地方为主、政府统筹、社会参与"的管理体制，"以政府投入为主、受教育者合理分担、其他多种渠道筹措经费"的职业教育经费投入机制正在形成。德国、英国、芬兰、瑞士等国家的职业教育之所以能够取得如此大的成就，关键得益于国家为职业教育的发展提供了必要

---

① 杨公安、宁锐：《职业教育经费保障体制的缺失与建构》，《中国职业技术教育》2014 年第 9 期。

而充足的经费支持。同时，澳大利亚联邦和地方政府也承担公立职业教育机构经费的80%左右，而学生只需负担20%左右的费用。[①] 基于此，我国要实现企业作为职业教育重要办学主体，首要的是在注重效率的同时更加注重公平，保障职业教育总体经费的合理投入，进而吸引企业作为重要办学主体举办或参与举办职业教育。

（一）教育类型在经费投入上差异化公平

保障职业教育与普通教育两种教育类型在经费投入上的差异化公平。目前，我国整体教育经费投入结构协调性较差，主要表现在职业教育与普通教育经费投入比例方面，两者距离最优比例差距较大。职业教育作为一种教育类型，具有与普通教育同等重要的地位，因而在教育经费投入上也需要保持结构性协调。并且在经费投入方面要适当向职业教育倾斜，还要注重职业教育经费投入的效率与公平问题。这是职业教育的昂贵性这一特点决定的。而现实的情况是职业教育总体经费和生均投入普遍低于普通教育且存在较大差距，这一现象将不利于职业教育的高质量发展及其在整个教育体系中边缘地位的改善。因此，职业教育经费投入是一种直观的经济手段。在认同两种教育类型身份平等的前提下，要充分考虑二者的办学成本，更重要的是要探寻一种适宜的"职业教育尺度"。首先，政府应不断健全职业教育经费投入的法律法规。建议中央和地方政府参照普通教育经费投入标准，加大财政投入力度，以保证职业教育的正常发展和培训工作的顺利开展。通过建立职业教育经费投入逐年递增机制，根据职业院校的办学规模、专业建设情况、实训设备投入、师资投入、实习投入等指标科学确定经费投入规模，争取达到同层次普通教育的投入规模，甚至在有些专业上的投入可以高于普通教育，[②] 进而实现二者在总体投入上的差异公平。其次，政府在进行教育经

---

① R. W. Connell, "Working-Class Parents' View of Secondary Education," *International Journal of Inclusive Education* 8 （2004）：227-239.

② 吕玉曼、徐国庆：《从强化到优化：职业教育类型属性确立的实践路径》，《现代教育管理》2022年第2期。

费投入时，同等条件下，要向同级职业教育适当倾斜，设专项经费，统筹用于人员经费、专业建设、特色办学等方面。可通过建立各类技能培训专项基金、税收减免、财政补贴等措施，充分激发企业和社会力量参与职业教育的积极性，吸引社会资金投入技能培训，尤其鼓励和吸引用人企业出资实行订单培训。各地区应参照本地区普通教育生均经费标准制订职业院校生均经费标准，一般不低于普通教育经费标准的 2.5 倍；将职教经费投入比例纳入行政领导工作目标考核中。

（二）统筹地区间职业教育经费总体投入

明确中央和地方各级财政的投入责任，实行东、中、西部分类指导，提高经济欠发达地区职业院校的统筹层级，如将经济欠发达地区的原县级统筹的职业学校提高为市级政府管理并在全市层面统筹职业教育资源。同时，也要对职业教育经费投入进行"供给侧"改革，为产业需求提供精准供给。通过加大中央财政对地区间职业教育发展的调节力度，调整职业教育财政投入在区域与城乡间的不平衡、不公平。充分考量地方政府的实际支付能力，进行灵活调整。对于有能力支持当地职业教育发展的地区来说，中央财政可以适当减少经费投入；而对于能力不足的地区来说，中央政府应该多而稳地投入专项资金，提供更为优惠的财税政策，吸引社会资金的流入，以支持经济不发达地区的发展。当然，也要避免地方产生财政资金依赖症，使财政陷入风险"大锅饭"，进而影响职业教育事业的整体发展。[①]

（三）保障职业教育各类经费分配优化均衡

持续保障财政性经费、生均经费和生均公用经费同时增长。改革我国职业教育的财政投入机制，发挥职业教育经费杠杆效应，积极优化职业教育投入机制，运用财政杠杆加大各个职业教育举办主体的投入力度，在保障职业教育经费投入总量的基础上，坚持公共财政投入职业教育的公益

---

① 《职业教育迎来多元办学主体时代》，人民政协网，2019 年 2 月 20 日，http：//whkj. rmzxb. com. cn/c/2019-02-20/2287666. shtml，最后访问时间：2022 年 7 月 11 日。

性，发挥政府投资的主体作用和核心功能，形成中央宏观调控、省级灵活指导、市县具体制定的模式，完善职业教育经费财政保障制度，加大中央财政对欠发达地区和民办职业教育的转移支付力度。[①] 此外，我国政府要在制定各级各类学校办学条件基本标准的基础上，以省级行政区域为单位，制定并逐步提高区域内各级学校生均经费基本标准和生均财政拨款基本标准，允许各市县"百花齐放"，创造性制定生均经费标准，生均经费的形式、内容、标准等均可有所差异，[②] 建立职业教育经费保障机制和长效发展机制，继续加大对中职与高职院校的国家助学政策供给，使职业教育投入占总体教育投入的份额稳中有升。

二　构建稳定且多渠道的企业办学经费来源

我国现有框架中关于企业办学成本中约定了组合式激励措施，而暂未建立起多方筹措资金和税收减免组合拳。对参与举办职业教育的企业来讲，压力非常大。职业教育办学经费的筹措也离不开多方主体的共同协助。[③] 我国应构建稳定且多渠道的企业办学经费来源，充分发挥市场机制作用，积极引导社会资本投入，进一步完善多渠道筹措职业教育经费的机制，鼓励企业和社会力量采取直接投资或捐赠等形式参与举办职业教育。

（一）重构财政性生均经费拨款制度

重构财政性生均经费拨款制度，保障企业办学的平等国民待遇。由于历史和现实条件，企业举办职业教育遵循"谁办学、谁负责"的原则，除少数省份将企业办职业院校的生均经费纳入政府财政性预算外，其余大多由企业独立划拨。职业教育生均经费拨款是职业教育投资合理性、投入质量的重要衡量指标。企办职业教育与其他主体举办的职业教育一样，具

---

① 闫智勇、吴全全、蒲娇：《经济新常态下现代职业教育治理体系建设构想》，《教育与职业》2017 年第 1 期。

② 周凤华：《中等职业教育生均经费政策制定、执行情况及投入模式研究——基于浙江和福建两省的调研》，《中国职业技术教育》2012 年第 36 期。

③ 徐兰：《适应性背景下深化职业教育企业办学主体的优化路径——基于德国双元制比较视角》，《教育理论与实践》2021 年第 36 期。

有同等社会价值性，不可剥夺其享受财政性生均经费的权利。因此，须重构企办职业教育财政性生均经费拨款制度，使企办职业学校与同类职业学校一样享有平等的国民待遇。基于企业作为职业教育重要办学主体这种特殊的职业教育办学模式，财政性生均经费拨款可采用以下几种方式：一是清楚界定企业办职业院校属性后，统一按照公办或民办职业教育生均经费标准划拨企业办职业院校生均经费；二是将企业办职业院校独立归类，中央和地方政府专门建立专项拨款条目以保障企业办职业院校生均经费投入；三是采用政府购买教育服务，政府通过支付教育服务费用的方式替代财政性生均经费拨款投入；四是严禁以学费、企业投入、社会服务收入等方式冲抵财政性生均拨款，并探索建立以专业大类为基础的差异化的财政性生均拨款制度。

（二）重构企业办学经费投入制度

根据我国当前实际情况，要构建起以国有大中型企业和行业内领先企业经费自筹为主导、政府与行业协会筹措为有效补充的多主体投资分担责任机制，采取"谁受益、谁负担的原则"，解决长期阻碍企业举办职业教育的经费投入这一核心问题。[①] 历来，企业作为职业教育重要办学主体的"主体"内涵仅指职业教育的投资主体，"落实举办者的投入责任"的政策要求造成了企业办职业院校单一的教育经费来源——主要依靠企业投入与学费收入，办学资金不稳定挫伤了企业举办职业教育的积极性。因此，要优化支出结构，建立多主体、多渠道筹措教育经费机制，由受教育者、企业、行业、地方政府等共同分担职业教育经费投入。可将新增教育经费有意向企办职业教育倾斜，稳定企业举办职业教育的资金链。一是各级政府部门建立专项教育经费投入机制，并制定专项资金管理办法，保障资金及时到位、不挪用、不乱用，做好企办职业教育经费投入的统筹协调工作。二是确立企办职业学校的独立主体地位，依法依规打通企业办职业院

---

① 王贤：《我国高等职业教育经费投入的非衡性研究》，《河北师范大学学报》（教育科学版）2012年第1期。

校的融资渠道,保障其能与同级同类职业院校享有相同的取得银行贷款、参与招标等的权利,充分吸纳社会资本。三是鼓励有识之士、社会团体、同类企业、金融机构等树立社会责任感,积极参与到职业教育办学过程中来,并给予参与主体相关的荣誉称号等精神奖励或优惠政策等物质奖励。同时,建立行业职业教育基金来接受社会捐赠,规定企业捐赠或缴纳的费用可抵扣所得税,以鼓励企业积极支持职业教育的发展。[①]

三 加强对企业办学经费投入的动态调控

在企业作为重要办学主体举办或参与举办职业教育方面,政府加强对经费投入的有效动态调控是十分必要的,这种动态调控对于提高企业办学的积极性与主动性发挥着重要作用。

(一)灵活制定调控标准

政府在对企业办学经费进行投入时需灵活制定调控标准。诚然,如何加强对企业办学经费投入的动态调控是一个复杂的问题,可以从英国的经验中得到启发。2019 年 6 月 3 日,英国教育部推出"T"级别的职业教育资格等级项目,"T"等级是与英国企业合作开发的新资格证书,旨在让学生更好地为工作和高水平的学习做准备。[②] 政府通过"T"级资格等级项目,让企业等雇主与、学生、家长以及教育提供者合作。其中,它把企业参与授课时间与政府拨款联系起来,由低到高建立了四个级别,即 6 级——低级水平(Band 6-small T Levels)、7 级——中级水平(Band 7-medium T Levels)、8 级——高级水平(Band 8-large T Levels)、9 级——超高级水平(Band 9-very large T Levels)。由此可见,雇主参与职业教育授课的时间越多,其得到的政府拨款的数额也就越多,如表 6-1 所示。实际上,英国政府在鼓励企业参与职业教育等级合作时对经费投入形成了

---

① 童卫军、任占营:《行业企业举办职业院校的现实困境与对策研究》,《高等工程教育研究》2015 年第 6 期。

② 《英国将推出 T 级别职业资格等级》,搜狐网,2019 年 6 月 13 日,https://www.sohu.com/a/320411308_99931395,最后访问时间:2022 年 7 月 10 日。

动态调控，这对于调动企业的积极性发挥了十分重要的作用。有鉴于此，我国也可以建立企业作为重要办学主体举办或参与举办职业教育的经费投入动态调控机制，这个机制主要包括两个核心要素，即企业办学的规模和企业办学的质量。可依据企业办学规模与办学质量设计一套与之相适应的动态经费投入调控标准。其中，企业办学规模可以按照"由小到大"依次设定为"四类、三类、二类、一类"四个类别，根据办学规模制定合理的经费投入标准。政府要加强检查督导，对于落实不到位的企业进行必要的督促与惩戒，制定科学合理的评价指标和管理办法，确保经费的去向和使用效率。① 企业办学质量可以按照"由低到高"依次设定为"D 档、C 档、B 档、A 档"四个档次，从人才培养规模、人才培养质量、办学参与形式等多维度制定相关企业办学质量标准，做到评定公开透明。政府的经费投入采取差额形式，调控级别可以按照投入金额"由小到大"依次确定为 1 级、2 级、3 级、4 级。

表 6-1　英国 T 级行动计划下雇主参与职业教育的 2 年以上项目政府拨款情况

	平均授课时间（时）	最低授课时间（时）	获得拨款数额（年均获得拨款数额）（英镑）
6 级（低级水平）	1250	1100	8340（4170）
7 级（中级水平）	1450	1300	9670（4835）
8 级（高级水平）	1600	1500	10670（5335）
9 级（超高级水平）	1750	1650	11670（5835）

资料来源：Development for Education, Education & Skills Funding Agency, *Provider Funding for the Delivery of T Levels: Government Consultation Response*, June 2019, https：//assets. publishing. service. gov. uk/government/uploads/system/uploads/attachment _ data/file/809240/T _ Levels _ funding _ consultation _ response. pdf, Accessed：2023-07-23.

---

① 平和光、程宇、李孝更：《40 年来我国高等职业教育发展回顾与展望》，《职业技术教育》2018 年第 15 期。

（二）设计经费调控机制

政府在对企业办学进行经费投入时需设计行之有效的调控机制。调控机制实质上就是一种应变机制，它是以利益机制为基础的应变和调节，它贯穿于企业办学的动态调整全过程，是有效动员企业参与职业教育办学的动力机制。一是调控的方式——分步骤、分阶段。企业办学经费投入动态调整不能一蹴而就，尤其是对并未参与职业教育办学的企业，政府需要积极引导，要分步骤、分阶段地稳步推进，带动企业参与办学经费的投入。二是调控的主体——合理划分各级政府对企业办学进行经费投入的责任和投入比例。地方财政应保证企业办学的基本运转，省级财政要保增长和提质量，中央财政应当保"补短板、促公平"，尤其注重对偏远贫困地区的中小型企业加大财政转移支付力度，扶持一批具有发展潜力和办学特色但缺乏办学经费的企业，引领和促进当地经济社会的发展。三是调控的手段——在这个调控机制中，政府经费投入主要发挥宏观调控的作用，即政府的经费投入具有刺激性、激励性、调节性，而不是照单包揽。当然，政府对于办学规模的具体区间划分则需要根据地区学龄段就学人数、职普比例等进行测算，还需要在多元利益主体的共同参与、第三方评价的基础上评估办学质量，可按每三年一个动态周期进行经费调控，激发企业作为职业教育重要办学主体的积极性。

四　综合运用正反向税收激励手段

众所周知，企业作为营利性组织，其商业活动始终围绕"创造财务上的利润"这一目的展开。[①] 如果企业投入某项活动而得不到相应的回报，尤其是直接的经济利润的话，企业参与这项工作的积极性就会降低。当然，企业作为职业教育重要办学主体举办或参与举办职业教育时，也是希望能够通过履行办学的社会责任，得到相关的财税优惠。一项调查表

---

① 唐远苏：《由企业看职业院校——职业教育管理新视角》，北京大学出版社，2007，第1页。

明，有 97.4% 的企业希望政府制定专项税收优惠政策，使其能够在与职业院校的合作中获得直接利益。[①] 税收政策能真正从内在促进企业成为职业教育办学主体，因此，要想企业更好地作为职业教育重要办学主体举办或参与举办职业教育，必须给予足够的财税激励。同时，单向的财税激励促进企业举办职业教育的效果并不明显，综合运用正反向的财税激励手段更有利于促进企业发挥职业教育重要办学主体作用。

（一）设立专门的财政专项补贴

中央和地方财政应该设立专门的财政专项补贴作为首要的激励手段。从国外职业教育发达国家的基本经验来看，国家激励企业参与职业教育办学的财税手段通常主要有财政专项补贴以及相关的税收优惠。如在德国，参与职业教育的企业一般可获得其投入费用的 50% 至 80% 的补助，在有些领域获得的补助甚至更高。[②] 澳大利亚有法律规定，凡企业投入职业教育的经费达到年度雇员工资总额的 5% 以上，可以免除一定数量的税收。从我国职业教育发展的实际出发，应设立专项资金，国有资产管理部门也应设立相关的经费项目支持行业企业办学的经费需求。[③] 专项资金遵循以教育服务质量和人才培养质量为依据的资源配置原则，主要用于学生实习、教师到企业的挂职锻炼、校内外实践基地建设等。财政补贴作为一种显性的财政支持手段，具有直接受益与直接激励的特性，但往往难以把控具体投入成效，因而要加强企业办职业学校的专项经费投入的管理，建立过程和结果的全程监督机制，通过条件审核、过程监督和结果稽查强化全程监管。

（二）重构企业办学的税收优惠制度

应通过重构企业办学的税收优惠制度，有效降低企业办学成本负

---

① 李慧、林永春：《企业参与职业教育的激励政策探析》，《职业技术教育》2011 年第 25 期。

② 罗音：《浅议职业教育校企合作的财税政策规划》，《中国成人教育》2014 年第 20 期。

③ 童卫军、任占营：《行业企业举办职业院校的现实困境与对策研究》，《高等工程教育研究》2015 年第 6 期。

担。税收优惠是指国家通过税法的形式给予某些特定的纳税人与征税对象以鼓励和照顾的一种特殊规定。因此，对于企业作为职业教育重要办学主体而言，建立科学的、具有可操作的税收优惠制度是企业降低办学成本、激发办学积极性与主体性的不二选择。具体内容有以下几点。一是明确企业办学的税费缴纳主体。企业办职业院校是隶属于企业的二级机构，企业与职业学校双重税赋必然造成办学成本增高。因此，明确以企业为交税主体，免除企办职业学校的税赋，降低企业举办职业教育的办学成本。二是推进教育费附加返还工作的落实。"教育费附加返还"是通过对缴纳营业税、产品税、增值税的单位和个人征税再返还给办学单位的一种办学激励措施，能够有效拓宽地方教育办学资金的来源渠道。对于企办职业教育而言，地方政府必须充分监督落实教育费附加返还工作，企业设立教育费附加专户用于接收教育费附加返还款，专项用于师资队伍建设、基础设施建设、特色和新兴专业建设等项目。三是开发多样化、具有可操作性的税收优惠举措。鼓励企业举办职业教育必须有看得见、摸得着的方式方法，税收优惠便是一大有效举措。例如，减免企业的增值税、所得税、土地使用税等税费，或者通过政府采购的方式刺激企业参与办学，降低企业的办学成本。有效的激励是推动企业办学的有力举措，健全我国企业作为职业教育重要办学主体的激励体系十分必要。综观我国企业作为重要办学主体举办或参与举办职业教育的实际，健全激励体系应该从宏观和微观两个层面进行，在综合运用财税手段的同时，也要构建产教融合型企业认证与激励的动态机制，最大程度释放企业办学的热情，增强企业办学的动力。四是为了保证企业办学的公平性与积极性，在进行税收优惠减免时一定要细化和具体，即到底怎么减免，减多少，要有一个参照，不可用"相关"税收优惠、"一定的"税收优惠等模糊词，在政策上要明确减免或者补偿企业在承担参与职业教育办学过程中的有关经费。如可以依据企业举办或参与举办职业教育的程度、年限等便于量化的指标为准，设立不同的税收减免档次，使参与程度广、年限长的企业，根据付出成本的数额对应不同的税收减免档次，逐年逐项加大税收减免的力度。[1]

（三）采用反向的税收激励手段

反向的税收激励是辅助激励手段，即要做到有赏有罚、赏罚分明，对于不作为的企业要给予必要的处罚，起到反激励与威慑作用。从德国的实践来看，德国有明确规定，违反职业培训规定是违法的，可以"判处有期徒刑"或"罚款不超过 1 万马克"。[2] 而我国企业的不作为成本却没有超过其作为的成本。因此，对于目前我国有条件而不积极参与职业教育的企业，以及办学效果欠佳的企业，要给予相应的处罚，建立相应的处罚机制，对就业情况和建设成效差的企业，在经费投入、财政补贴等方面减少或取消优惠，从而实现资源的优化配置。除了取消政策规定的一些财税优惠外，还要提高部分税费，或者说在相关税种上实行差别化税率，提高其不作为的成本，通过反向激励手段刺激企业作为重要办学主体举办或参与举办职业教育。

第四节　改革企业作为重要办学主体管理及评价的组织供给

"转变职能、理顺关系、优化结构、提高效能"[3] 是新时代行政管理体制改革的目标，其中，"管办评"分离成为教育管理体制改革的一大趋势。管理及评价的组织供给对于促进企业发挥职业教育重要办学主体作用具有重要作用，其主要涉及由谁管理、如何管理，以及谁能参与评价、怎么评价的问题。要推动企业作为职业教育重要办学主体领域的治理体系与治理能力现代化，提高企办职业教育的效能成为必然要求。改革企业作为重要办学主体的管理及评价组织供给十分必要。

---

[1] 祁占勇、王志远：《企业作为重要办学主体的机制障碍与政策设计》，《高教探索》2018 年第 10 期。

[2] 李慧、林永春：《企业参与职业教育的激励政策探析》，《职业技术教育》2011 年第 25 期。

[3] 周晶、吕明献：《我国职业教育校企合作正式制度建设的沿革与评析》，《教育学术月刊》2016 年第 6 期。

一　建立统一的管理机构与专门的质量督导评估机构

从总体来看，我国职业教育管理体制本身还不够顺畅，影响着职业教育的发展，因此，有部分学者呼吁建立统一的职能部门专门管理职业教育。但就目前来看，建立统一的职业教育管理机构与专门的质量督导评估机构难度较大，最关键的问题是如何使不同机构之间相互合作，突破部门界限，从全局范围来审视职业教育的发展。

（一）建立统一的职业教育管理机构

就我国企业作为职业教育重要办学主体的现状来看，建立统一的管理机构是可能的，也是迫切需要的。应推动建立相关管理机构来统一负责企业办学相关事宜。从职业教育发达国家的发展经验来看，这些国家都有专门机构负责协调职业教育校企合作。例如，美国有高校—企业关系委员会负责协调校企之间的合作关系；澳大利亚的 TAFE 专门实施职业教育，并负责与之相关的校企合作；德国的主管机构负责它们所代表的工业部门和地区的职业培训。诸如此类机构在欧美国家较为常见，且通常由行会主导，以维系企业与学校之间的合作。行会作为第三方介入，保障两者合理利益的获取。我国也应该设立国家、省、市、县四级的管理机构，负责统一管理企业作为职业教育重要办学主体的相关事宜，如建立职业教育校企合作促进委员会，明确权利责任，赋予其法律权威性，使其具有推动企业作为重要办学主体举办或参与举办职业教育运行的能力。在国家层面，可由教育部牵头，会同国家发展改革委、人力资源和社会保障部、财政部及税务部门等共同组成国家职业教育校企合作促进委员会，主要负责制定、出台一系列关于促进企业作为职业教育重要办学主体的政策法规，并组织专家进行权威解读，为企业更好地作为职业教育重要办学主体提供服务；在地方层面，由省政府统筹，建立省、市、县职业教育校企合作促进委员会，在及时落实国务院等上级部门出台的职业教育校企合作的相关政策法规、重大决策以及指导方针的同时，接受上一级职业教育校企合作促进委员会的统一领导与部署，掌握本地区职业教育发展需求、企业发展状况等，在为本地区企业更好地作为职业教育重要办学主体提供服务的同时，为国家职业教育校企合作委员会提供切实有效的政策咨询与建议。此外，若管理机构体系实现中央到地方的顺利落成，后续该机构的职能应不仅仅是局限于校企合作，而是进一步参与我国职业教育政策的制定或是推行工作中来，在职业教育的宏观规划与微观人才培养具体标准等方面建言献策。

（二）建立专门的质量督导评估机构

应通过专门的质量督导评估机构评估监测企业办学工作。专门的质量督导评估机构是全面监测企业作为职业教育重要办学主体的办学状况，发掘办学优势，找准办学问题，为改善教育管理、优化教育决策提供科学依据的重要利器。由于企业作为职业教育重要办学主体是一种特殊的职业教育办学模式，是进阶版的产教融合与校企合作，因此，须建立中央、省、市政府与企业联动的专门的质量督导评估机构，遵循"标准统一、纵向联动、分类评价、逐步推进"的原则，实现企办职业教育监督评估的专业化。企业举办职业教育的质量督导评估体系建设是一个系统的工程。从政府方面来看，中央层面的质量督导评估机构为评估企办职业教育搭建督导评估框架，制定宏观的督导评估办法，指导地方开展监督评估工作；省级层面的质量督导评估机构发挥统筹协调的作用，依据中央的指示与要求，明确分工，建立督导机制，并结合地方特色，构建企办职业教育的督导评估指标体系，指导协调督导评估工作；市级层面从微观层面切实抓好落实监督评估工作，推动企业与职业院校的合作，向上级督导评估机构呈报监督评估结果，落实结果分析，科学划分院校办学等级，为企业和企业办职业院校的办学提供相应的改进建议。企业方面全方位指导、监督职业院校办学，建立办学信息数据库，做好信息的公开与发布工作，实时监控办学动态。

二 建立多元主体协同参与的跨界融合评估机制

企业作为评价主体是企业重要办学主体的重要组成部分，要使企业更好地发挥职业教育重要办学主体作用，就必须使企业发挥应有的职业教育评价功能,真正参与职业教育办学的各个环节。同时,从欧盟的经验来看,其成员国主要采取职业教育内部与外部评价结合方式来提高其教育质量。[①] 基于对企业作为职业教育重要办学主体评估权力集中、评估主体和评估方式单一化等现实问题的深入剖析,我国应该在保证企业评价功能发挥的同时,对企业发挥职业教育重要办学主体作用的情况开展第三方评价,建立一套多元主体协同参与的跨界融合评估机制,创新发展评估方式,保障企业办学的良性发展。

(一) 构筑多元主体共同参与的职业教育质量评价体系

职业教育的质量直接影响到职业教育自身的发展声誉和吸引力,也影响着企业参与职业教育的热情和动力。2019 年,国务院颁布的《国家职业教育改革实施方案》提出,"完善政府、行业、企业、职业院校等共同参与的质量评价机制",同时,《国家中长期教育改革和发展规划纲要 (2010—2020 年)》等也不同程度地阐述了职业教育质量以及开展职业教育质量评价的重要性与迫切性。基于此,我国应从我国职业教育发展的实际出发,结合职业教育发达国家的成功经验,建立健全具有中国特色的职业教育质量评价体系,从而不断增强我国职业教育的竞争力,提高企业参与职业教育办学的热情。从国外职业教育质量评价来看,丹麦在职业教育质量保障过程中,形成了以企业为主、多元主体共同参与的质量评价体系。在职业教育质量评价中,只有让职业教育相关利益主体都参与职业教育质量评价过程,才能全面准确地反映职业学校的办学成果,使评价结果落到实处。由此可见,构筑多元主体共同参与职业教育质量评价的体系势在必行。首先,应该建立企业主导的评价机构和评价队伍。转变以往在职业教育质量评价过程中过分依赖政府部门主导、教学管理部门自评的做法,逐步形成以企业对毕业生的具体就业能力与职业岗位匹配程度进行评价为主的质量评价体系。其次,应该加快完善企业办学的质量评价

---

① "Acceredition and Quality Assurance in Vocational Eduction and Training—Selected European Approaches," Cedefop, 2012-03-11, http://www.cedefop.europa.eu/EN/Files/4089_en.pdf, Accessed: 2022-07-30.

标准体系，作为质量保障的根本依据。从人才培养资格认证、办学资质评估到课程与教学标准，保证质量监察有据可依，形成完善的评估指标标准与体系。应重视评估的顶层设计，健全各类评估认证，确保多元主体对于职业本科教育质量的理解转变为可测量、可管理的实际问题，重视数据收集与实际调研，运用关键的绩效指标以期获得较为全面的质量评估。最后，应该建立评价结果快速反馈渠道，将企业等多元主体评价的各类数据反馈到职业学校，及时发现问题并解决问题，有效发挥评价结果的导向作用。

（二）引入第三方机构评价企业办学情况

第三方评价机构具有较为独特社会主体身份，其既不隶属于政府，也跟其他利益主体没有利益牵连，同时又具有专业优势。[1] 支持第三方机构对企业发挥职业教育重要办学主体作用的情况进行评价，不仅有利于提高评价的公信力，而且有助于促进企业更好地发挥职业教育重要办学主体作用。由此，政府应该积极出台相关的法律法规，为第三方评价机构创造一个良好的制度环境，促进其顺利开展对企业发挥办学主体作用的评价。同时，各级政府部门应该积极购买第三方机构评价服务，提升其市场主体地位与议价谈判能力，进而提升第三方评价机构的自我发展能力。独立于政府评估与院校自主评估的第三方教育评估是评价方式创造性发展的产物，专业化与独立性是第三方教育评估的突出特征，其有效避免了评价主体单一化、评价模式封闭化、自我评价盲目性，[2] 能在最大程度上保证评估结果具有公信力与权威性。[3] 因而，第三方教育评估得到社会大众的普遍认可。为此，突破封闭的行政性政府评估和职业院校自主评估的弊端，要充分依托由业内专家所组成的第三方教育评估机构，通过对接市场需求制定

---

① 李玮炜、贺定修：《管办评分离背景下职业教育第三方评价的机制构建与实施路径》，《教育与职业》2019 年第 16 期。

② 马君、张玉凤：《职业教育声誉治理：理论内涵、价值意蕴与机制构建》，《河北师范大学学报》（教育科学版）2022 年第 4 期。

③ 曹一红：《基于责任观的第三方教育评估机构专业化建设》，《上海教育评估研究》2021 年第 1 期。

专门化的评估标准，以客观识别出企业作为职业教育重要办学主体的优势与不足，为提高企办职业教育的办学成效提供参考。

三　建立健全企业办学追责问责机制

使企业真正成为职业教育的重要办学主体需要两方面同时发力。一方面靠激励吸引，推动企业自动成为办学主体；另一方面靠追责问责，鞭策企业成为办学主体。此外，企业办学是权、责、利的统一体，"有权必有责，有权要担当"。企业办学的追责问责机制，具体是指由不同职业教育问责主体依法对各企业及相关机构应该承担的生态环保责任的具体履责情形进行问询、追责、惩治及效果评估救济的一整套机制。因此，建立健全追责问责机制，具体由问责依据、问责内容、问责主体、问责对象、问责程序与结果等五个基本要素构成。做到"失责必问、问责必严"，[①] 实现对企业是否作为职业教育重要办学主体的精准追责问责。

（一）以追责问责推进办学主体目标落实

职业教育的类型属性决定了企业应该成为且必须成为职业教育重要办学主体，企业充分且有效发挥办学主体作用是实现产教一体化、校企一体化，建成校企命运共同体的逻辑旨归。因此，通过建立健全追责问责机制，依据我国职业教育等相关法律与政策，对具有办学条件却尚未以"独资""合资""合作办学"等方式举办的企业，以及不"利用资本、技术、知识、设施、设备和管理等要素参与校企合作"[②] 的企业进行追责问责，树立制度权威，制定相应的处罚措施，以提高对企业办学失责行为的惩治效能，培养企业知责尽责的作为意识，落实企业的职业教育办学主体地位。此外，问责程序需公正公开，对检查中发现的违规违纪行为严肃

---

① 李华君、王臻荣：《行政问责力度的测量与分析：基于 2003—2017 年重特大矿难的数据》，《中南大学学报》（社会科学版）2020 年第 2 期。

② 《国务院关于印发国家职业教育改革实施方案的通知》，中华人民共和国中央人民政府网，2019 年 1 月 24 日，http：//www.gov.cn/zhengce/content/2019 - 02/13/content _ 5365 341.htm，最后访问时间：2022 年 6 月 3 日。

追责问责，对内追责到部门相关人员，对外追责到负责专门管理的机构，倒逼各企业加强规范参与办学政策的执行，维护制度的严肃性。通过健全考评问责机制，促进规范管理执行到位，落地有声。

（二）问责结果倒逼问责机制完善

企业职业教育办学质量有等级之分。因此，根据监督评估结果对办学质量较差、等级较低的职业院校采用惩戒等强制性政策手段，能有效减少执行不力、消极怠慢等办学行为，最终通过有效的追责问责发挥企业的办学功能，提升办学的质量和水平。通过追责问责明确办学过程中存在的问题，把握企业可持续健康发展的需求，进而完善问责机制，使其能准确反映实际。通过对办学质量评判规则和审核操作流程的厘清与固化，塑造统一的工作机制，明确部门职责及用与时俱进的先进管理手段来履行职责。问题整改是一个不断变化的过程，面对目前复杂的行业形势和规范要求，问责机制更要总结经验、不断更新、与时俱进，让规范问责不断促进企业办学迈向高质量、可持续发展。

第五节　建立助力企业办学的师资管理制度

高质量技术技能型人才的有效输出关键在于打造一支高水平职教师资队伍，师资队伍是影响职业院校人才供给与劳动力人才市场需求平衡与否的重要因素。因此，建立一支高水平的师资队伍是支持企业办职业教育事业可持续发展的必然选择，不仅需要注重企业办职业院校师资的人事管理制度完善，健全教师进修保障机制，还需要积极吸纳企业师傅，完善师资队伍结构。

一　完善企业办职业院校的教师人事管理制度

企业办职业院校师资的事业编制与企业编制之争的本质在于基本待遇与后续保障问题。当前，为充分挖掘人才潜力、提高服务能力、激发人才活力，国家正探索展开人才聘用制度改革，逐步取消各类事业编制。因此，不应再将编制之争作为关注的重点，而应关注如何提高企业办职业院校教师的物质保障与精神保障。

（一）构建企业办职业院校的师资队伍引进与管理新机制

一是职业院校要改变新教师招聘方式，丰富教师队伍构成，合理控制应届毕业生教师与具有从业经验的企业人员的比例，不断引进区域经济社会行业企业专家技术能手、骨干人员等，并充实到职业院校专业教师队伍当中，吸引社会高端技术技能人才到校任教，适度扩大兼职教师队伍，促进职业学校教师和企业技术人才双向顺畅交流。同时，进一步完善教师到企业实践制度，把教师到企业实践制度作为教师职务晋升的必要条件，使教师到企业实践常态化、制度化，[①] 以结对形式使企业技术人员与校内教师共同组成科技创新团队，有计划地逐步提高"双师型教师"占比。二是改革完善企业办职业院校教师的企业编制，扭转"铁饭碗"思想，必须依据职业教育的特点确定新的职业院校教师编制标准。为了激发师资队伍活力，逐步合理地取消已有事业编，实现编内编外同工同酬，并享受同等福利待遇，建立系统完善的企业编制师资保障系统，编制标准依照师资规模和教师资格准入标准进行设定，达到企业办职业院校教师的工资水平、福利待遇等基本对标同类公办职业院校。此外，建立"终身制""定期聘任制""兼职制"等多元聘用管理制度，完善各类教师岗位分类管理、公开招聘、业绩评价和薪酬分配制度，严格管理，不断优化教师队伍。

（二）打通教师职务晋升通道

一是设立梯级工资获取机制。合理有效的职务晋升与工资增长是激发企业办职业院校教师任教积极性与主动性的重要措施，应通过完善评价标准、创新评价机制，建立符合企业办职业院校教师成长特征的晋升模式，打造管理有规可依，发展有路可选的管理格局。因此，企业与企业办职业

---

① 陈雪、曹晔：《改革开放以来我国职教师资培训的回顾与展望》，《教育与职业》2020 年第 16 期。

院校要探索建立"三合一"评估机制,即教师的教学能力评估、科研能力评估、社会服务评估"三合一","以评促教、以评促改、以评促优",突出职教特色,打通教师的职务晋升通道,完善职称评定制度,同时构建教师职务与工资同步增长的梯级工资获取机制,激发教师的积极性。二是全面实行绩效考核制度,对专任教师和兼职教师的教学绩效进行科学评价,在技术职务评聘和岗位职务晋升过程中做到编内编外一视同仁。[①] 三是设立专项补助项目,增加各类津贴收入,具体包括提高教师安家费标准、设立评优晋级专项指标、提高科研收益比例、加大住房补贴与交通补贴等,充分保障企业办职业院校教师的物质需求。

二 健全企业办职业院校教师进修保障机制

职业院校教师应然是行业、企业最新理论知识和技术技能的携带者,其须时刻保持高度的市场警觉性。职业院校要通过培养、培训、进修等方式,不断提升自身院校教师队伍的教学及管理水平,积极鼓励职业院校一线教师深入行业企业顶岗实习、挂职锻炼。因此,必须充分保障企业办职业院校教师的进修权和培训权,使其获取最新的理论与技术知识,进而推动高质量人才培育。

(一)培养教师个体自主进修的意识

个人自主学习的主观能动性深刻影响学习的深度与广度,因此,企业办职业院校应培养教师自主进修意识。首先,企业办职业院校要推进教师的思想建设,定期组织教师到企业了解现代企业的生产管理、经营理念、技术开发等模式,激发教师专业自主发展意识,实现教师的自我管理和自我培养。同时,要利用教师自身的专业理论知识为区域行业企业的技术研发和生产经营提供咨询服务,激发教师的认同感与归属感,培养教师自主学习的意识。其次,学校可以通过下放行政管理权力赋予教师更多权利,

---

① 闫智勇、吴全全:《经济新常态下职业教育师资建设的困境与对策》,《中国职业技术教育》2016 年第 21 期。

以实现更高的教师专业自主性，让教师个体自主地选择自我专业水平提升的途径和内容。①

（二）设立专项进修班和建立教学技能培训中心

职业教育的职业性、操作性、市场性等基本属性，要求职业教育的施教者必须具有丰富的知识与技能、高超的教学技巧。应健全现代企业职工教育培训制度，鼓励企业把研发中心和培训机构设在职业院校，委托职业院校开展技术研发和职工教育培训。② 针对企业办职业院校教师在进修、培训方面存在的困境，要完善相关法律法规，保障企业办职业院校教师与其他院校教师一样具有同等的教育培训权；同时，行业组织、企业须设立师资专项进修班和建立教学技能培训中心，为教师提供不断学习企业新工艺、新技术、新方法的培训平台，制定周期性师资培训计划，提升教师教学的专业化水平和教师的业务能力，为培养高技术技能复合型人才奠定师资基础。

（三）打造"专兼"一体化的教师教学创新团队

《全国职业院校教师教学创新团队建设方案》明确提出，建设教师教学创新团队要遵循"校企合作，专兼结合"的基本原则，以引领教育教学模式改革创新，推进人才培养质量持续提升。③ 因此，企业要加快贯彻落实企业人员到职业院校兼任教师的相关举措，由校内专任和校外兼职教师共同开展教学设计、教学资源开发和教学实施，通过专兼教学团队建设，逐步提高兼职教师的教学能力，保障其教师资格获取，改善企业办职业院校师资队伍的来源、结构和素质，打造一支高水平的"双师型"教师队伍。

---

① 范永同：《关注教师自我：教师专业发展的应有之义》，《教学与管理》2015 年第 15 期。
② 童卫军、任占营：《行业企业举办职业院校的现实困境与对策研究》，《高等工程教育研究》2015 年第 6 期。
③ 《教育部关于印发全国职业院校教师教学创新团队建设方案的通知》，中华人民共和国教育部官网，2019 年 6 月 5 日，https://zyk.jssvc.edu.cn/2021/0718/c2945a175572/page.htm，最后访问时间：2022 年 5 月 13 日。

结语　推动我国企业作为职业教育重要办学主体的现代化之路

制度是冲突与设计的复杂组合，制度的滞后性与不完善、边界的模糊与约束的软化、操作的混乱与不规范等会造成制度失灵，使制度无法发挥应有的正效应，甚至会造成巨大的破坏性影响。企业作为职业教育重要办学主体的制度是党和政府为推动职业教育高效服务国家建设、有效衔接劳动力人才市场需求做出的一项重大制度设计，制度不同程度上的失灵会导致企业作为职业教育办学主体的地位边缘化，制约着企业办学主体作用的发挥。现代化是一个客观发展的过程或趋势，引发或决定了人们生活价值和理念的变化。美国学者布莱克指出：如果一定要给"现代化"下一个定义，那么"现代化"可以定义为："反映着人控制环境的知识亘古未有的增长，伴随着科学革命的发生，从历史上发展而来的各种体制适应迅速变化的各种功能的过程。"① 显然，现代化是一个涉及社会、经济、政治、文化、教育等诸多领域的过程。而"企业作为职业教育办学主体的现代化"就可以理解为"在经济社会发展的背景下，企业如何成为职业教育办学主体，实现职业教育办学现代化的目标，进而助推经济社会现代化的实现"。

职业教育作为社会中与就业市场密切联系的一种教育类型，与企业关

---

① 〔美〕C. E. 布莱克：《现代化的动力：一个比较历史的研究》，段小光译，四川人民出版社，1988，第11页。

系密切是其专属特征。要培养符合社会、企业需求的人才，仅靠职业院校自身的努力难以实现。在我国，职业教育校企合作的问题长期存在，如今，如何促使企业作为职业教育重要办学主体又成为一个新课题。重要是相对于不重要和一般而言的。当前政策文件中多次提及"重要"二字，这说明企业确实是职业教育的一支重要办学力量，企业的参与程度直接关系到职业教育人才培养质量的好坏，企业可以通过多种多样的实现形式发挥重要办学主体作用。因此，企业参与职业教育、成为职业教育办学主体就显得刻不容缓。为推动我国企业参与职业教育办学走上现代化的道路，本书对其制度变迁与重构进行了探讨，以探寻我国企业参与职业教育办学的现代化之路。

第一，本书对企业作为职业教育办学主体的时代内涵与价值进行了分析。通过对"企业""职业教育办学主体"等核心概念进行界定，本书指出职业教育典型的职业性、跨界性和实践性决定了企业必须成为职业教育重要办学主体。而企业对接产业、隶属于行业的复杂特点也使其作为职业教育重要办学主体具有协调性、教育性以及复杂性的特点。因此，企业作为重要办学主体既是企业和职业教育发展的客观需要，又是职业教育校企合作的必由之路。

第二，本书对企业作为我国职业教育重要办学主体的发展变迁进行了研究，将企业作为职业教育重要办学主体的制度化过程划分为"生成阶段"、"调适阶段"和"创新阶段"三个阶段。企业作为职业教育重要办学主体的逻辑也经历了从"外部强制"到"自发内生"的理念变迁，从"被动封闭"到"合作开放"的环境变迁，从"政府主导"到"市场引导"的路径变革，从"传统管制"到"多元治理"的过程变革。此外，本书根据历史制度主义建构的"制度—背景""制度—变量""制度—行为"三个层面，分析了企业作为职业教育重要办学主体的动力机制。

第三，本书对企业作为职业教育重要办学主体的特色优势和影响因素进行了分析。目前，企业作为职业教育重要办学主体已经产生了一定的资源优势、服务优势和人才优势，为进一步促进企业与职业教育融合办学，本书分析了企业作为职业教育重要办学主体的影响因素，发现了经济是推动企业成为职业教育重要办学主体的现实因素，制度是企业成为职业教育重要办学主体的关键要素，而学校与企业双方主体则形成了难以分割的利益共同体。按照企业在职业教育办学过程中主体功能发挥的程度，本书将企业作为职业教育重要办学主体的典型办学模式划分为企业主办型办学模式、企业主导型办学模式，将企业作为职业教育重要办学主体的典型人才培养模式划分为订单式人才培养模式、"厂中校""校中厂"人才培养模式、工学结合人才培养模式。

第四，本书对确立企业作为职业教育重要办学主体地位存在的制度障碍进行了分析，认为其障碍主要包括法律制度不完善、管理体制不畅通、经费支持制度不健全、激励制度不精确、评价制度不科学、国有企业办学体制机制存在滞后性、部分企业办学的发展思路狭窄等。同时，对企业作为职业教育重要办学主体的制度障碍成因进行分析，发现长期形成的固有观念、利益相关者的博弈、政策逻辑、现有政策执行程度等因素都对制度障碍的形成具有显著影响。

第五，本书从国际视野的角度，对世界上职业教育发展较好的几个国家地区进行分析。德国的双元制职业教育体系闻名遐迩，企业作为双元制职业教育体系得以建立的关键，是职业教育与培训过程中重要的参与主体。1868年明治维新之后，日本着手发展职业教育，在职业教育体系的建立、管理方面逐步完善。美国企业在政府推动、利益驱动等多重动机激励下，从参与学校本位教学活动、提供工作本位指导培训和加强学校本位与工作本位联结三个方面参与社区学院技能人才培养工作，是美国职业教育的重要办学主体。新西兰的行业培训组织具有强大的组织与聚合力，在推动受训者工作场所学习组织化、规模化发展中发挥着重要作用。学徒制是欧洲国家中小企业主要的职业教育与培训模式，承担着本国职业教育与培训的多重任务。这些国家和地区都拥有较为成熟的企业参与职业教育办学的经验，通过借鉴其成功经验，结合我国企业作为职业教育重要办学主体的实际情况，本书为我国企业成为职业教育重要办学主体提供了政策建议，以期促使企业更好地作为职业教育重要办学主体举办或参与举办职业教育，为促进我国经济社会发展和提高国家竞争力提供优质人才资源支撑。

第六，本书对企业作为职业教育重要办学主体的制度重构提出了建议。面对我国企业作为职业教育重要办学主体的制度障碍及其存在的深层次原因，立足我国企业作为重要办学主体举办或参与举办职业教育的办学效益，结合国外职业教育发达国家企业办学的成功举措与有效政策规制，为我国企业更好地作为职业教育重要办学主体提供强有力的制度保障，是当下破解企业作为职业教育重要办学主体制度障碍的关键。我国应营造企业作为重要办学主体的社会环境，完善企业作为重要办学主体的法律法规保障，统筹企业作为重要办学主体的经费投入，改革企业作为重要办学主体的管理及评价的组织供给，以及建立助力企业参与办学的师资管理制度。

职业教育治理体系和治理能力的现代化直接反映了职业教育现代化之路的建设状况。职业教育治理是政府、学校、企业、社会组织和公众等主体围绕职业教育供给进行资源、权力和利益分配的方式，是使政府、职业学校、社会组织和企业等治理主体之间的利益诉求达成均衡的实践。要使职业教育各治理主体之间的利益诉求达成均衡，需要通过制度化与程序化的方式来规范、平衡、聚合各治理主体的权利和义务。换句话说，我国职业教育治理体系和治理能力现代化必须扎根于我国当前职业教育制度环境，即政治的、法律的基础规则。就推进治理体系和治理能力现代化而言，《中共中央关于全面深化改革若干重大问题的决定》首次提出国家治理体系和治理能力现代化建设，《中国教育现代化2035》则将推进教育治理体系和治理能力现代化作为面向教育现代化的战略任务，而职业教育的跨界性决定了建立健全企业长效参与机制是推进职业教育治理体系和治理能力现代化的题中应有之义。因此，面对校企合作人才培养质量、校企双方交易行为以及学生毕业留任合作企业的种种不确定性，学界一方面从职业学校的角度探寻校企合作长效机制建立困难的原因，另一方面从企业的角度对企业参与职业教育办学的意愿、主要形式、内容及制度进行深入研究。职业教育治理体系和治理能力现代化为企业成为职业教育重要办学主体的现代化之路营造了良好的制度环境。但目前我国职业教育契约治理现代化程度仍然稍显不足，主要体现在以下三个方面。

第一，政府治理校企合作契约的有限理性。有限理性是指"那种意图做到理性，但又只能有限度地做到理性的行为。这是一种获取、储存、重新得到或加工处理信息的有限认知能力状况"。[1] 政府的有限理性导致我国由政府主导的职业教育校企合作治理无法有效协调各主体间的行为关系。因为有限理性的存在，职业教育校企合作中所有的复杂契约都存在不同程度的不完备性。首先，由于政府对职业教育校企合作契约治理的关注不足，政府在制定职业教育校企合作政策时常常会忽视对校企合作契约的治理。其次，由于政府无法预测职业学校和企业在合作过程中可能出现的全部机会主义行为，因此仅靠政府无法完全防范校企合作交易双方的机会主义行为。最后，由于政府无法预测未来校企合作交易中的所有突发事件，因此政府为建立、维系和强化校企合作契约所采取的治理措施在解决校企合作实际问题时将捉襟见肘。由此，为推进职业教育校企合作契约治理的现代化，必须将单一政府主体的治理格局转变为多元主体共同参与的治理格局。

第二，职业教育校企合作契约治理方式的粗浅。对我国职业教育政策文件中关于校企合作契约治理的政策条目进行分析，可以发现，虽然当前我国职业教育校企合作契约治理方式呈现多管齐下的状态，但仍显粗浅。就激励治理方式而言，当前职业教育校企合作的激励型治理方式包括减免税收、政府购买、金融支持等，这在一定程度上可以有效保障和保护企业投入的专用性资产。然而，同一强度的激励治理方式乃至具体条款在诸多政策文件中均有出现。例如，企业因接受实习生所发生的支出可在计算应

---

① 〔美〕奥利弗·E. 威廉森：《治理机制》，王健等译，陈光金、王志伟校，中国社会科学出版社，2001，第478页。

纳税所得额时扣除，这一激励治理方式在《国务院关于加快发展现代职业教育的决定》《高等职业教育创新发展行动计划（2015—2018 年）》等政策文件中均有提到，但并未随着时间的推移而得到进一步的深化。就惩罚型治理方式而言，当前我国职业教育校企合作契约治理的相关政策文件较少涉及这一治理方式类型，仅有的几个政策条目也只是提到将企业违反规定的行为记入企业信用档案等。现有的这些惩罚方式并未触及校企合作契约治理的核心，即我国尚未采取缴纳某种形式的解约费用或提前终止契约的罚金这一惩罚方式对校企合作契约进行治理。就私人安排和将交易嵌入复杂交易网络的治理方式而言，当前职业教育政策涉及的这两类治理方式还处于探索阶段，旨在将职业教育校企合作短期契约转变为长期契约的治理方式较少。因此，为推进职业教育校企合作契约治理现代化，必须深化职业教育校企合作契约治理方式。

第三，职业教育校企合作契约治理现代化需要职业学校和企业主体拥有充分的契约治理自主权。然而，当前职业学校和企业在校企合作交易中对契约进行治理的自主权不足。就职业学校而言，当前职业教育校企合作政策对职业学校在校企合作契约治理中应具有的权力规定得较少，大部分政策只规定了职业学校应当在人才培养、技术创新等方面主动寻求与符合条件的企业进行合作。由此，职业学校在和企业建立、维系校企合作契约时，能够给予企业的可信承诺较少。此外，由于职业学校在校企合作契约治理过程中自主权的缺乏，职业学校就校企合作交易中发生的突发事件与企业之间采取私人安排治理方式的情形较少。就企业而言，职业教育校企合作相关政策均鼓励企业参与职业教育办学，并将其视为企业的一种义务和责任。例如，《国务院关于大力发展职业教育的决定》明确指出企业有责任接受职业院校学生实习和教师实践，但企业在校企合作契约治理中的自主权并未明确。因此，为推进职业教育校企合作契约治理现代化，必须赋予职业学校和企业充分的契约治理自主权。

推进我国职业教育校企合作契约治理现代化的行动路径应当符合职业教育治理现代化的要旨，需从以下三个方面发力。

第一，丰富职业教育校企合作契约治理主体。丰富职业教育校企合作契约治理主体有助于将政府单一主体治理格局转变为政府、行业协会、职业学校和企业共治的多主体治理格局，可以弥补政府治理职业教育校企合作契约有限理性的不足，从而推进职业教育校企合作契约治理现代化。

首先，基于有限理性的存在，职业学校和企业都有可能采取机会主义行为，即"以欺诈手段寻求自利的行为，包括精心计算的误导、欺骗、混淆或制造其他混乱的努力"。因此，职业教育校企合作契约治理需要政府主体的参与。这里的政府主体不仅指中央政府，也包括地方政府。中央政府与地方政府应当通力合作，从不同层面出台法律法规、政策文件，有针对性地防范职业教育校企合作主体的机会主义行为。其次，行业协会具有协调和沟通政府、职业学校和企业之间需求，推进职业教育校企合作交易的建立与维系的重要作用。因此，应当培育能够积极参与职业教育校企合作契约治理的行业协会，增强行业协会的职业教育校企合作契约治理能力，并探索行业协会参与职业教育校企合作契约治理的方式途径。最后，由于职业学校和企业可以在实践层面采用建立和维系校企合作契约的私人安排的治理方式，从而将校企合作短期契约转化为长期契约，以缓释和化解校企合作契约风险，因此，职业教育校企合作契约治理应当关照到职业学校和企业个体层面。由此，政府、行业协会、职业学校和企业多主体参与的职业教育校企合作契约治理格局形成。

第二，深化职业教育校企合作契约治理方式。粗浅的职业教育校企合作契约治理方式，无法化解我国职业教育校企合作契约风险。因此，深化我国职业教育校企合作契约治理方式是推进我国职业教育校企合作契约治理现代化的主要途径。

首先，应基于现实问题逐步深入、不断细化治理方式，给予企业愿意承担契约风险的有效激励。例如，《教育部　山东省人民政府关于整省推进提质培优建设职业教育创新发展高地的意见》就在已有政策文件的基础上明确了纳入产教融合型企业建设培育范围的试点企业可按投资额的

30%抵免该企业当年应缴教育费附加和地方教育附加。其次，应当强化惩罚型治理方式，以防范职业学校和企业主体的机会主义行为。惩罚型治理方式在严厉程度上具有强弱之分。就弱惩罚而言，可以建立校企合作信用体系，将违反规定的职业学校和企业列入校企合作失信名单；就强惩罚而言，我国可以考虑采取缴纳某种形式的解约费用或提前终止契约的罚金这一治理方式维系校企合作契约。再次，在交易复杂程度高的情境下，基于非正式制度的关系治理比基于正式制度的治理能更有效地促进合作的自我执行。因此，职业学校和企业在进行校企合作协议/合同的拟订、签约、实施过程中，可以采用私人安排企业人员进入职业学校董事会和领导班子任职的方式，以降低职业教育校企合作的契约风险。最后，应当深化将现有校企合作交易嵌入一个更复杂交易网络的治理方式，即可以在已有的人才培养校企合作交易中，嵌入技术创新、就业创业等。由此，职业教育校企合作交易网络得以形成，校企合作契约关系得以巩固，校企合作契约风险得以缓释。

第三，赋予职业学校和企业契约治理自主权。推进我国职业教育校企合作契约治理现代化，不仅需要政府的宏观指导和行业协会的协调推进，更需要职业学校和企业治理主体的智慧。而职业学校和企业治理主体智慧有效发挥的前提在于赋予他们充分的契约治理自主权。

首先，要明确职业学校和企业契约治理自主权的范围和边界。具体而言，要厘清职业学校和企业在治理校企合作契约时应具有哪些权力，职业学校和企业具有的契约治理权力和政府、行业协会具有的契约治理权力有何区别以及如何保障职业学校和企业的契约治理权力不被其他治埋主体侵占等问题。在这种范围和边界下，职业学校和企业的契约治理自主权得以明确。其次，要赋予职业学校和企业充分的契约治理自主权。具体而言，应当依据现有研究成果和现实需求，在今后的职业教育政策文件中明确赋予职业学校和企业在技术技能型人才培养、技术创新、就业创业等校企合作交易中拥有充分的契约治理自主权，允许职业学校和企业采用私人安排的争端解决机制弥补职业教育校企合作契约的

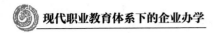
不足，从而降低职业教育校企合作契约风险，提高职业教育校企合作契约治理效能。与此同时，也应当在职业教育政策文件中明确职业学校和企业采用私人安排治理方式的范围和边界，以防范职业学校和企业非法攫取政府利益的机会主义行为。

参考文献

一 中文文献

（一）中文专著

陈工孟主编《中国职业教育年鉴（2017）》，经济管理出版社，2017。

陈衍、于志晶：《转轨破题　新时期职业教育热点报告》，东北师范大学出版社，2007。

陈振明主编《政策科学——公共政策分析导论》，中国人民大学出版社，2003。

辞海编辑委员会编《辞海》上、中册，上海辞书出版社，1979。

樊纲：《渐进改革的政治经济学分析》，上海远东出版社，1996。

方展画、刘辉、傅雪凌编著《知识与技能——中国职业教育 60 年》，浙江大学出版社，2009。

苟顺明：《欧盟职业教育政策研究》，人民出版社，2014。

郭少棠：《权力与自由——德国现代化新论》，华东师范大学出版社，2001。

汉语大字典编纂处编著《现代汉语词典》（全新版），四川辞书出版社，2020。

何维达：《全球化背景下国家产业安全与经济增长》，知识产权出版社，2016。

胡赤弟：《教育产权与现代大学制度构建》，广东高等教育出版社，2008。

李春成主编《复旦公共行政评论：观念与治理》，上海人民出版社，2010。

李继延等：《中外职业教育体系建设与制度改革比较研究》，复旦大学出版社，2014。

李延平：《职业教育公平问题研究》，教育科学出版社，2009。

李迎生：《当代中国社会政策》，复旦大学出版社，2012。

李正祥：《企业文明与企业发展》，经济日报出版社，2017。

黄仁贤编著《中国教育史》，福建人民出版社，2003。

柯武钢、史漫飞：《制度经济学》，商务印书馆，2000。

马骥雄：《战后美国教育研究》，江西教育出版社，1991。

孟广平：《当代中国职业技术教育》，高等教育出版社，1993。

宁吉喆主编《2014 中国经济社会发展形势与对策　国务院研究室调研成果选》，中国言实出版社，2014。

祁占勇：《高等学校法人外部治理结构研究》，陕西师范大学出版社，2017。

祁占勇等：《职业教育法律问题研究》，陕西师范大学出版总社，2019。

祁占勇：《职业教育政策研究》，教育科学出版社，2018。

上海市教育科学研究院、麦克思研究院：《2017 中国高等职业教育质量年度报告》，高等教育出版社，2017。

沈纯道主编《现代企业与职业技术教育》，中国建材工业出版社，1995。

石伟平等：《中国教育改革40年：职业教育》，科学出版社，2018。

石伟平：《比较职业技术教育》，华东师范大学出版社，2001。

石伟平：《中国职业教育发展报告（2013—2014）》，华东师范大学出版社，2019。

史伟、杨群、陈志国：《新时期职业教育校企合作模式探索》，天津科学技术出版社，2018。

孙玫璐：《职业教育制度分析》，企业管理出版社，2008。

唐远苏：《由企业看职业院校——职业教育管理新视角》，北京大学出版社，2007。

万秀兰：《美国社区学院的改革与发展》，北京人民教育出版社，2003。

王世斌、潘海生、郄海霞：《企业参与职业教育办学机制国际比较研究》，北京师范大学出版社，2018。

王燕等编《职业教育与产业、区域发展年度报告（2015年）》，教育科学出版社，2017。

王永治主编《我国经济结构的战略性调整》，中国计划出版社，1999。

魏姝：《政策中的制度逻辑——美国高等教育政策的制度基础》，南京大学出版社，2007。

徐国庆：《职业教育原理》，上海教育出版社，2007。

徐国庆：《从分等到分类——职业教育改革发展之路》，华东师范大学出版社，2018。

许守祐主编《中国铁路教育志稿（1868—2010）》，西南交通大学出版社，2013。

叶继元等编著《学术规范通论》，华东师范大学出版社，2005。

臧永昌编著《中国职工教育史（1840—1990）》，辽宁大学出版社，1992。

曾信智编著《松下幸之助的经营智慧》，浙江大学出版社，2011。

中共安徽省委教育工作委员会编《高等教育改革发展纵横谈——安徽省高校党委书记、校（院）长研修班文集》下册，安徽大学出版社，2008。

中共中央文献编辑委员会编辑《周恩来选集》下卷，人民出版社，1984。

中华人民共和国教育部高等教育司、中国高教学会产学研合作教育分会：《必由之路——高等职业教育产学研结合操作指南》，高等教育出版社，2004。

中华人民共和国教育部计划财务司编《中国教育成就统计资料（1949—1983）》，人民教育出版社，1984。

中央教育科学研究所编《周恩来教育文选》，教育科学出版社，1984。

周明星主编《职业教育管理学》，高等教育出版社，2014。

朱德全：《职业教育统筹发展论》，科学出版社，2016。

（二）中文译著

〔美〕安东尼·唐斯：《官僚制内幕》，郭小聪译，中国人民大学出版社，2017。

〔美〕奥利弗·E.威廉森：《治理机制》，王健等译，陈光金、王志伟校，中国社会科学出版社，2001。

〔美〕B.盖伊·彼得斯：《政治科学中的制度理论："新制度主义"》，王向民、段红伟译，上海世纪出版社，2011。

〔美〕C.E.布莱克：《现代化的动力：一个比较历史的研究》，段小光译，四川人民出版社，1988。

〔美〕道格拉斯·C.诺思：《制度、制度变迁与经济绩效》，杭行译，韦森审校，格致出版社，2008。

〔美〕弗里曼：《战略管理：利益相关者方法》，王彦华、梁豪译，上海译文出版社，2006。

〔美〕凯瑟琳·西伦：《制度是如何演化的：德国、英国、美国和日本的技能政治经济学》，王星译，上海人民出版社，2010。

〔美〕康芒斯：《制度经济学》上册，于树生译，商务印书馆，1962。

〔美〕理查德·桑内特：《匠人》，李继宏译，上海译文出版社，2015。

〔美〕马修·克劳福德：《摩托车修理店的未来工作哲学：让工匠精神回归》，粟之敦译，浙江人民出版社，2014。

〔日〕NHK特别节目录制组：《女性贫困》，李颖译，上海译文出版社，2017。

〔日〕青木昌彦：《比较制度分析》，周黎安译，上海远东出版社，2001。

〔美〕W. 理查德·斯科特:《制度与组织——思想观念与物质利益》，姚伟、王黎芳译，中国人民大学出版社，2010。

〔美〕沃尔特·W. 鲍威尔、保罗·J. 迪马吉奥主编《组织分析的新制度主义》，姚伟译，上海人民出版社，2008。

〔日〕细谷俊夫，《技术教育概论》，肇永和、王立精译，清华大学出版社，1984。

〔美〕约瑟夫·W. 韦斯:《商业伦理:利益相关者分析与问题管理方法》，符彩霞译，中国人民大学出版社，2005。

（三）中文报刊文章

本刊编辑部:《深化产教融合笔谈会》，《中国职业技术教育》2018年第 1 期。

蔡心心:《德国职业教育在高等教育领域的发展与渗透》，《中国职业技术教育》2021 年第 3 期。

曹一红:《基于责任观的第三方教育评估机构专业化建设》，《上海教育评估研究》2021 年第 1 期。

曹骏:《高技能人才培养模式研究》，《武汉冶金管理干部学院学报》2015 年第 4 期。

陈德泉:《德国双元制职业教育的重新审视》，《中国高教研究》2016年第 2 期。

陈宏辉、贾生华:《企业利益相关者三维分类的实证分析》，《经济研究》2004 年第 4 期。

陈鹏、薛寒:《〈职业教育法〉20 年:成就、问题及展望》，《陕西师范人学学报》（哲学社会科学版）2016 年第 6 期。

陈鹏:《德国职业教育学习领域课程的整合意蕴之透视》，《职教论坛》2016 年第 9 期。

陈潭:《公共性:公共政策分析的一般范式》，《湖南师范大学社会科学学报》2002 年第 4 期。

陈雪、曹晔:《改革开放以来我国职教师资培训的回顾与展望》，《教育与职业》2020年第16期。

范永同：《关注教师自我：教师专业发展的应有之义》，《教学与管理》2015年第15期。

〔德〕菲利克斯·劳耐尔：《双元制职业教育——德国经济竞争力的提升动力》，《职业技术教育》2011年第12期。

丰华涛：《职业教育校企合作立法研究》，《现代教育管理》2016年第4期。

冯旭芳、李海宗：《德国企业参与职业教育实践教学和培训模式对我国的启示》，《职教论坛》2008年第18期。

《甘肃唯一企业办高职遭遇发展困境》，《中国青年报》2014年10月13日，第11版。

高鸿、赵昕：《论企业举办职业教育的主体作用》，《中国职业技术教育》2014年第12期。

高鸿：《如何发挥企业的主体作用》，《中国教育报》2014年7月14日，第6版。

葛道凯：《中国职业教育二十年政策走向》，《课程·教材·教法》2015年第12期。

宫雪：《改革开放以来我国职业教育教师政策研究》，《中国职业技术教育》2012年第21期。

苟利民：《中国产业结构转型升级的速度测度、时空演变与影响因素》，《工业技术经济》2022年第7期。

谷峪、李玉静：《国际技能战略比较分析——以澳大利亚、英国、美国为中心》，《职业技术教育》2014年第1期。

郭静：《现代职业教育体系建设背景下行业、企业办学研究》，《教育研究》2014年第3期。

过筱、石伟平：《企业履行职业教育社会责任对盈利能力与资本结构影响的实证分析》，《当代职业教育》2019年第5期。

韩永强：《职业教育经费投入及其国际比较》，《职业技术教育》2014

年第 28 期。

何俊志：《结构、历史与行为——历史制度主义的分析范式》，《国外社会科学》2002 年第 5 期。

胡劲松、欧阳恩剑：《职业教育校企合作的法律制度建构——法律制度生成理论的视角》，《教育研究》2018 年第 1 期。

胡仙芝：《治理理论与行政改革》，《中国行政管理》2001 年第 1 期。

胡子祥：《高校利益相关者治理模式初探》，《西南交通大学学报》（社会科学版）2007 年第 1 期。

黄日强、邓志军：《国外企业如何参与职业教育》，《中国职业技术教育》2004 年第 5 期。

黄日强、周琪：《能力本位职业教育：当代职业教育的发展趋向》，《外国教育研究》1999 年第 2 期。

黄晓玲：《职业教育发展中企业角色的三重逻辑》，《职业技术教育》2018 年第 7 期。

嵇美华：《高职教育企业主导型"工学结合"人才培养模式的研究》，《继续教育研究》2012 年第 11 期。

《纪宝成：市长市委书记孩子几乎不上职业院校》，《中国青年报》2013 年 4 月 15 日，第 11 版。

纪芝信：《职业教育管理的基本模式》，《教育与职业》1999 年第 6 期。

江涛：《舒尔茨人力资本理论的核心思想及其启示》，《扬州大学学报》（人文社会科学版）2008 年第 6 期。

金碚：《中国经济发展新常态研究》，《中国工业经济》2015 年第 1 期。

佘鑫、王蓉：《高职院校办学主体差异与校企合作水平的实证分析》，《高等教育研究》2013 年第 2 期。

鞠传文：《五国中等职业教育的办学模式比较》，《比较教育研究》2001 年第 6 期。

兰金林、夏建国：《我国高职院校建设的历史追溯、现状审视与未来展望》，《职教论坛》2020 年第 8 期。

雷磊：《法律规则的逻辑结构》，《法学研究》2013 年第 1 期。

李博：《基于"产学官合作"的日本实践型高职教育模式》，《教育与职业》2017 年第 13 期。

李华君、王臻荣：《行政问责力度的测量与分析：基于 2003—2017 年重特大矿难的数据》，《中南大学学报》（社会科学版）2020 年第 2 期。

李慧、林永春：《企业参与职业教育的激励政策探析》，《职业技术教育》2011 年第 25 期。

李鹏、石伟平、朱德全：《理想、利益与行动：职业教育学习评价的多重制度逻辑》，《高校教育管理》2019 年第 2 期。

李玮炜、贺定修：《管办评分离背景下职业教育第三方评价的机制构建与实施路径》，《教育与职业》2019 年第 16 期。

李忠、亓婷婷：《德国企业作为职业教育主体的法律保障及其启示——基于德国〈联邦职业教育法〉的文本分析》，《职教论坛》2017 年第 4 期。

刘舯：《"十二五"我国基础教育中初中教育投入的地区差异分析》，《经贸实践》2017 年第 17 期。

刘春生、柴彦辉：《德国与日本企业参与职业教育态度的变迁及对我国产教结合的启示》，《比较教育研究》2005 年第 7 期。

刘鹄根、张春晗：《当前高职院校改革发展需把握好的五个问题刍议》，《高教探索》2019 年第 10 期。

刘根华、胡彦：《行业组织参与职业教育的问题及路径研究》，《高等工程教育研究》2016 年第 4 期。

刘红：《经费投入视角下企业举办职业教育发展研究》，《教育学术月刊》2017 年第 4 期。

刘景峰、齐永意、刘治安：《对高职毕业生就业质量监控与评价体系的探索》，《职教论坛》2010 年第 21 期。

刘旺生：《高职教育校企合作中企业主体内涵探究》，《教育与职业》2015 年第 26 期。

刘晓：《加强社会力量办学　激发职业教育活力》，《中国职业技术教育》2014 年第 21 期。

刘心俐：《用"工匠精神"创新职业教育人才培养模式》，《未来与发展》2020 年第 9 期。

刘云波、郭建如：《不同举办主体的高职学校资源汲取差异分析》，《教育发展研究》2015 年第 19 期。

刘志民、吴冰：《企业参与产学合作培养人才的机理研究——基于新制度经济学的分析》，《高教探索》2013 年第 5 期。

路平：《企业参与校企合作的影响因素和对策——基于利益相关者理论》，《中国高校科技》2016 年第 10 期。

罗音：《浅议职业教育校企合作的财税政策规划》，《中国成人教育》2014 年第 20 期。

吕玉曼、徐国庆：《从强化到优化：职业教育类型属性确立的实践路径》，《现代教育管理》2022 年第 2 期。

马君、张玉凤：《高职院校教师教学创新团队知识整合研究》，《高等工程教育研究》2022 年第 1 期。

马君、张玉凤：《职业教育声誉治理：理论内涵、价值意蕴与机制构建》，《河北师范大学学报》（教育科学版）2022 年第 4 期。

马君：《职业教育步入依法治理的新时期》，《中国教育报》2022 年 5 月 10 日，第 6 版。

马宇：《德国"双元制"职业教育发展特点新论》，《教育评论》2012 年第 6 期。

聂长顺：《日本中小企业的人才培养》，《现代日本经济》1996 年第 5 期。

牛征：《职业教育办学主体多元化的研究》，《教育研究》2001 年第 8 期。

潘海生、马晓恒：《职业教育中企业办学主体地位的内涵解读及政策启示》，《职教论坛》2014 年第 22 期。

潘海生、张梦云、王宁：《企业参与职业教育的动机偏好及政策效度的实证研究》，《教育发展研究》2017 年第 Z1 期。

潘懋元、邬大光：《世纪之交中国高等教育办学模式的变化与走向》，《教育研究》2001 年第 3 期。

庞世俊：《社会转型期行业企业举办职业教育的对策研究》，《中国职业技术教育》2004 年第 36 期。

平和光、程宇、李孝更：《40 年来我国高等职业教育发展回顾与展望》，《职业技术教育》2018 年第 15 期。

祁占勇、王君妍：《职业教育校企合作的制度性困境及其法律建构》，《陕西师范大学学报》（哲学社会科学版）2016 年第 6 期。

祁占勇、王羽菲：《改革开放 40 年来我国职业教育产教融合政策的变迁与展望》，《中国高教研究》2018 年第 5 期。

祁占勇、王志远：《企业作为重要办学主体的机制障碍与政策设计》，《高教探索》2018 年第 10 期。

钱娴、陆素菊：《校企合作办学模式的时代变迁——从"一体型"厂办技校到"紧密型"二级学院》，《职教论坛》2012 年第 19 期。

秦程现：《论企业的职业教育责任及其实现——基于企业社会责任理论视角》，《职业技术教育》2020 年第 1 期。

秦惠民、王名扬：《我国高等教育评估制度演变的社会基础与制度逻辑——基于历史制度主义的分析》，《中国高教研究》2015 年第 10 期。

《全国国有企业分离办社会职能工作座谈会提出　加快国企分离办社会职能步伐》，《人民日报》1999 年 11 月 3 日，第 2 版。

冉云芳：《企业参与职业教育办学的成本收益及差异性分析》，《教育发展研究》2018 年第 19 期。

冉云芳：《中等职业教育生均经费投入现状分析与对策——基于 2000-2010 年数据的实证研究》，《教育发展研究》2013 年第 1 期。

任占营、童卫军：《高等职业教育生均拨款制度实施困境与对策探析》，《中国高教研究》2017 年第 8 期。

沈剑光、叶盛楠、张建君：《多元治理下校企合作激励机制构建研究》，《教育研究》2017 年第 10 期。

宋德玲：《近十年来中国的日本企业终身雇佣制研究综述》，《日本学论坛》2006 年第 3 期。

孙凤敏：《学徒制高质量发展的行动指南——解读欧盟〈基于工作学习的高质量学徒制指导原则〉》，《中国职业技术教育》2019 年第 12 期。

孙绵涛：《关于国家教育政策体系的探讨》，《教育研究》2001 年第 3 期。

孙长远、庞学光：《论职业教育的产品属性及其产品属性的可赋予性》，《江苏高教》2016 年第 6 期。

汤敏骞：《高职学校办学的隶属关系因素研究》，《教育与职业》2017 年第 6 期。

汤霓、石伟平：《新职业主义视角下美国社区学院产教合作模式研究》，《外国教育研究》2015 年第 5 期。

汤正华、谢金楼：《应用型本科院校产教融合的探索与实践》，《高等工程教育研究》2020 年第 5 期。

唐以志：《走向职业教育办学体制改革的新阶段》，《职教通讯》1998 年第 4 期。

田玉兰：《高等职业教育师资队伍建设的比较研究》，《金融理论与教学》2003 年第 4 期。

童卫军、任占营：《行业企业举办职业院校的现实困境与对策研究》，《高等工程教育研究》2015 年第 6 期。

涂端午、魏巍：《什么是好的教育政策》，《教育研究》2014 年第 1 期。

万伟平：《企业参与职业教育的激励机制构建研究——基于政府作用的视角》，《职教论坛》2013 年第 4 期。

王春城、赵小兰：《公共政策规划中的伦理失范与治理》，《国家行政学院学报》2015 年第 6 期。

王芳、倪勇、任聪敏：《高职校企合作模式的分析与研究》，《高等工程教育研究》2012 年第 4 期。

王国聚：《工学结合培养模式下电子技术专业英语人才的培养》，《电镀与涂饰》2020 年第 16 期。

王国荣：《行业企业深度参与办学是解决中国职业教育发展瓶颈的重要途径》，《现代教育科学》2005 年第 5 期。

王红英、滕跃民、黄静：《企业参与高职教育合作办学的影响因素分析》，《教育发展研究》2014 年第 19 期。

王继平、尉淑敏：《新世纪以来我国中职学生资助体系建设的回顾与反思——兼谈德国经验的借鉴》，《职业技术教育》2021 年第 18 期。

王丽英：《甲子奋斗喜结硕果　不懈奋进再启新程——写在宁波职业技术学院办学 60 周年》，《中国教育报》2019 年 4 月 20 日，第 4 版。

王娜、徐德培：《发达国家企业参与职业教育机制与启示》，《职教论坛》2017 年第 29 期。

王贤：《我国高等职业教育经费投入的非衡性研究》，《河北师范大学学报（教育科学版）》2012 年第 1 期。

王新琴：《"双元融合，双全保证"高职机电类复合型人才培养模式研究》，《实验技术与管理》2018 年第 8 期。

王志远、祁占勇：《"去企业化"与"再企业化"的博弈：企业举办职业教育政策的历史透视及其反思》，《职教论坛》2020 年第 11 期。

韦森：《再评诺斯的制度变迁理论》，《经济学》（季刊）2009 年第 2 期。

魏慧敏、闫志利：《订单式人才培养模式的主要类型及推进措施》，《职业技术教育》2011 年第 20 期。

吴虑：《大数据支持下学习评价的价值逻辑》，《清华大学教育研究》2019 年第 1 期。

吴苏苹：《英国企业参与高等职业教育的经验及启示》，《高等工程教育研究》2017 年第 2 期。

吴雪萍、于舒楠：《法国职业教育改革探析》，《中国职业技术教育》2017 年第 9 期。

谢春梅：《对深入实践"校中厂，厂中校"人才培养模式的思考》，《职业教育》（中旬刊）2015 年第 13 期。

徐畅、解旭东：《产教融合视角下职业教育政校行企协同育人机制构建》，《教育与职业》2018 年第 19 期。

徐国庆：《确立职业教育的类型属性是现代职业教育体系建设的根本需要》，《华东师范大学学报》（教育科学版）2020 年第 1 期。

徐国庆：《我国职业教育现代学徒制构建中的关键问题》，《华东师范大学学报》（教育科学版）2017 年第 1 期。

徐国庆：《职业教育办学模式研究的分析框架》，《职教论坛》2013 年第 19 期。

徐兰：《适应性背景下深化职业教育企业办学主体的优化路径——基于德国双元制比较视角》，《教育理论与实践》2021 年第 36 期。

徐珍珍、黄卓君：《职业教育中的企业社会责任：履行模式与路径选择》，《中国职业技术教育》2018 年第 18 期。

薛二勇、周秀平：《中国教育脱贫的政策设计与制度创新》，《教育研究》2017 年 12 期。

亚历山德拉·莫兹、董衍美：《通过高质量的学徒制开展 TVET——UNESCO-UNEVOC 网络会议报告（一）》，《职业技术教育》2015 年第 30 期。

闫智勇、吴全全、蒲娇：《经济新常态下现代职业教育治理体系建设构想》，《教育与职业》2017 年第 1 期。

闫智勇、吴全全：《经济新常态下职业教育师资建设的困境与对策》，《中国职业技术教育》2016 年第 21 期。

杨成明：《我国职业教育校企合作法律保障体系的反思与重构》，《中国职业技术教育》2014 年第 33 期。

杨公安、宁锐：《职业教育经费保障体制的缺失与建构》，《中国职业技术教育》2014 年第 9 期。

杨瑞龙：《我国制度变迁方式转换的三阶段论——兼论地方政府的制度创新行为》，《经济研究》1998 年第 1 期。

尹伟华：《"十四五"时期我国产业结构变动特征及趋势展望》，《中国物价》2021 年第 9 期。

于春洋：《略论利益分化对民族地区政治稳定的双重影响》，《学术论坛》2008 年第 7 期。

于志晶、刘海：《中国制造 2025 与技术技能人才培养》，《职业技术教育》2015 年 21 期。

袁玉芝、杨振军、杜育红：《我国技术技能人才供给现状、问题及对策研究》，《教育科学研究》2021 年第 7 期。

曾德垓：《"法律制度"与"法治"》，《法学》1991 年第 7 期。

张少琴：《建设现代职业教育体系须突破四大瓶颈》，《人民论坛》2015 年第 13 期。

张宗辉：《对发挥企业重要办学主体作用的几点认识——学习〈国务院关于加快发展现代职业教育的决定〉体会》，《中国培训》2015 年第 1 期。

赵文平：《企业作为职业教育的学习地点：德国的经验分析与启示》，《中国职业技术教育》2018 年第 12 期。

赵哲、宋丹、徐琪：《工科优势高校与企业协同育人模式及深化路径——基于辽宁五所省属高校的调查》，《高等工程教育研究》2018 年第 6 期。

周凤华：《发挥企业重要办学主体作用的历史逻辑与现实需求——兼论产教融合型企业的内涵和特征》，《职教论坛》2020 年第 6 期。

周凤华：《民办职业教育的现状分析与策略研究》，《中国职业技术教育》2017 年第 6 期。

周凤华：《职业教育多元办学格局的现状与发展策略》，《中国职业技术教育》2021 年第 12 期。

周凤华：《中等职业教育生均经费政策制定、执行情况及投入模式研究——基于浙江和福建两省的调研》，《中国职业技术教育》2012 年第 36 期。

周济：《以科学发展观为指导　实现中等职业教育快速健康发展——周济部长在 2005 年职业与成人教育年度工作会议上的讲话》，《中华人民共和国教育部公报》2005 年第 5 号。

周晶、吕明献：《我国职业教育校企合作正式制度建设的沿革与评析》，《教育学术月刊》2016 年第 6 期。

周丽华、李守福：《企业自主与国家调控——德国"双元制"职业教育的社会文化及制度基础解析》，《比较教育研究》2004 年第 10 期。

周丽华：《辅助原则与德国"双元制"职业教育中经济组织的主体地位》，《外国教育研究》2015 年第 2 期。

（四）中文学位论文与会议论文

安莹莹：《改革开放以来我国职业教育政策的变迁逻辑及走向》，硕士学位论文，陕西师范大学教育学院，2016。

江奇：《德国职业教育校企合作机制研究》，博士学位论文，陕西师范大学教育学院，2014。

蒋莎莎：《基于权利与义务对等的高等学校贫困生资助机制研究》，硕士学位论文，山西大学教育科学学院，2012。

刘世清：《教育政策伦理问题研究》，博士学位论文，华东师范大学教育科学学院，2007。

马瑜：《城乡统筹发展视野下云南民办职业教育发展的思考》，农业职业教育改革创新与发展——云南省农业教育研究会 2011 年学术年会，云南，2011。

亓婷婷：《德国职业教育立法中的企业角色研究》，硕士学位论文，天津大学教育学院，2017。

姚树伟：《职业教育发展动力机制研究——基于利益相关者理论分析框架》，博士学位论文，东北师范大学教育学部，2015。

（五）中文网络文献

北京信息职业技术学院：《2022 年高等职业教育质量年度报告》，现代高等职业技术教育网，2021 年 11 月 25 日，https：//www. tech. net. cn/column_ rcpy/art. aspx？id = 15074&type = 2，最后访问时间：2022 年 6 月 22 日。

《国家发展改革委 教育部关于印发〈建设产教融合型企业实施办法（试行）〉的通知》，中华人民共和国教育部官网，2019 年 3 月 28 日，http：//www. moe. gov. cn/jyb_xxgk/moe_1777/moe_1779/201904/t20190404_376681. html，最后访问时间：2022 年 6 月 23 日。

《国家发展改革委 教育部关于印发〈建设产教融合型企业实施办法（试行）〉的通知》，中华人民共和国国家发展和改革委员会网，2019 年 3 月 28 日，http：//www. ndrc. gov. cn/zcfb/zcfbtz/201904/t20190403_932600. html，最后访问时间：2022 年 6 月 22 日。

《国家中长期教育改革和发展规划纲要（2010—2020 年）》，中华人民共和国中央人民政府网，2010 年 7 月 29 日，http：//www. gov. cn/jrzg/2010-07/29/content_1667143. htm，最后访问时间：2022 年 6 月 30 日。

《国家中长期教育改革和发展规划纲要（2010—2020 年）》，中华人民共和国教育部官网，2010 年 7 月 29 日，http：//www. moe. gov. cn/srcsite/A01/s7048/201007/t20100729_171904. html，最后访问时间：2022 年 4 月 12 日。

《国务院办公厅关于深化产教融合的若干意见》，中华人民共和国中央人民政府网，2017 年 12 月 19 日，http：//www. gov. cn/zhengce/content/2017-12/19/content_5248564. htm，最后访问时间：2022 年 5 月 7 日。

《国务院关于加快发展现代职业教育的决定》，中华人民共和国中央人民政府网，2014 年 6 月 22 日，http：//www. gov. cn/zhengce/content/2014-06/22/content_8901. htm，最后访问时间：2022 年 6 月 9 日。

《国务院关于印发国家职业教育改革实施方案的通知》，中华人民共和国中央人民政府网，2019年1月24日，http：//www. gov. cn/zhengce/content/2019-02/13/content_5365341. htm，最后访问时间：2022年6月3日。

《教育部等九部门关于印发〈职业教育提质培优行动计划（2020—2023年）〉的通知》，中华人民共和国教育部官网，2020年9月29日，http：//www. moe. gov. cn/srcsite/A07/zcs_zhgg/202009/t20200929_492299. html，最后访问时间：2022年6月23日。

《教育部等六部门关于印发〈职业学校校企合作促进办法〉的通知》，中华人民共和国中央人民政府网，2018年2月5日，http：//www. gov. cn/xinwen/2018-02/22/content_5267973. htm，最后访问时间：2022年7月11日。

《教育部关于印发全国职业院校教师教学创新团队建设方案的通知》，中华人民共和国教育部官网，2019年6月5日，https：//zyk. jssvc. edu. cn/2021/0718/c2945a175572/page. htm，最后访问时间：2022年5月13日。

《教育部：全国已有中职学校9786所 高职学校1518所》，北京商报百家号，2022年9月9日，https：//baijiahao. baidu. com/s? id = 1743467554206871911&wfr = spider&for = pc，最后访问时间：2022年9月9日。

《一个中职校企命运共同体的经典样本》，中国教育新闻网，2019年2月27日，http：//www. jyb. cn/rmtzgjyb/201902/t20190227 _ 214444. html，最后访问时间：2022年7月9日。

《英国将推出T级别职业资格等级》，搜狐网，2019年6月13日，https：//www. sohu. com/a/320411308_99931395，最后访问时间：2022年7月10日。

《职业教育迎来多元办学主体时代》，人民政协网，2019年2月20日，http：//whkj. rmzxb. com. cn/c/2019-02-20/2287666. shtml，最后访问时间：2022年7月11日。

《中国社科院课题组发布最新〈企业社会责任蓝皮书〉超四成企业社会责任指数低于20分》，北晚在线，2021年12月6日，https：//www.

takefoto. cn/news/2021/12/06/10013972. shtml，最后访问时间：2022 年 7 月 11 日。

《中国职业教育发展情况介绍》，中华人民共和国教育部官网，2017 年 7 月 3 日，http：//www. moe. gov. cn/jyb_xwfb/xw_fbh/moe_2069/xwfbh_2017n/xwfb_070703/170703_sfcl/201707/t20170703_308410. html，最后访问时间：2022 年 5 月 16 日。

《中华人民共和国职业教育法》，中华人民共和国教育部官网，2022 年 4 月 21 日，http：//www. moe. gov. cn/jyb_sjzl/sjzl_zcfg/zcfg_jyfl/202204/t20220421_620064. html，最后访问时间：2022 年 10 月 12 日。

《中华人民共和国职业教育法》，中华人民共和国中央人民政府网，2022 年 4 月 21 日，http：//www. gov. cn/xinwen/2022－04/21/content_5686375. htm，最后访问时间：2022 年 4 月 30 日。

《中远海运船员管理有限公司 2019 质量年度报告》，中国高职高专教育网，2021 年 10 月 12 日，https：//www. tech. net. cn/column_rcpy/art. aspx? id＝12001&type＝2，最后访问时间：2022 年 4 月 30 日。

二　外文文献

（一）外文专著

G. Nicholas et al. , *A Brief History of Government Funding for Industry Training 1989－2002* (Wellington：Industry Training Federation Publishing, 2003).

IBBF, *Barriers to SME Apprenticeship Engagement in Germany：Background Report* (Burlin：IBBF Publishing, 2017).

Industry Training Federation, *Creating Real Futures Together：New Zealand's Industry Training And Apprenticeship System* (Wellington：Industry Training Federation Publishing, 2016).

Tertiary Education Strategy 2014－2019 (Wellington：the Ministry of Education, the Ministry of Business, Innovation and Employment Publishing, 2014).

（二）外文期刊论文

山脇誠司「企業における職業訓練の実例」『計測と制御』41 卷 1 号、2002 年 1 月。

Cosmas Kombat Lambini et al. , "Achieving the Sustainable Development Goals through Company Staff Vocational Training—The Case of the Federal Institute for Vocational Education and Training（BIBB）INEBB Project," *Education Sciences* 11（2021）.

D. J. Zizzo and P. Fleming, "Can Experimental Measures of Sensitivity to Social Pressure Predict Public Good Contribution?," *Economics Letters* 111（2011）.

Florinda Sauli, "The Collaboration between Swiss Initial Vocational Education and Training Partners：Perceptions of Apprentices, Teachers, and in Company Trainers," *Empirical Research in Vocational Education and Training* 13（2021）.

J. R. Aranda Jiménez, I. Campos-García, and C. De-Pablos-Heredero, "Vocational Continuing Training in Spain：Contribution to the Challenge of Industry 4. 0 and Structural Unemployment," *Intangible Capital* 18（2022）.

Leona Achtenhogen, "The Impact of Digital Technologies on Vocational Education and Training Needs an Exploratory Study in the German Food Industry," *Education and Training* 61（2019）.

Luca Mastrogiacomo, Federico Barravecchia and Fiorenzo Franceschini, "Enabling Factors of Manufacturing Servitization：Empirical Analysis and Implications for Strategic Positioning Proceedings of the Institution of Mechanical Engineers," *Journal of Engineering Manufacture* 234（2020）.

L. W. Tindall and S. B. Hedberg, "Job Training Partnership Act," *Teaching Exceptional Children* 19（1987）.

Paul Pierson, "Increasing Returns. Path Dependence, and the Study of Politics," *American Political Science Review* 94（2000）.

Peter Cappelli et al. , "Employer Participation in School-to-Work Programs," *Annals of the American Academy of Political and Social Science* 599 (1998).

R. Lerman, "Do Firms Benefit from Apprenticeship Investments?," *IZA World of Labor* (2014).

Robert F. Cook and V. Lane Rawlins, "The Job Training Partnership Act: New Federalism in Transition," *The Journal of Federalism* 15 (1985).

R. W. Connell, "Working-Class Parents' View of Secondary Education," *International Journal of Inclusive Education* 8 (2004).

S. Allais et al. , "Rethinking 'Supply and Demand' of Technical and Vocational Education and Training: Insights from a Company Survey in Three Manufacturing Sectors in South Africa," *Journal of Education and Work* 34 (2021).

S. Sen, C. B. Bhattacharya and D. Korschun, "The Role of Corporate Social Responsibility in Strengthening Multiple Stakeholder Relationships: A Field Experiment," *Journal of the Academy of Marketing Science* 34 (2006).

Stefan Bauernschuster, Oliver Falck and Stephan Heblich, "Training and Innovation," *Journal of Human Capital* 3 (2009).

Thomas Bailey, Katherine Hughes and Tavis Barr, "Achieving Scale and Quality in School-to-Work Internships: Findings from an Employer Survey," *Educational Evalation and Policy Analysis* 22 (2000).

Vildan Tasli-Karabulut and Arjan Keizer, "Multinational Corporations as Institutional Entrepreneurs: The Dynamic Interplay between Automobile Firms and the Turkish Vocational Education and Training System," *Industrial Relations Journal* 51 (2020).

（三）外文网络文献

"Acceredition and Quality Assurance in Vocational Eduction and Training—Selected European Approaches," Cedefop, 2012-03-11, http://www.cedefop.europa.eu/EN/Files/4089_en.pdf, Accessed: 2022-07-30.

"Ausbildung & Beruf Rechte und Pflichten während der Berufsausbildung, Bundesministerin für Bildung und Forschung," 2021-07-14, https://www. die - duale. de/SharedDocs/Downloads/dieduale/de/Neue - Broschuere - Ausbildung - und - Beruf. pdf? __blob = publicationFile&v = 2, Accessed: 2022 - 07 - 30.

"Bachelor of Applied Technology-Electrotechnology," New Zealand Institute of Skills and Technology, 2020-07-30, https://www. unitec. ac. nz/career - and - study - options/electrical - and - electronics - engineering/bachelor - of - applied - technology-electrotechnology, Accessed: 2022-08-10.

"Bachelor of Viticulture and Winemaking" Nelson Marlborough Institute of Technology, 2020-07-30, https://www. nmit. ac. nz/study/programmes/bachelor-of-viticulture-and-winemaking/, Accessed: 2022-08-10.

"California School-to-Career: Helping Students Make Better Choices for Their Future," State of California, 2022-07-25, http://www. stc. cahwnet. gov/content/evalrpt. doc, Accessed: 2022-09-10.

California School-to-Career Evaluation Study, White Paper, Educational Resource Information Center, 2001 - 06 - 01, https://files. eric. ed. gov/fulltext/ED471979. pdf, Accessed: 2022-07-28.

"Centres of Vocational Excellence (CoVEs)," Tertiary Education Commission, 2020-09-03, https://www. tec. govt. nz/rove/coves/, Accessed: 2022-07-06.

"Code of Good Practice for New Zealand Apprenticeships," Tertiary Education Commission, 2018-12-22, https://www. tec. govt. nz/assets/Publications - and - others/The - code - of - good - practice - for - new - zealand - apprenticeships. pdf, Accessed: 2022-07-06.

Education Amendments of 1972, Educational Resource Information Center, 1972 - 05 - 22, http://files. eric. ed. gov/fulltext/ED061465. pdf, Accessed: 2022-07-22.

Federal Institue for Vocational Education and Training, "VET Policy Report Germangy," Cedefop, 2012-03-16, http：//libserver. cedefop. europa. eu/ vetelib/eu/pub/cedefop/vetreport/2010 _ CR _ DE. pdf. February 2010/, Accessed：2022-07-25.

"Future of Work：The Global Talent Crunch," Korn Ferry, 2018-03-18, https：//www. kornferry. com/content/dam/kornferry/docs/article-migration/FO WTalentCrunchFinalSpring2018. _pdf, Accessed：2021-12-03.

"Get Connected to School-to-Career—A Quick Guide for Employers," Educational Resource Information Center, 2022-07-25, https：//eric. ed. gov/? id=ED474220, Accessed：2022-09-03.

Global Evidence on the Contribution to Employment by the Self-Employed, Micro-Enterprises and SMEs, International Labour Organization, 2018-09-21, https：//www. ilo. org/wcmsp5/groups/public/---dgreports/---dcomm/---publ/documents/publication/wcms_723282. pdf, Accessed：2019-12-27.

"Governance of TITOs," Tertiary Education Commission, 2019-02-05, https：//www. tec. govt. nz/teo/working - with - teos/itos/governance/#:~: text=Governance% 20of% 20TITOs% 20Last% 20updated% 208% 20November% 202021, Industry% 20Training% 20and% 20Apprenticeships% 20Act% 201992% 20% 28the% 20Act% 29, Accessed：2022-08-03.

"Great Apprenticeships in Small Businesses：Best Practices and Recommendations from the Chamber Network," Eurochambres, 2020 - 01 - 28, http：// www. eurochambres. eu/custom/Great apprenticeships _ in _ small _ businesses _ Final _ brochure-2014-00340-01. pdf, Accessed：2022-08-03.

"Institute for Apprenticeships Sets out Vision on Quality," Institute for Apprenticeships and Technical Education, 2020-01-02, https：//www. gov. uk/government/news/Institute - for - apprenticeships - sets - out - vision - on - quality, Accessed：2022-07-22.

"International Trade Fairs Brochure," International Trade Fairs, 2018-

12 – 05，https：// www. itf. org. nz/ news – and – publications/publications，Accessed：2022–07–10.

"Ireland：New Awards for Employers of Apprentices，" Cedefop，2020– 02–15，https：// www. cedefop. europa. eu/ en/ news – and – press/ news/ ireland – new – awards – employers – apprentices，Accessed：2022–07–10.

"Regional Skills Leadership Groups，" Tertiary Education Commission， 2020 – 06 – 26，https：// www. tec. govt. nz/ rove/ regional – skills – leadership – groups/，Accessed：2022–07–30.

School – to – Work Opportunities Act of 1994，GovTrack，2022 – 07 – 25， https：// www. govtrack. us/ congress/ bills/ 103/ hr2884/ text. 194，Accessed： 2022–09–21.

"Sector Performance Information，" Tertiary Education Commission， 2019 – 03 – 05，https：// www. tec. govt. nz/ funding/ funding – and – performance/ performance/ sector/，Accessed：2022–07–22.

"Slovakia：New Financial Incentive for Companies Involved in Dual VET，" Cedefop，2020–02–16，https：// www. cedefop. europa. eu/ en/ news – and – press/ news/ slovakia – new – financial – incentive – companies – involved – dual – vet，Accessed：2022–07–21.

"Stepping up to Better Working Lives：Workforce Literacy in New Zealand，" Industry Training Federation，2019 – 04 – 10，https：// ndhadeliver. natlib. govt. nz/ delivery/ DeliveryManagerServlet？dps_pid = IE32207216，Accessed： 2022–07–21.

"Support to Trainers Competence Development in Small and Medium – Sized Enterprises，" Cedefop，2019–02–16，https：// www. cedefop. europa. eu/ en/ events – and – projects/ events/ support – trainers – competence – development – small – and – medium – sized，Accessed：2022–07–20.

The Vocational Education Act of 1963，Educational Resource Information Center，1978 – 08 – 01，https：//files. eric. ed. gov/ fulltext/ ED159450. pdf，

Accessed：2022-07-20.

The Vocational Education Amendments of 1968, Educational Resource Information Center, 1969-06, http：//files. eric. ed. gov/fulltext/ED039352. pdf, Accessed：2022-07-20.

"Transforming Technical and Vocational Education and Training Building Skills for Work and Life Main Working Document," UNESCO Digital Library website, 2012-03, https：//unesdoc. unesco. org/images/0012/001260, Accessed：2022-07-20.

"Vocational Education and Training in Europe：Germany," Cedefop, 2019-02-16, https：//www. cedefop. europa. eu/en/print/pdf/node/31782, Accessed：2022-07-25.

"What Is Germany's Dual Education System—And Why do Other Countries Want It?," Deutsche Welle, 2020-02-15, https：//www. dw. com/en/what-is-germanys-dual-education-system-and-why-do-other-countries-want-it/a-42902504, Accessed：2022-07-25.

图书在版编目（CIP）数据

现代职业教育体系下的企业办学：企业作为职业教
育重要办学主体的发展变迁与制度重构研究／马君等著
.--北京：社会科学文献出版社，2025.1
ISBN 978-7-5228-2528-1

Ⅰ.①现…　Ⅱ.①马…　Ⅲ.①高等职业教育-产学合
作-研究-中国　Ⅳ.①G718.5

中国国家版本馆 CIP 数据核字（2023）第 179396 号

现代职业教育体系下的企业办学
　　——企业作为职业教育重要办学主体的发展变迁与制度重构研究

著　　者／马　君　等

出 版 人／冀祥德
责任编辑／王晓卿
文稿编辑／卢　玥
责任印制／王京美

出　　版／社会科学文献出版社·文化传媒分社（010）59367004
　　　　　　地址：北京市北三环中路甲 29 号院华龙大厦　邮编：100029
　　　　　　网址：www.ssap.com.cn
发　　行／社会科学文献出版社（010）59367028
印　　装／三河市龙林印务有限公司

规　　格／开本：787mm×1092mm　1/16
　　　　　　印张：18.25　字数：270 千字
版　　次／2025 年 1 月第 1 版　2025 年 1 月第 1 次印刷
书　　号／ISBN 978-7-5228-2528-1
定　　价／98.00 元

读者服务电话：4008918866